Gli strumenti

MODULI

10

Prima edizione 2005

Per l'allestimento della presente proposta editoriale è stata assunta come testo di riferimento *La letteratura nella storia d'Italia*, a cura di Francesco Tateo e Nicola Valerio, vol. 1, Edizioni Il Tripode, Napoli 1986.

Antologia modulare di letteratura italiana

Due-Quattrocento

a cura di Trifone Gargano

Edizioni B.A. Graphis

Graphiservice s.r.l., via Argiro 7, Bari
tel. 0805241601 / fax 0805245722
e-mail: graphis@graphiservice.it
www.graphiservice.it

Finito di stampare nell'ottobre 2005
Legoprint srl
Via Galilei 11 – 38015 Lavis (TN)
per conto della Graphiservice s.r.l.
ISBN 88-7581-031-1

Strategia modulare e obiettivi specifici di apprendimento

Da oltre un decennio, la riflessione pedagogica ha introdotto nel dibattito sui processi di insegnamento/apprendimento un nuovo lessico didattico, che insiste sulla necessità di elaborare e proporre *curricula* mirati all'acquisizione, da parte dello studente, di *conoscenze*, *competenze* e *capacità*, senza più far pesare sugli studenti (ma anche sui docenti) l'assillo dei *contenuti*. Tutto questo si traduce, necessariamente, in una rivisitazione radicale, da un lato, sul versante universitario, dei processi di formazione iniziale del futuro personale docente[1]; dall'altro, sul versante della scuola, delle finalità, degli obiettivi, degli strumenti, degli ambienti, degli stili, dei tempi e dei contenuti stessi dell'insegnamento/apprendimento.

Nel quadro del più complessivo progetto di riforma della scuola italiana, che prevede la nascita del sistema dei licei e degli istituti di istruzione e formazione professionale, sono stati approvati, di recente, sia il *Profilo educativo, culturale e professionale dello studente alla fine del diritto dovere di istruzione e formazione*, sia gli *Obiettivi specifici di apprendimento*[2].

Per quanto riguarda il secondo biennio ed il monoennio conclusivo, vengono indicati, sul versante *letterario e storico-culturale*, i seguenti obiettivi di insegnamento/apprendimento, distinguendo tra *conoscenze* e *competenze*:

[1] Accenniamo soltanto, in questa sede, alla questione dell'istituzione, già prevista dalla Legge n. 341 del 1990, ma realizzata grazie al DPR n. 470 del 31 luglio 1996 (*Regolamento concernente l'ordinamento didattico della Scuola di specializzazione per la formazione degli insegnanti della scuola secondaria*), della Scuola di specializzazione per l'insegnamento secondario (SSIS), di durata biennale, comprensiva di *tirocinio* didattico, ed abilitante all'esercizio della professione docente; oggetto anch'essa, comunque, di ripensamento, nel complessivo quadro di riforma presentato dal ministro Letizia Moratti (Legge n. 53 del 28 marzo 2003).

[2] DM del 27 maggio 2005.

– La letteratura italiana dalle origini all'unificazione nazionale	– Acquisire consapevolezza del **processo storico** di formazione e sviluppo della civiltà letteraria italiana, in relazione alle condizioni culturali e socio-politiche generali dell'Italia.
– Lettura di testi di **Dante**, **Petrarca**, **Boccaccio**, **Ariosto**, **Machiavelli**, **Guicciardini**, **Tasso**, **Galilei**, **Parini**, **Goldoni**, **Alfieri**, **Foscolo**, **Manzoni**, **Leopardi** e di altri scrittori, anche dialettali, del periodo considerato. – Lettura di almeno 12 canti dell'Inferno e 10 del Purgatorio. – L'opera lirica. – Pensatori e critici delle età illuministica, romantica e risorgimentale.	– Riconoscere i caratteri specifici dei testi. – Collocare i testi nella tradizione letteraria e nel contesto storico di riferimento. – Formulare motivati giudizi critici sui testi. – Utilizzare gli strumenti fondamentali per l'interpretazione delle opere letterarie. – Cogliere il contenuto informativo e il messaggio del testo letterario insieme con le specificità della sua lingua. – Acquisire gli strumenti per leggere nella sua complessità la *Commedia* dantesca.
– **Risorse informatiche e telematiche** per lo studio della letteratura italiana.	– Costruire percorsi di studio letterario anche mediante mezzi informatici.
– Relazioni della letteratura italiana con altre letterature. – Lettura di testi stranieri in traduzione italiana e, ove possibile, con originale a fronte. – Orientamenti della critica letteraria.	

– La letteratura italiana dall'unificazione nazionale ad oggi – Lettura di testi di **Carducci**, **Verga**, **Pascoli**, **d'Annunzio**, **Gozzano**, **Svevo**, **Pirandello**, **Saba**, **Ungaretti**, **Quasimodo**, **Montale** e di altri scrittori, anche dialettali, del secondo Ottocento e del Novecento. – Lettura di testi di autori di oggi. – Lettura di almeno 10 canti del *Paradiso*. – Orientamenti della critica letteraria. – Confronti tra letteratura scritta, rappresentazione teatrale e opera cinematografica. – Lettura di testi di autori stranieri in traduzione italiana.	– Leggere direttamente i testi, con particolare attenzione alla loro contestualizzazione nelle problematiche dell'età contemporanea e al confronto interculturale e interdisciplinare. – Consolidare le proprie competenze nell'analisi dei testi letterari sviluppando le capacità di valutazione critica e di confronto nel panorama delle altre espressioni d'arte.
– **Risorse informatiche e telematiche** per lo studio della letteratura italiana.	– Ampliare le proprie competenze in campo letterario utilizzando strumenti bibliografici e informatici, entrando anche in contatto con centri di studio e di ricerca.

Inoltre, l'impatto ed il ruolo esercitato dalle tecnologie informatiche e da Internet sul processo formativo costituiscono una sfida non eludibile. L'università prima e la scuola italiana poi sono impegnate già da qualche anno nel confronto, via via sempre più consapevole e critico, con le tecnologie digitali. Risale al 1997, infatti, il primo progetto a carattere sistematico, denominato *Programma di sviluppo delle tecnologie didattiche 1997-2000*, con il quale il MIUR si impegnava sia a dotare le scuole italiane d'ogni ordine e grado di laboratori informatici per la didattica e di connessioni Internet, sia a formare i docenti. Si tratta di uno sforzo non indifferente, dal punto di vista del coinvolgimento delle risorse umane, finanziarie e tecnologiche necessarie, che dura tuttora, arricchito dagli scenari della così detta *e-learning*, che costituisce, in questo contesto, una sfida nella sfida[3].

Tra le *Indicazioni metodologiche* contenute nei documenti ministeriali riguardanti l'insegnamento della letteratura italiana nella scuola secondaria di secondo grado viene suggerita l'adozione di una strategia di insegnamento di tipo **modulare**, con l'esplicita finalità di far 'sperimentare agli allievi la possibilità di percorrere l'universo let-

[3] Per una riflessione su queste problematiche, si vedano, almeno, i seguenti studi: M. Ricciardi (a cura di), *Lingua Letteratura Computer*, Bollati Boringhieri, Torino 1996; R. Maragliano, *Tre ipertesti*, Laterza, Roma-Bari 1998; A. Calvani e M. Rotta, *Fare formazione in Internet*, Erickson, Trento 2000; R. Mordenti, *Informatica e critica dei testi*, Bulzoni, Roma 2001; P. Bertetti e G. Manetti (a cura di), *Forme della testualità*, Edizioni Testo e Immagine, Torino 2001; J. McGann, *La letteratura dopo il World Wide Web*, Bononia University Press, Bologna 2002; M. Fierli, *Tecnologie per l'educazione*, Laterza, Roma-Bari 2003; L. Galliani, *La scuola in rete*, Laterza, Roma-Bari 2004; F. Cambi, *Saperi e competenze*, Laterza, Roma-Bari 2004; R. Maragliano (a cura di), *Pedagogie dell'e-learning*, Laterza, Roma-Bari 2004; V. Eletti (a cura di), *Che cos'è l'e-learning*, Carocci, Roma 2004[3]; B. Bruschi e A. Perissinotto, *Come creare corsi online*, Carocci, Roma 2003; B.H. Khan, *E-learning: progettazione e gestione*, Erickson, Trento 2004; A. Fini e L. Vanni, *Learning object e metadati*, Erickson, Trento 2004; M. Ranieri, *E-learning: modelli e strategie didattiche*, Erickson, Trento 2005.

Ci permettiamo, infine, di rinviare, per approfondire gli aspetti che più riguardano il ripensamento dei processi di insegnamento/apprendimento della letteratura italiana in rapporto al ruolo ed alla presenza delle tecnologie informatiche e di Internet, al nostro recente contributo *Informatica fantastica*, Edizioni B.A. Graphis, Bari 2003; e, sul versante delle esemplificazioni didattiche concrete, al modulo *La Comunicazione. Dal Rinascimento al Postmoderno*, da noi curato per gli Editori Laterza, Roma-Bari 2002, nella collana «Moduli di Letteratura Italiana», diretta da G. Bellini e G. Mazzoni, e ai materiali didattici inseriti sulla piattaforma web LINFA (Laboratorio INformatica FAntastica), da noi ideata e curata, aperta alla collaborazione di studenti e docenti (http://www.graphiservice.it/informaticafantastica).

terario secondo prospettive diverse', evitando le infruttuose 'ambizioni enciclopediche'.

All'interno di una strategia modulare di insegnamento/apprendimento, l'insistenza maggiore viene posta sulle **abilità** da far acquisire all'alunno, attraverso la proposta di un 'blocco di attività' ben strutturato in rapporto alle specifiche e diverse *conoscenze/competenze/capacità* formative.

Vengono, quindi, individuati e suggeriti i seguenti obiettivi specifici di insegnamento/apprendimento, per ciascuna tipologia modulare:

a) *Moduli tema*

– storicizzare il tema

– comprendere analogie e differenze tra opere tematicamente accostabili

– riconoscere la continuità di elementi tematici attraverso il tempo e la loro persistenza in prodotti della cultura recente (anche di massa)

b) *Moduli genere*

– comprendere il rapporto tra caratteristiche di un genere e attese del pubblico

– riconoscere le scelte stilistiche individuali nell'ambito della codificazione del genere

– riconoscere persistenze e variazioni tematiche e formali attraverso il tempo, nell'ambito del genere

– riconoscere analogie tematiche e di funzione tra generi della letteratura 'alta' e generi della cultura di massa

c) *Moduli opera*

– incrementare il piacere della lettura

– rendersi conto del testo nella sua struttura complessiva e consistenza materiale

– applicare analisi tematiche, stilistiche, narratologiche

– saper formulare un giudizio motivato in base al gusto personale o a un'interpretazione storico-critica

d) *Moduli autore*

– comprendere l'intreccio dei fattori individuali e sociali nella formazione di una personalità letteraria

– riconoscere le fasi evolutive nell'opera di un autore

– porre un rapporto fra opera e intenzioni di poetica

– distinguere fra profilo storico e 'autoritratto ideale'

– distinguere fra una lettura storicizzante e una lettura attualizzante dell'autore.

La **diretta lettura** dei testi offrirà l'occasione per avviare momenti di **riflessione linguistica** (sulla struttura della lingua, sulle funzioni del linguaggio, sul lessico).

Entrando nello specifico disciplinare dell'insegnamento/apprendimento della lingua e della letteratura italiana per un triennio di secondaria superiore, le *Indicazioni metodologiche* ministeriali forniscono pure suggerimenti per la strutturazione del *curricolo*, attraverso l'invito:

– ad abbandonare uno stile di insegnamento enciclopedico e lineare

– a far «sperimentare concretamente agli studenti la molteplicità delle prospettive secondo cui può essere considerato» il patrimonio letterario italiano, adottando una strategia di insegnamento/apprendimento di tipo *modulare* ed articolando il *Piano di lavoro* annuale in «unità didattiche variamente aggregabili in sequenze purché concorrenti al conseguimento delle finalità specifiche» (con la possibilità, per le singole unità di apprendimento, anche di «scavalcare le tradizionali partizioni per secoli ed età o includere testi di periodi diversi», al fine di «far emergere continuità e fratture, innovazioni e persistenze, sottolineando così lo spessore storico dei fenomeni culturali e letterari»)

– a progettare e a realizzare, nel corso dell'anno scolastico, 5 o 6 *unità modulari*, di durata massima pari a venti ore ciascuna, del tipo *genere*; *tema*; *ritratto d'autore*; *incontro con un'opera*

– a riservare al *poema dantesco*, in virtù del «suo valore fondante della tradizione letteraria italiana e per la sua influenza sull'intera cultura occidentale», un posto di rilievo.

Riflessione articolata sullo stato dell'arte della storiografia letteraria, tra discussione teorica e catalogazioni di genere, è sicuramente il libro di Remo Ceserani, *Guida allo studio della letteratura*[4], al

[4] Pubblicato dagli Editori Laterza nel 1999. Si vedano, in maniera particolare, per la nostra prospettiva critica, i capitoli ottavo, *Di cosa fa storia la storia della letteratura*, alle pp. 338-391; e nono, *L'educazione letteraria nella scuola*, alle pp. 392-433.

quale, ovviamente, rinviamo, non solo per la completezza della rassegna effettuata da Ceserani, ma anche per la nutrita *Bibliografia* di riferimento e per la sezione denominata *Approfondimenti*[5].

Trifone Gargano

[5] Alle pp. 435-614. Segnaliamo, infine, tra i contributi più recenti, gli studi seguenti: C. Segre, *Ritorno alla critica*, Einaudi, Torino 2001; G. Ferroni, *I confini della critica*, Guida, Napoli 2005; R. Luperini, *La fine del post-moderno*, Guida, Napoli 2005; M. Lavagetto, *Eutanasia della critica*, Einaudi, Torino 2005; F. Moretti, *La letteratura vista da lontano*, Einaudi, Torino 2005; F. Tateo e T. Gargano, *Didattica della scrittura. Costellazioni italiane*, Edizioni B.A. Graphis, Bari 2005.

Antologia modulare di letteratura italiana

Due-Quattrocento

AVVERTENZA: I rinvii intertestuali fra parentesi quadre [cfr. L, p. ...] si riferiscono alla *Letteratura italiana. Due-Quattrocento* di Francesco Tateo e Nicola Valerio, Edizioni B.A. Graphis, Bari 2005.

Modulo tema

Studiare la letteratura per moduli tema

Premessa

Questa prospettiva di studio della letteratura, attenta ad analizzare e a comprendere i **nuclei tematici** delle opere letterarie, presuppone un'impostazione ***diacronica***, che attraversi epoche ed autori differenti. Lo studio dei *temi*, infatti, non può essere circoscritto alla lettura/analisi di un solo autore o di testi ricadenti in un periodo storico ben delimitato. Allargare il 'raggio d'osservazione' a più secoli ed a più autori si rivela necessario e proficuo, al fine di cogliere nei testi la presenza ed il grado dei *mutamenti* e/o delle *permanenze*.

Elementi costitutivi

Lo studio 'per tema', proprio perché si prefigge di mettere il lettore (l'alunno) in condizioni di cogliere il senso della **continuità** all'interno di una tradizione letteraria, così come pure della presenza di tematiche di particolare rilevanza *sociale*, *politica* o *esistenziale*, deve, quindi, analizzare opere che appartengono a più età, anche molto distanti tra loro.

La rete testuale

Un *tema*, comunque, può anche essere studiato delimitando l'arco temporale di indagine; per esempio, analizzando come un determinato tema sia stato trattato da **più autori** di uno stesso periodo (con la scelta di testi appartenenti a **generi letterari diversi**). In questo modo, le due prospettive di studio, quella *diacronica* (attraverso i secoli) e quella *sincronica* (in un arco di tempo ben delimitato) s'intrecciano tra loro.

Conoscenze

In questa nostra proposta editoriale, lo studio della letteratura attraverso la prospettiva del percorso modulare tematico è organizzato intorno ai seguenti *nuclei tematici*:

1. La poesia della «loda»
2. Istituzioni e Potere.

Competenze

Tra le finalità formative che questa tipologia modulare si prefigge di far acquisire, si insiste particolarmente sui seguenti obiettivi specifici di insegnamento/apprendimento:

– riconoscere la **continuità** nella tradizione letteraria (o teatrale, cinematografica...) di tematiche di particolare rilevanza sociale, politica o esistenziale;
– esaminare **diverse possibilità di approccio** al tema;
– **storicizzare** la tematica trattata.

Occorre puntualizzare che perseguire l'obiettivo formativo della ***storicizzazione*** di un tema non significa affatto fornire, in maniera surrettizia, elementi di *storia letteraria*; quanto, piuttosto, sviluppare competenze tali da far comprendere che è proprio attraverso un simile processo scientifico (e didattico) che nasce una ***storia della letteratura***.

Capacità

Vengono ribadite, anche per questa tipologia modulare, le *finalità generali* proprie dello studio della letteratura:

– educazione alla **comprensione del testo**, letterario e no
– sviluppo del **gusto per la lettura** autonoma
– acquisizione degli strumenti per una corretta **comunicazione**, tanto orale, quanto scritta.

1. La poesia della «loda»

Giacomo da Lentini

Io m'aggio posto in core a Dio servire

La poesia della loda, *già caratterizzante la tradizione lirica cortese, si arricchisce in questo testo di immagini e metafore attinte dalla sfera religiosa, pur mantenendo, tuttavia, lo schema tipico del rapporto feudale: alla coppia Dio-fedele corrisponde, infatti, quella Signore-vassallo. Anche in questo contesto, il poeta, grazie al suo* servizio, *punta ad ottenere un* beneficio: *la beatitudine paradisiaca. L'insistenza sulla natura superiore della donna, conforto dell'anima, sia pure oggetto sensibile di cui debba godere la vista, conduce questo sonetto – forma metrica inventata, molto probabilmente, dallo stesso Giacomo da Lentini – ai limiti dell'impertinenza dal punto di vista religioso* [cfr. L, pp. 9-13].

METRO: versi endecasillabi, con rima alternata nelle due quartine (ABAB) e rovesciata nelle due terzine (CDC DCD).

[da *Poeti del Duecento*, a cura di G. Contini, t. I, Milano-Napoli 1960]

Io m'aggio[1] posto in core a Dio servire,
com'io[2] potesse gire in paradiso,
al santo loco ch'aggio[3] audito dire,
u' si mantien sollazzo[4], gioco e riso.

[1] *m'aggio* ecc.: ho fatto proponimento di servire Dio (*a Dio*: costruzione latineggiante).

[2] *com'io* ecc.: con valore finale, per poter andare (*gire*).

[3] *ch'aggio* ecc.: di cui ho sentito parlare.

[4] *u' si mantien sollazzo*: dove (da *ubi*) dura ininterrottamente la gioia ecc. *Sollazzo* deriva dal provenzale *solatz*, che risale al lat. *solacium*.

Sanza mia donna non vi voria gire,
quella c'ha blonda[5] testa e claro viso,
ché sanza lei non poteria gaudere[6],
estando da mia donna diviso.

Ma no lo dico a tale intendimento[7],
perch'io peccato ci volesse fare;
se non veder[8] lo suo bel portamento

e lo bel viso e 'l morbido sguardare[9]:
ché lo mi teria in gran consolamento,
veggendo[10] la mia donna in ghiora[11] stare.

ANALISI DEL TESTO

La rappresentazione del Paradiso, inteso come luogo di ineffabile piacere, ma incompleto senza la presenza della Donna, ha qualcosa di epicureo, sottolineato proprio dalla precisazione di non avere l'intenzione di peccare (v. 10). Certo si è, tuttavia, che la descrizione delle qualità della donna (vv. 11-12) e l'immagine della sua gioia, paradisiaca (v. 14), segnano un passo importante verso la sua spiritualizzazione e la sua collocazione nel cielo. Questo sonetto di Giacomo da Lentini rappresenta uno dei primi esempi, in area italiana, di quel processo di spiritualizzazione della donna, che poi proseguirà con Guido Guinizzelli e con gli stilnovisti. Resta, comunque, una certa ambiguità, se non proprio un contrasto, tra l'immagine dell'amore celeste e quella dell'amore terreno, fino a rasentare la bestemmia, secondo la quale non possa darsi autentica beatitudine paradisiaca senza la presenza della donna.

Da notare, sul piano strettamente formale, ai vv. 5 e 7, la così detta *rima siciliana*: *gire/gaudere*, con la *e* lunga latina che si trasformava in *i* per il siciliano e in *e* chiusa, invece, per il toscano. Segnaliamo, inoltre, le forme latineggianti presenti (*audito*, *gaudere*) e i provenzalismi, che testimoniano della volontà dei poeti siciliani di elaborare e di utilizzare nelle loro liriche il *siciliano illustre* (basti far caso a voci quali *sollazzo*, *blonda*, *claro*, *intendimento* e così via, tutte voci, queste ultime, lontane da dialettismi e particolarismi linguistico-espressivi).

[5] *blonda* ecc.: gli aggettivi sono tipici della tradizione provenzale.

[6] *gaudere*: provare la gioia del Paradiso.

[7] *a tale intendimento*: con lo scopo di.

[8] *se non veder*: bensì soltanto perché vorrei vedere.

[9] *morbido sguardare*: dolce sguardo.

[10] *ché... veggendo*: perché mi terrebbe (*teria*) in gran consolazione il vedere; *lo* si riferisce alla proposizione successiva.

[11] *in ghiora*: forma popolare, in gloria, cioè in Paradiso.

LAVORARE SUL TESTO

1. Il poeta, quale proponimento dice di aver fatto?
2. Rintraccia e sottolinea, nel testo della poesia, i *latinismi*.
3. Argomenta, in un tuo testo, la particolare composizione linguistica di questa poesia.
4. Spiega, con parole tue, l'espressione *morbido sguardare*.

IL SONETTO

Il vocabolo **sonet** indicava in genere la canzone, i toscani poi usarono chiamare con quel nome la forma particolare di componimento poetico costituito da una fronte di otto versi (due **quartine**) e una volta di sei versi (due **terzine**). Il sonetto ha un'origine oscura: può far pensare alla combinazione di due forme metriche diverse, uno strambotto e una sestina (componimenti rispettivamente di otto e di sei versi con le rime alterne o diversamente disposte) o, più presumibilmente, alla stanza di una canzone trattata isolatamente. Comunque il sonetto rivela, sin negli esempi della scuola siciliana (ne rimangono circa trenta), come caratteristica fondamentale una struttura articolata ma fortemente unitaria, che può richiamare alla mente il modello del **sillogismo**, ossia lo schema esemplare del ragionamento fissato da Aristotele e adottato anche nella logica dell'aristotelismo scolastico. Volendo accogliere questa analogia fra la forma del sonetto e lo schema del sillogismo, la prima quartina equivarrebbe alla premessa maggiore, la seconda alla premessa minore, cui segue la conclusione. In effetti, sono tipici del sonetto lo sviluppo interno di un tema lirico attraverso l'analisi dei suoi momenti e la conseguente risoluzione, che interviene a placare e quasi a sciogliere la tensione dell'animo.

Guido Guinizzelli

Io vogl' del ver la mia donna laudare

Il sonetto di Guinizzelli, dedicato al tema della loda*, contiene, almeno, altri due motivi, quello del* saluto *della donna e quello della* gentilezza*, che poi saranno entrambi ampiamente sviluppati da Dante nella* Vita Nuova*. Alla donna, qui, il poeta attribuisce quel certo potere nobilitante che giustifica la sua raffigurazione come creatura angelica.*

METRO: versi endecasillabi, con rima alternata nelle due quartine (ABAB) e ripetuta nelle due terzine (CDE CDE).

[da *Poeti del Dolce Stil Nuovo*, a cura di M. Marti, Firenze 1969]

Io vogl'[1] del ver[2] la mia donna laudare
ed asembrargli[3] la rosa e lo giglio[4]:
più che stella diana splende e pare[5]
e ciò ch'è lassù[6] bello a lei somiglio.

Verde river' a lei rasembro e l'âre[7],
tutti color di fior'[8], giano e vermiglio,
oro ed azzurro[9] e ricche gioi per dare[10]:
medesmo Amor[11] per lei rafina meglio.

Passa per via adorna[12], e sì gentile,
ch'abassa orgoglio[13] a cui dona salute[14],
e fa 'l de nostra fé[15] se non la crede,

e no·lle pò apressare[16] om che sia vile;
ancor ve dirò c'ha maggior vertute[17]:
null'om[18] pò mal pensar fin che la vede.

[1] *Io vogl'* ecc.: voglio lodare: come nella lauda religiosa l'esaltazione di Dio, così in questo componimento l'esaltazione della donna avviene mediante paragoni iperbolici con le più belle cose del creato.

[2] *del ver*: davvero, come la verità richiede; per rendere più meravigliosa la lode, il poeta esclude che si tratti di immaginazione.

[3] *asembrargli*: rassomigliarle, metterle a confronto perché simili a lei.

[4] *rosa... giglio*: i fiori che rappresentano i due colori che adornano perfettamente il viso.

[5] *pare*: appare; equivale a risplende, luccica.

[6] *lassù*: in cielo, fra gli astri.

[7] *Verde river'... e l'âre*: la rassomiglio ad una verde riviera, e all'aria; il verde del prato e la trasparenza dell'aria sono ancora immagini di luminosità.

[8] *tutti color di fior'*: tutti i colori dei fiori; *giano* (francesismo equivalente a «giallo») e *vermiglio* (rosso fuoco) possono esemplificare alcuni dei più vivi colori floreali o iniziare la serie successiva dei colori relativi ai gioielli ed indicare quindi delle pietre preziose.

[9] *azzurro*: è il colore dei lapislazzuli, ma qui indica direttamente la pietra preziosa, perché il vocabolo deriva dalla parola araba (*lâzwardî*), che designa quella pietra.

[10] *ricche gioi per dare*: gioielli così ricchi, pregiati da potersi degnamente donare.

[11] *medesmo Amor* ecc.: perfino (il medesimo, lo stesso) Amore per opera sua (della donna) si affina di più, si perfeziona.

[12] *adorna*: piena di ogni bellezza.

[13] *abassa orgoglio*: umilia, ma nel senso di rendere umano, gentile.

[14] *a cui dona salute*: a chi ella rivolge il suo saluto.

[15] *fa 'l de nostra fé* ecc.: lo rende credente se non lo è, ossia gli infonde la fede cristiana nell'unico Dio.

[16] *no·lle pò apressare*: non le si può avvicinare.

[17] *c'ha maggior vertute*: ha una potenza ancor maggiore di questa, che or ora ha elencato, ossia la capacità di umiliare e di convertire alla vera fede.

[18] *null'om* ecc.: nessun pensiero cattivo può sfiorare qualcuno, finché ella gli è presente.

ANALISI DEL TESTO

Il tema della *loda* viene sviluppato da Guinizzelli con un confronto tra la bellezza della donna e le cose più elette e preziose presenti in natura: i *fiori* (rosa e giglio, a simboleggiare, rispettivamente, l'amore e la purezza), i *corpi celesti*, i *colori* (specie i colori cangianti delle pietre preziose).

Da notare la perfetta corrispondenza speculare tra l'esposizione delle qualità fisiche della donna, nelle quartine, e quella riguardante le sue qualità spirituali, che si sviluppa, invece, nelle terzine.

Da notare, inoltre, per le terzine, che lo stesso Dante riprenderà questi versi, riecheggiandoli ed inserendoli in suoi famosi componimenti del periodo giovanile (stilnovista).

Amore stesso, con un procedimento piuttosto consueto di comparsa sulla scena attraverso il processo di *personificazione*, riceve beneficio dal passaggio della donna.

Questo sonetto di Guinizzelli può ben essere considerato tra gli esempi perfetti dello stile «*dolce*»:

- sintassi lineare (con prevalenza della paratassi)
- assenza di rime rare o difficili
- assenza di suoni aspri
- fluidità del ritmo
- mancanza di spezzature (all'interno dei versi e tra un verso e l'altro).

Linearità di sintassi e fluidità del ritmo, o assenza di rime difficili e di suoni aspri non deve, comunque, far pensare ad un componimento sciatto; infatti, la costruzione di questo sonetto appare ben meditata e ben studiata, tra una prima parte (le quartine) in cui predominano i confronti (tra la bellezza della donna e le bellezze del mondo naturale), ed una seconda parte (le terzine), in cui, invece, trovano posto gli effetti (benefici) che la presenza, il passaggio e il saluto della donna provocano, fino al punto da produrre un perfezionamento (*rafina meglio*) nello stesso Amore.

LAVORARE SUL TESTO

1. Quali effetti produce il passaggio della donna?
2. In quali parti del sonetto è racchiusa la descrizione delle qualità spirituali della donna?
3. Compila un elenco delle qualità della donna.
4. In base a quali elementi questo sonetto può essere definito esempio di stile «*dolce*»?

Guido Cavalcanti

Chi è questa che vèn, ch'ogn'om la mira

Riprendendo la lode della donna, quale l'aveva impostata Guinizzelli nel famoso sonetto Io vogl' del ver la mia donna laudare, *Guido Cavalcanti non intendeva soltanto assumere il modello dell'altro Guido, ma quasi gareggiare con esso. Qui la loda della donna si spinge fino al paradosso dell'indicibile: il poeta non riesce ad esprimere a parole quello che vede, appunto, la bellezza della donna* (i' nol savria contare, *si legge infatti al v. 6, quale dichiarazione di resa da parte del poeta).*

METRO: versi endecasillabi, con rima ad incastro nelle due quartine (ABBA) e rovesciata nelle due terzine (CDE EDC).

[da *Poeti del Dolce Stil Nuovo*, a cura di M. Marti, Firenze 1969]

Chi è questa che vèn, ch'ogn'om la mira,
che fa tremar[1] di chiaritate l'âre
e mena seco[2] Amor, sì che parlare
null'omo pote, ma ciascun sospira?

O Deo[3], che sembra quando li occhi gira,
dical Amor[4], ch'i' nol savria contare[5]:
cotanto d'umiltà donna[6] mi pare,
ch'ogn'altra ver di lei i' la chiam' ira.

[1] *fa tremar* ecc.: diffonde per l'aere (*âre*), per l'aria, un chiarore (*chiaritate*) e quasi la fa tremare. La eccezionale efficacia della metafora è appunto nell'uso di quel «tremare» che propriamente allude, forse, al tremolio della fiamma e al particolare lucchichio della stella che si ripercuote nel chiarore diffuso, ma certo prelude al tema di quel particolare sgomento che infonde la personalità della donna e che toglie la possibilità di esprimersi altrimenti che mediante sospiri.

[2] *mena seco*: porta con sé.

[3] *O Deo*: ancora una esclamazione di sorpresa e quasi di sgomento, come all'inizio della precedente quartina.

[4] *dical Amor*: lo dica Amore; l'ineffabilità della visione potrebbe dunque esser superata, se parlasse Amore, che la vede senza abbagliarsi e ha capacità superiori a quelle dell'uomo.

[5] *nol savria contare*: non saprei raccontare, esporre.

[6] *d'umiltà donna*: donna piena d'umiltà (l'uso del genitivo del nome per l'aggettivo corrispondente risale al linguaggio biblico); anzi essa si identifica a tal punto con l'immagine dell'umiltà, della dolcezza, che tutte le altre donne, così distanti dalla sua umiltà, potrebbero identificarsi con l'ira.

Non si poria contar la sua piagenza,
ch'a le' s'inchin'[7] ogni gentil vertute[8],
e la beltate per sua dea la mostra.

Non fu sì alta già la mente nostra
e non si pose 'n noi tanta salute[9],
che propiamente n'aviàn[10] canoscenza.

ANALISI DEL TESTO

La corrispondenza di almeno due temi centrali, ossia quello della *luminosità* della donna (presente nella prima strofa dei due poeti, Guinizzelli e Cavalcanti) e quello della sua capacità di *umiliare* (presente al v. 10 dei due sonetti), e perfino la corrispondenza di due parole in rima, *âre* e *salute*, non deve far trascurare la differenza non solo del complessivo sviluppo tematico, ma anche del tono, e dell'intimo significato che in Cavalcanti vuol essere decisamente nuovo, rispetto a Guinizzelli.

Guinizzelli sapeva di lodare iperbolicamente la donna e di attribuirle divine virtù, ma trovava per lei le corrispondenti bellezze naturali che gli davano la possibilità di lodarla secondo la verità, come si limitava a definire l'effetto morale, purificatore della donna sull'uomo. Cavalcanti insiste inizialmente, anche mediante la forma dell'interrogazione e dell'esclamazione (*Chi è...?*, *O Deo, che sembra...*), sulla impossibilità di fare alcun paragone e sui limiti conoscitivi della mente di fronte alla divina creatura, soggetto incommensurabile, il quale, più che agire sull'uomo, lo rende consapevole della sua inferiorità.

Si spiega così anche l'intonazione mistica del sonetto di Cavalcanti, che parte dalla ripresa puntuale di un versetto biblico del *Cantico dei Cantici* 6, 9 (*Quae est ista quae progreditur?*), e che contribuisce a creare un clima di stupore e di attesa mistica (atmosfera di attesa e di meraviglia della stessa domanda iniziale del sonetto, che resta senza risposta).

Anche questo sonetto si attesta su di un registro stilistico «*dolce*», grazie:
- alla sintassi lineare (paratattica)
- al lessico quotidiano
- alle rime non difficili
- all'assenza di spezzature
- alla fluidità del ritmo.

Non vi è nell'intero componimento alcun confronto (o similitudine) tra la bellezza della donna ed oggetti o elementi del mondo naturale (o celeste), come,

⇒

[7] *s'inchin'*: s'inchina, riconoscendone la superiorità.

[8] *ogni gentil vertute*: ogni persona, che sia per questo gentile, nobile.

[9] *tanta salute*: tanta beatitudine, e quindi tanta purezza di vista, tanta capacità di conoscere.

[10] *n'aviàn*: ne possiamo avere.

invece, accadeva per il sonetto di Guinizzelli (fiori, colori, stelle). Della donna, qui, Cavalcanti ci dice soltanto che viene avanti (*vèn*, v. 1), senza fornirci alcuna altra descrizione fisica, spingendo quindi la raffigurazione su di un piano metafisico ed irraggiungibile.

LAVORARE SUL TESTO

1. Quali effetti provoca il passaggio della donna?
2. Il poeta, cosa dichiara di non saper raccontare?
3. Chi viene invocato, dal poeta, perché giunga in suo soccorso?
4. Rileggi il sonetto di Guinizzelli ed effettua un confronto tra i due testi, facendo attenzione alla rappresentazione della donna, agli effetti che, a giudizio dei due poeti, la donna provocherebbe in chi la guarda (poeta compreso).
5. Argomenta, in un tuo breve testo, analogie e differenze tra i due sonetti appena letti.

Dante Alighieri

dalla *Vita Nuova*

Tanto gentile e tanto onesta pare
(XXVI)

Proprio in questa sezione della Vita Nuova *(cfr.* infra, *p. 134) Dante riprende* «lo stilo de la loda»*, riproponendo, nel sonetto* Tanto gentile e tanto onesta pare*, il rapporto (diremmo, l'equazione) Beatrice-miracolo. Il tema della visione come essenziale momento della vita dell'anima, che sin dai primi capitoli del libro si era imposto come motivo ricorrente, trova in questi versi una vibrazione ed una ricchezza allusiva tanto più intensa quanto più semplice è il linguaggio.*

METRO: versi endecasillabi, con rima ad incastro nelle due quartine (ABBA) e rovesciata nelle due terzine (CDE EDC).

[da *Opere di Dante*, a cura di F. Chiappelli, Milano 1965]

Tanto gentile e tanto onesta pare[1]
la donna mia quand'ella altrui saluta,

[1] *pare*: si rivela; la gentilezza e l'onestà della donna, le sue qualità interiori, si rivelano attraverso i suoi atti, e soprattutto nel saluto che simboleggia la sua sublime natura. Il verbo, messo in posizione di spicco, in punta al verso, allude però anche al modo in cui ella si presenta, che è come un'apparizione soprannaturale.

ch'ogne lingua deven[2] tremando muta,
e li occhi no l'ardiscon di guardare.

Ella si va[3], sentendosi laudare,
benignamente d'umiltà vestuta;
e par che sia[4] una cosa venuta
da cielo in terra a miracol mostrare.

Mostrasi[5] sì piacente a chi la mira,
che dà per li occhi[6] una dolcezza al core,
che 'ntender[7] no la può chi no la prova:

e par[8] che de la sua labbia si mova
uno spirito soave pien d'amore,
che va dicendo a l'anima: Sospira.

[2] *ch'ogne lingua deven* ecc.: l'eccellenza delle sue qualità (si noti la ripetizione *tanto... tanto* che ha un effetto intensivo oltre che fortemente musicale, collocata come è nelle sedi accentate del verso) produce lo sgomento, il timore che prende ciascuno, per cui la lingua non è più capace di parlare, e quindi di rispondere al suo saluto, e gli occhi non osano incontrare il suo sguardo. L'effetto miracoloso che il poeta avverte in sé viene trasferito su un piano universale e la persona del poeta quasi scompare.

[3] *Ella si va* ecc.: ella procede ornata (*vestuta*) di umiltà, di dolcezza, con atteggiamento cortese; affabile senza superbia (*benignamente*), pur accorgendosi di essere ammirata, lodata. Più grande è la sua umiltà, perché non cede alle lusinghe della lode.

[4] *e par che sia* ecc.: sembra, per questo eccezionale atteggiamento, non comune fra gli uomini, un essere celeste sceso sulla terra apposta per rivelare una cosa meravigliosa (*miracol*). Quel che di indefinito, di vago c'è in questi versi (*par che sia una cosa venuta*) contribuisce a creare l'atmosfera evanescente, e lo stupore del miracolo.

[5] *Mostrasi*: è ripetuto, con una variazione morfologica tale da costituire un *polyptoton*, all'inizio delle terzine lo stesso verbo con cui si concludono le quartine. Si tratta del vocabolo che racchiude il senso più profondo del sonetto, tutto concentrato sull'apparizione della donna e sugli effetti della contemplazione.

[6] *dà per li occhi*: infonde attraverso gli occhi.

[7] *che 'ntender* ecc.: un modo per dichiarare l'ineffabilità di quella dolcezza che, anche a poterla riferire, non sarebbe intesa, perché solo chi la prova può intenderla, né chi la prova potrebbe farne comprendere ad altri l'intensità e la qualità (*una dolcezza*: una tale dolcezza).

[8] *e par* ecc.: come al v. 7, anche in questo caso si tratta della traduzione in modi sensibili, visibili, di un fatto che sarebbe altrimenti irripetibile. Dal viso (*labbia*, ma può riferirsi più propriamente alla bocca, giacché gli occhi, di cui ha già detto, e la bocca costituiscono insieme gli elementi essenziali del viso) parte uno spirito amoroso che, con la sua voce suadente (*soave*), induce l'anima a sospirare. La rappresentazione dello spiritello che opera sull'anima dell'uomo è tipica della tradizione stilnovistica, ma Dante ne vanifica il senso specifico, risolvendola in una aerea metafora.

ANALISI DEL TESTO

Il sonetto di Dante, tra i testi più celebri del poeta fiorentino e dell'intera letteratura italiana, oltre a riproporre l'equazione Beatrice-miracolo, come abbiamo già chiarito, rilancia alcuni temi tipici della poesia della *loda*, quali, per esempio, gli *effetti* straordinari del *saluto* della donna, o la benefica dolcezza provocata dalla sua visione, facendo raggiungere alla poesia della *loda* punte non ancora toccate di intensità e di espressività. La concezione cavalcantiana dell'amore come angoscia, che ammutolisce lo stesso poeta, è decisamente superata. Intorno alla donna il poeta riesce a creare tutta un'atmosfera di corale contemplazione, grazie anche alla *dolcezza* dello stile (ritmo e sintassi lineari e pacati), con le riprese che sottolineano la *loda* della donna-angelo (si veda, a questo riguardo, la ripresa *mostrare/Mostrasi*, ai vv. 8 e 9, a legare le quartine con le terzine).

Siamo di fronte ad una scelta di linguaggio «*sublime*», ossia tale da sottolineare con la dignità ed essenzialità della parola e della frase la grandezza dei concetti. La *loda* di Beatrice, qui, si manifesta quasi come una *apparizione soprannaturale*, piuttosto che come una contemplazione, tanto è, infatti, sospesa al di fuori del tempo e dello spazio concreti.

La lirica ha come argomento la identificazione che si opera nella figura femminile fra *grandezza* e *umiltà*, sì che l'una e l'altra virtù si riversano tutt'attorno a lei. Beatrice, infatti, viene lodata sia per le sue qualità di onestà, umiltà e benevolenza, sia anche per gli effetti (spirituali e fisici) ch'ella provoca in chi la vede passare.

LAVORARE SUL TESTO

1. Attraverso cosa si rivelano le qualità interiori della donna?
2. Quali sono gli *effetti* provocati dalla visione della donna?
3. Spiega con parole tue la seconda quartina del sonetto.

2. Istituzioni e Potere

Egidio Colonna

dal *De regimine principum*

[Comportamento dei sovrani]
(III I XXXIII)

I volgarizzamenti dell'opera di Egidio Colonna, destinata all'istruzione di Filippo il Bello di Francia, sono l'indice dell'interesse diffuso anche in Italia per la precettistica politica, in un momento in cui si sviluppa l'organizzazione civile e si avverte l'esigenza di fondare su solide basi morali l'attività dei pubblici magistrati.

[da *La prosa del Duecento*, a cura di C. Segre e M. Marti, Milano-Napoli 1959]

Puoi che noi avemo detto come el popolo si die[1] mantenere contra e·rre[2], noi diremo come ei re e i prenzi si debbono mantenere enverso el popolo, acciò ch'ellino sieno amati e temuti da loro. Donde dovemo sapere che i re e i prenzi debbono avere e·lloro[3] tre cose, acciò ch'ellino sieno amici del lor popolo. La prima cosa si è che 'l signore sia largo e liberale, perciò che 'l popolo maggiormente conosce ei beni temporali che l'altri, ed amano molto el lor signore, quand'elli è largo e liberale. La seconda cosa, che·re[4] sia forte e di grande animo, perciò che 'l popolo ama molto quellino che sono di gran cuore e di grand'animo e che si mettono en pericolo di morte per difendere el bene comune e l'utilità del popolo

[1] *die*: deve.
[2] *contra e·rre*: di fronte al re.
[3] *e·lloro*: in loro.
[4] *che·re*: è necessario che il re.

e la salvezza de·reame. La terza cosa si è che·rre sia giusto e dritto[5]: perciò che 'l popolo odia molto el suo signore quand'elli non guarda giustizia e drittura[6] ne la sua terra. Donde se·rre[7] sarà largo e forte e giusto, elli sarà amato dal suo popolo.

Ed apresso dovemo sapere che 'l popolo teme e·rre per tre cose. La prima si è per le gran pene e per le gran crudelità ched elli fa sofferire a quelli che comette el male e che fanno contra a ragione scontra drittura. La seconda si è quando e·rre è sì dritto ched elli non risparmia nessuna persona, ched elli non punisca secondo el suo malfatto e secondo ragione e drittura. Donde el Filosafo[8] dice, nel settimo de la *Politica*, che[9] dritto e giusto non lassa a fare giustizia né drittura, né per padre né per figliuoli né per amico ch'elli abbia né per alcuna altra cosa. Donde ciascuno del popolo teme, quand'elli sa che se fa cosa che non si convegna, elli non li varrà amistà[10] né benevoglienza del signore, ch'elli non sie punito. E dice el Filosafo che alcuna volta ei re e i prenzi, acciò ch'ellino sieno temuti, e per meglio guardare la giustizia, debbono maggiormente punire ei loro amici, secondo ragione[11], che li altri, cioè che die 'vere[12] più tosto pietà o misericordia de li strani[13] che dei suoi. La terza cosa che fa temere el popolo, si è quando e·rre o 'l signore si porta sì saviamente, che i malifattori non possono eschifare[14] ch'ellino non sieno puniti, né per fuggiresi[15] né per reità di fare deffendere ei suoi beni ad alcuno, né per alcun'altra cagione.

E con tutto che si convegna che i re e i prenzi sieno amati e temuti dal popolo, noi dicemo che i re debbono maggiormente volere essere amati che temuti; e la ragione si è questa, che·rre die più volere quello che maggiormente muove el suo popolo a ben fare ed a fare l'opere de la vertù; donde, perciò che l'amore che l'uomo ha al suo signore esmuove[16] più a ben fare che la paura che l'uomo n'ha, ei re e i prenzi debbono maggiormente volere essere amati che temuti, a ciò che 'l suo popolo faccia bene per amore di lui e per amore d'onestà: ched elli si dice en proverbio che chi ama, si teme; ma chi teme, non ama.

[5] *dritto*: retto, onesto.

[6] *drittura*: rettitudine.

[7] *se·rre*: se il re.

[8] *Filosafo*: Aristotele.

[9] *che* ecc.: che l'uomo retto e giusto non trascura mai di operare giustamente.

[10] *non... amistà*: non gli servirà a nulla l'amicizia.

[11] *secondo ragione*: in base ad un criterio di giustizia.

[12] *die 'vere*: deve avere.

[13] *strani*: estranei.

[14] *eschifare*: evitare.

[15] *per fuggiresi* ecc.: ricorrendo alla fuga, o al sotterfugio di ricorrere a qualcuno per farsi aiutare a difendere i beni, o mettendo in opera qualche altro mezzo.

[16] *esmuove*: muove, incita.

ANALISI DEL TESTO

L'opera del Colonna, composta in latino e risalente al modello della *Politica* di Aristotele attraverso l'insegnamento di Tommaso d'Aquino, fu presto tradotta in francese per volere dello stesso Filippo il Bello e sul testo francese è fondato il volgarizzamento italiano, forse di area senese, di cui abbiamo riportato il passo precedente.

Il tema qui affrontato è famoso in tutta la trattatistica riguardante i tiranni: l'insistenza sulla necessità che il sovrano venga amato più che temuto, anche se non si esclude in certi casi l'utilità del timore, ha il suo fondamento in una tradizione di stampo cortese, che privilegia la virtù della liberalità. Affiora, comunque, un'interpretazione del tema in termini più schiettamente politici, quando l'amore dei sudditi viene inteso come utile all'ordinamento civile.

Originariamente destinato ai re, l'insegnamento include anche i principi, ossia i sovrani degli stati feudali, e i signori, i magistrati delle repubbliche, quali sono ad esempio i podestà.

LAVORARE SUL TESTO

1. Quale argomento viene annunciato all'inizio del brano?
2. A giudizio dell'autore, cosa dovrebbero possedere re e principi per ottenere l'amicizia dei loro popoli?
3. Dopo aver letto il brano, compila la seguente tabella:

Qualità del re e/o del principe	Effetti sul popolo
....	....
....	....
....	....

4. Chi è il filosofo che viene citato nel testo?
5. Per quali ragioni, a giudizio dell'autore, re e principi devono maggiormente voler essere amati, più che temuti dal popolo?

EGIDIO ROMANO (1243 ca.-1316)

Forse della famiglia dei Colonna, scrisse un *De regimine principum* per il re di Francia Filippo il Bello (morto nel 1314), sostenendo l'origine naturale e non divina della società politica e dello stato e ribadendo la superiorità della forza monarchica. Ma la sua trattatistica politica risponde anche ad un'altra questione che alla fine del secolo coinvolge l'istituzione politica ed ecclesiastica, quella relativa alla supremazia del potere temporale o spirituale. Egidio, appartenente alla schiera dei cosiddetti curialisti, difese la superiorità del potere spirituale del papa su quello temporale del principe.

Jacopone da Todi

Que farai, Pier dal Morrone?

L'ascesa al pontificato di Pietro Angeleri da Isernia, eremita del Morrone, presso Sulmona, col nome di Celestino V, nel 1294, sembrò sancire la vittoria del rigore monastico e della interpretazione spirituale del compito della Chiesa, contro l'apparato mondano dell'organismo ecclesiastico.

METRO: versi ottonari, con schema *aaax* e ripresa *xx* (con anacrusi ai vv. 25, 28, 32 e 34).

[da *Poeti del Duecento*, a cura di G. Contini, t. II, Milano-Napoli 1960]

Que farai, Pier dal Morrone?
Èi[1] venuto al paragone.

Vederimo el lavorato[2],
ché en cella hai contemplato.
S'è[3] 'l monno de te engannato,
séquita maledezzone[4].

La tua fama alta è salita,
en molte parte n'è gita:
se te sozzi[5] a la finita,
ai bon[6] sirai confusione.

Como segno a saietta[7],
tutto lo monno a te affitta[8]:
se non ten'[9] belancia ritta,
a Deo ne va appellazione[10].

[1] *Èi* ecc.: sei arrivato alla prova, è giunto per te il momento della prova.

[2] *el lavorato*: l'opera attiva.

[3] *S'è* ecc.: se il mondo si è ingannato a tuo riguardo (*de te*).

[4] *séquita maledezzone*: deriva, ne consegue (*séguita*, da *seguitare*) maledizione.

[5] *se te sozzi* ecc.: se alla fine ti insudici.

[6] *ai bon* ecc.: per i buoni sarai motivo di vergogna.

[7] *Como segno a saietta*: come il bersaglio è preso di mira dalla freccia.

[8] *affitta*: guarda, pone la mira.

[9] *non ten'* ecc.: non tieni bilancia diritta, non ti comporti bene.

[10] *appellazione*: appello, ricorso.

Si se' auro, ferro o rame,
provàrite[11] en esto esame;
quign'[12] hai filo, lana o stame,
mustràrite en esta azzone[13].

Questa corte[14] è una fucina
che 'l bon auro se ce affina[15]:
s'ello tene altra ramina[16],
torna 'n cennere[17] e 'n carbone.

Se l'ofizio[18] te deletta,
nulla malsania[19] è più enfetta,
e ben è vita maledetta
perder Dio per tal boccone.

Granne ho avuto en te cordoglio
como t'escìo de bocca: «Voglio»,
ché t'hai posto iogo en coglio
che t'è tua dannazïone[20].

Quanno l'omo vertüoso
è posto en loco tempestoso,
sempre 'l trovi vigoroso
a portar ritto el gonfalone.

Grann' è la tua degnetate,
non è men[21] la tempestate,
grann' è la varïetate[22]
che trovari en tua mascione[23].

[11] *provàrite*: lo potrai provare (forma derivata dal futuro anteriore latino).

[12] *quign'*: di che sorta, quale (aggettivo interrogativo).

[13] *azzone*: azione.

[14] *corte*: la Curia romana.

[15] *se ce affina*: vi si affina.

[16] *altra ramina*: un sovrappiù di rame.

[17] *torna 'n cennere*: lo ritrasforma in cenere (*cennere* con la consonante doppia è forma umbra).

[18] *ofizio*: ufficio del papato.

[19] *malsania*: lebbra.

[20] *ché... dannazïone*: perché ti sei posto un giogo in collo (*coglio*), che è la tua dannazione.

[21] *non è men* ecc.: ma non meno grandi sono le responsabilità (*la tempestate* è la circostanza, il momento importante).

[22] *varïetate*: disordine.

[23] *trovari en tua mascione*: troverai nella tua casa (*mascione* è francesismo, da *maison*).

ANALISI DEL TESTO

Nel testimoniare la fama di santità dell'eremita, Jacopone teme per la sua salvezza, poiché la *tempestate* nella quale dovrà governare potrebbe sviare il pontefice, non abituato agli intrighi, ma ad un modello ben diverso di vita religiosa, come potrebbe esaltarne la forza e l'eroismo. Ecco perché questo momento viene chiamato dal poeta *paragone* (v. 2), come a dire una prova eccezionale.

La *lauda* si compone di quartine di ottonari, i primi tre monorimi; la rima del quarto è ripresa alla fine di ogni quartina, secondo un sistema quasi costante in Jacopone, che contribuisce all'unità non solo formale della *lauda*, perché proprio a quelle rime sono affidati i temi chiave del componimento.

Il componimento rilancia pure il tema del rapporto tra i due modelli di vita, quello *attivo* e quello *contemplativo*, che hanno caratterizzato, entrambi, sembra voler dire Jacopone, l'esistenza di fra Pietro Angeleri, dapprima eremita, quindi dedito alla vita contemplativa, e, dopo, con l'avvenuta elezione a papa, con il nome di Celestino V, totalmente assorbito dai doveri della vita attiva.

LAVORARE SUL TESTO

1. A chi si rivolge Jacopone sin dal primo verso?
2. Quale sarebbe il *paragone*?
3. Con cosa viene paragonata la corte papale?
4. A quale cibo allude il poeta al v. 26 con l'espressione *perder Dio per tal boccone*?
5. Individua nel testo e sottolinea, rispettivamente, vocaboli appartenenti alla tradizione dialettale, francesismi, latinismi.
6. Scrivi, in un testo non superiore a cinque righi, una tua valutazione del particolare impasto linguistico che caratterizza il testo di Jacopone.

LA LAUDA

Nata sul modello della sequenza mediolatina, ai margini del rito ecclesiastico, la *lauda* aveva ricalcato originariamente nella cantilena volgare le *laudes* dell'ufficio canonico. Fu quindi elaborata nel corso del sec. XIII sul modello della ballata popolare da frati e compositori specializzati, i laudesi, per la pratica delle confraternite pie. I centri maggiori di produzione furono Assisi, Perugia, Cortona e Siena.

Un impulso era venuto proprio dalla regola francescana, che prescriveva ai frati l'uso del canto sacro per sostituire presso il popolo i cantari profani, ed un momento favorevole allo sviluppo del genere era stato il cosiddetto anno dell'Alleluia (la parola sacra del testo ebraico significava appunto «lodate Dio»), il 1233, quando folle di devoti si misero a percorrere città e campagne cantando lodi al Signore e invocando la pace.

Folgòre da San Gimignano

Cortesia cortesia cortesia chiamo

Il lamento per l'estinguersi del costume cortese e soprattutto della liberalità, che ne è la prima virtù, è un tema polemico assai diffuso nell'epoca di crisi della società feudale. Dante e Boccaccio lo riprenderanno nel secolo XIV e ne faranno un motivo fondamentale della loro riflessione sul profondo rivolgimento di tempi che porta alla ribalta il costume mercantile e borghese.

METRO: versi endecasillabi, con rima ad incastro nelle due quartine (ABBA) e rovesciata nelle due terzine (CDC DCD).

[da *Poeti giocosi del tempo di Dante*, a cura di M. Marti, Milano 1956]

Cortesia cortesia cortesia chiamo[1]
e da nessuna parte mi risponde,
e chi la dée mostrar[2] sì la nasconde,
e per ciò a cui besogna[3] vive gramo.

Avarizia le gente ha prese a l'amo[4],
ed ogne grazia[5] distrugge e confonde[6]:
però se eo me doglio, eo so ben onde[7];
de voi, possente[8], a Deo me ne richiamo.

Ché la mia madre cortesia[9] avete
messa sì sotto 'l piè che non si leva[10];
l'aver ci sta[11], voi non ci rimanete;

[1] *chiamo*: invoco.

[2] *chi la dée mostrar*: la cortesia era prerogativa ma anche dovere dei nobili.

[3] *a cui besogna*: colui che ha bisogno del suo aiuto; il destinatario della liberalità è il povero (*a cui* sta per «colui al quale», con attrazione del soggetto, secondo una costruzione frequente nei testi antichi).

[4] *le gente ha prese a l'amo*: ha allettato, conquistato la gente.

[5] *ogne grazia*: ogni bene, ogni virtù.

[6] *confonde*: oscura, annienta.

[7] *so ben onde*: so bene io perché, cioè ho le mie buone ragioni.

[8] *de voi, possente* ecc.: di voi mi lamento presso Dio, reclamo (appartiene al linguaggio giuridico), o potenti signori (*possente*).

[9] *mia madre cortesia*: la cortesia alla quale sono stato allevato, che considero mia madre.

[10] *non si leva*: non si rimette più in piedi.

[11] *l'aver ci sta*: i beni che possedete rimangono qui (*ci*) sulla terra.

tutti sièm nati di Adamo e di Eva;
potendo[12], non donate e non spendete:
mal ha natura[13] chi ai figli alleva.

ANALISI DEL TESTO

Il sonetto di Folgòre, che riassume la sua concezione della vita, non contiene particolari approfondimenti, ma rivela una forte nostalgia (si veda la disperata invocazione del primo verso, rinforzata dall'eloquente ripetizione) per quel mondo svanito in cui le ricchezze dei signori sarebbero state a disposizione di tutti. Si tratta di una idealizzazione, questa, del mondo feudale, che si spiega con il progressivo rivolgersi dei signori verso le attività produttive [cfr. L, pp. 33-34]. Interessante notare il ricorso all'argomento della comune origine degli uomini (vv. 12-14), tutti figli di Adamo ed Eva, che verrà utilizzato generalmente per confutare il principio della nobiltà, ed è qui richiamato, invece, per affermare il diritto di tutti gli uomini ad essere sostentati e quindi per ribadire il dovere cristiano della liberalità.

Il sonetto si presenta come un prezioso documento della mentalità e delle idee della civiltà comunale (specie per quegli aspetti derivanti dalla precedente civiltà feudale-cavalleresca, qui enfatizzati non senza punte e modulazioni nostalgiche). La borghesia comunale, infatti, si era impegnata a conciliare, nel proprio stile di vita, i valori della *liberalità* e della *cortesia*, tipicamente nobiliari, con quello prettamente borghese della *masserizia* (l'oculata e proficua amministrazione dei propri beni, al fine di accrescerli). Ed è proprio su questo che si concentra la severa critica di Folgòre, che, pessimisticamente, vede il trionfo dell'*avarizia*, in quanto morboso e smodato attaccamento al guadagno e al danaro, che è, in quanto vizio, l'esatto contrario delle *virtù* nobiliari della *cortesia* e della *liberalità*. Non resta, a questo punto, che la rievocazione nostalgica del passato, del luminoso passato (e «*folgòre*» sta per «*fulgore, splendore*»), da contrapporre, evidentemente, al grigio presente, che ha tradito quegli ideali.

Eco e sviluppo di una simile posizione ideologica troveranno posto in molti luoghi della poesia dantesca più matura (specie i passi in cui, nella *Commedia*, viene deprecata la scomparsa da Firenze di «*cortesia*» e «*valore*», per lasciar spazio alla «*gente nova*» e ai «*súbiti guadagni*», *Inferno*, XVI, 67-75).

LAVORARE SUL TESTO

1. Di quale classe sociale la *cortesia*, invocata dal poeta, sarebbe dovuta essere prerogativa e dovere?
2. Spiega con parole tue l'espressione *vive gramo* (v. 4).
3. Da chi (o da cosa), a giudizio del poeta, la gente sarebbe stata conquistata?
4. A chi si rivolge il poeta per chiedere aiuto?

[12] *potendo*: pure potendolo fare (*potendo* è gerundio concessivo).

[13] *mal ha natura* ecc.: ha una cattiva natura chi accumula per i figli.

Serafino Aquilano

dalle *Rime*

Invida corte, d'ogni ben nimica

Sonetto nato da uno sfogo del poeta, scontento del modo col quale veniva trattato dal cardinale Ascanio Sforza (1455-1505), figlio del duca di Milano, Francesco I, e presso il quale il poeta prestò servizio all'inizio della sua carriera letteraria.

METRO: versi endecasillabi, con rima ad incastro nelle due quartine (ABBA) e ripetuta nelle due terzine (CDE CDE).

[da *Le rime di Serafino de' Ciminelli dall'Aquila*, a cura di M. Menghini, Bologna 1894]

Invida[1] corte, d'ogni ben nimica,
nuda de fede e colma[2] d'impietate,
scola[3] de tradimenti e falsitate
e d'ogni altra virtù priva e mendica[4].

Terrestre inferno e fonte di fatica[5],
radice de miseria, adversitate[6],
rivo abondante de malignitate
et a lieta fortuna sempre ostica[7].

Deh, quando fia già mai che giù dal cielo
scendano di Vulcano i fieri dardi
ad aprir[8] tante fraudi e tanti inganni?

Ma s'io non moro avanti il bianco pelo[9]
spero vederte al fondo, benché tardi,
con tuoi seguaci[10] e perfidi tiranni.

[1] *Invida*: piena di invidia, di malanimo.

[2] *nuda... colma*: l'antitesi fra i due aggettivi si ripercuote nell'antitesi dei sostantivi; l'empietà contrasta con la fede, che dovrebbe essere la virtù maggiore della corte pontificia.

[3] *scola* ecc.: luogo dove si raccolgono e si insegnano tradimento e ipocrisia.

[4] *mendica*: sprovvista.

[5] *fatica*: sofferenza.

[6] *adversitate*: sfortuna.

[7] *ostica*: avversa.

[8] *aprir*: svelare.

[9] *bianco pelo*: la vecchiaia.

[10] *con tuoi seguaci* ecc.: con tutta la tua genia di cortigiani e signori.

ANALISI DEL TESTO

Questo sonetto di Serafino Aquilano si inseriva in una tradizione di polemica contro i vizi della corte papale, alla quale già il Petrarca aveva dato il suo contributo in una serie di sonetti. Tuttavia, la costruzione del sonetto è fortemente retorica, quando si pensi a quella serie di apostrofi contenuta nelle prime due strofe, disposte in modo pressoché parallelo, alla ricerca di antitesi (cfr. v. 2: *nuda... fede* e *colma... impietate*), di sinonimi (*tradimenti e falsitate*, *priva e mendica*, *fraudi e... inganni*) e di variazioni (*fonte... radice... rivo*; *nimica... ostica*).

La bipartizione strutturale e sintattica del sonetto (con la netta divisione tra le quartine e le terzine) propone una corrispondente bipartizione per quanto riguarda il contenuto: all'iniziale constatazione della realtà della corte, con la puntuale e severa elencazione dei suoi mali, contenuta nelle quartine, corrisponde, infatti, nelle terzine, l'invettiva e la condanna che il poeta rivolge alla corte, fino a dire di desiderare di vederla sprofondare sotto i colpi di una giusta punizione divina.

LAVORARE SUL TESTO

1. Compila un elenco dei *vizi* che, a giudizio del poeta, manifesterebbe la corte.
2. Utilizzando l'elenco precedente, prova a scrivere, in un tuo testo, per contrasto le *virtù* che dovrebbe possedere la vita di corte.
3. La corte, di cosa sarebbe «*scola*»?
4. Quale soluzione auspica il poeta per la corte?

Modulo genere

Studiare la letteratura per moduli genere

Premessa

Il **genere letterario** è una categoria astratta, una specie di contenitore critico ideale nel quale vengono raccolte e catalogate le opere degli autori in base a diversi parametri, riconducibili, sostanzialmente, a due grandi criteri: quello della ***forma*** e quello del ***contenuto***. Esistono, pertanto, generi di *forma* e generi di *contenuto*. Tuttavia, una classificazione non è mai netta e precisa.

Elementi costitutivi

La collocazione di un'opera all'interno di un genere letterario ben definito è operazione critica piuttosto complessa, e nient'affatto univoca. Un'opera letteraria, pur vivendo di vita propria, in quanto prodotto unico ed autonomo, va sempre messa in relazione:

– con il resto della produzione dello stesso autore

– con le altre opere del periodo, che hanno affrontato le stesse tematiche, o che, comunque, sono accostabili ad essa per affinità di lingua, di stile, di situazioni

– con il genere letterario in cui l'opera s'inserisce.

La rete testuale

L'opera letteraria, anche nel caso di grandi capolavori, è sempre inseribile in una 'rete' di altre opere, senza le quali, e, soprattutto, senza il dialogo che con esse riesce ad instaurare, non si riuscirebbe a comprendere appieno il messaggio che trasmette, lo stile, la lingua, la sua struttura. Alcuni critici, infatti, oggi, definiscono il *genere letterario* come il *grande testo* (o ***macro-testo***) entro il quale le singole opere trovano collocazione e senso.

Gli elementi strutturali

Una prima grande differenziazione tra i *generi* è rappresentata dalla divisione tra opere ***in versi*** e opere ***in prosa***. Presso gli antichi, e fino all'età moderna, la poesia veniva divisa, a sua volta, in poesia *drammatica*, *epica* e *lirica*:

• la poesia *drammatica* era quella dei testi teatrali (distinta ulteriormente in *commedia*, per la rappresentazione di storie quotidiane; e *tragedia*, per la rappresentazione di storie mitiche);

• la poesia *epica* era quella delle narrazioni lunghe, riguardanti gli eroi;

• la poesia *lirica*, infine, era quella sentimentale, che esprimeva le passioni del poeta.

La *prosa* veniva distinta, sin dall'antichità, in *novella*, *fiaba*, *leggenda*, *racconto*, *romanzo*, *trattato*.

A partire dal XIX secolo, con il Romanticismo, e in modo particolare nel XX secolo, la teoria dei generi letterari è stata radicalmente rivista e messa in discussione, in nome di una maggiore ***libertà creativa*** dell'autore.

Resta, ad ogni modo, fondamentale almeno la distinzione tra *prosa* e *poesia*, facendo attenzione:

– per le opere in *prosa*, alla **trama** (riconoscendo in essa sia la **fabula**, l'ordine reale degli eventi di una narrazione; sia l'**intreccio**, l'ordine voluto e realizzato dall'autore); ai **personaggi**; ai **luoghi**; al **narratore** (o ai narratori); al **punto di vista**

– per le opere in *poesia*, alla **lingua** e allo **stile** (al tipo di **verso** utilizzato, alla **strofa**, alla **rima**); alle **figure retoriche** e alle **metafore**.

Lo studio di un *genere*, e delle sue manifestazioni artistiche concrete attraverso i secoli, porta a notare quali siano, al suo interno, gli elementi di ***mutamento*** e quelli di ***permanenza***.

Conoscenze

In questa nostra proposta editoriale, lo studio della letteratura attraverso la prospettiva del percorso modulare per *genere* è organizzato intorno ai seguenti percorsi:

1. Poesia
2. Exemplum, Novella e Storiografia
3. Epistola e Trattato.

Competenze

Tra le finalità formative che questa tipologia modulare si prefigge di far acquisire, si insiste particolarmente sui seguenti obiettivi specifici di insegnamento/apprendimento:

– individuare nei testi le **caratteristiche del genere**
– riconoscere le **caratteristiche degli autori** esaminati nell'ambito del genere
– riconoscere le analogie, le dipendenze e le differenze fra la **moderna produzione artistica e di evasione** e i generi letterari del passato.

Capacità

Vengono ribadite, anche per questa tipologia modulare, le *finalità generali* proprie dello studio della letteratura:

– educazione alla **comprensione del testo**, letterario e no
– sviluppo del **gusto per la lettura** autonoma
– acquisizione degli strumenti per una corretta **comunicazione**, tanto orale, quanto scritta.

1. Poesia

Guittone d'Arezzo

Vegna, – vegna – chi vole giocundare

*Un esempio insigne del trasferimento della forma metrica della ballata nella tematica religiosa misticheggiante è questo invito alla danza mistica, che testimonia il passaggio dal genere proprio della ballata, di cui Guittone conserva in questo caso perfino il tema specifico (*a la danza se tegna*), al genere della lauda. La nascita e lo sviluppo della lauda secondo questo modello si deve forse in gran parte a Guittone, e comunque l'operazione si attuò, in ambiente religioso, in quel territorio che si stende fra l'Umbria e la Toscana: i più importanti centri di produzione furono infatti Perugia, Assisi, Siena e Cortona.*

METRO: *ballata* composta da una *ripresa* di due versi (un endecasillabo e un ottonario) e da sei strofe di sei versi ciascuna (cinque endecasillabi e un ottonario), con rime AB AB Cd.

[da *Poeti del Duecento*, a cura di G. Contini, t. I, Milano-Napoli 1960]

Vegna, – vegna – chi vole giocundare[1],
e a la danza se tegna.

Vegna, vegna, giocundi[2] e gioia faccia
chi ama Te, da cui sol' onni gioia[3];

[1] *giocundare*: esser giocondo, beato.

[2] *giocundi*: sia giocondo, goda; nota la variazione *gioia faccia* che dice il medesimo concetto.

[3] *da... gioia*: da cui proviene ogni beatitudine.

e chi non T'ama, Amor, non aggia faccia
di giocundare in matera de noia[4].
   Degna[5], – degna; – non pò che reo portare
chi Te, gioioso, disdegna[6].

   No è mai gioia né solaccio vero
che'n Te amar, Gesù sponso meo caro:
tant' amabel se' tutto e piacentero[7],
dolc' è Tec' onni dolce e onni amaro[8].
   Tegna, – tegna – lo core in Te amare,
sì che tutt'altro disdegna[9].

   Profet'e santi invitan noi, Amore,
che 'n allegranza Te dovemo amare[10],
e cantar canti e inni in Tuo lausore[11]
und'onni lauda e onni gloria pare[12].
   Stregna, – stregna – Amor noi sempre fare
ciò che deritto n'asegna[13].

   O vita vital per cui ëo vivo,
for cui[14] vivendo moro e vivo a morte,
e gaudio per cui gaudo e son gioivo[15],
for cui gaudendo onni dolor mi sorte[16],
   degna, – degna – la mia alma sponsare
e farlaTe tutta degna.

[4] *non aggia... noia*: non abbia coraggio, si vergogni di essere felice di cosa che dovrebbe invece farlo soffrire.

[5] *Degna*: degnati, accondiscendi.

[6] *non pò... disdegna*: chi disdegna te, che sei pieno di beatitudine, non può che contenere in sé malvagità.

[7] *piacentero*: amabile (gallicismo).

[8] *dolc' è... amaro*: che con te è dolce ogni dolcezza e ogni amarezza (la proposizione è una consecutiva non introdotta da congiuntivo).

[9] *Tegna... disdegna*: chi vuole gioire (è sottinteso *chi vole giocundare*) tenga il cuore rivolto verso di te, in modo da disdegnare ogni altra cosa.

[10] *invitan noi... che... dovemo amare*: ci invitano ad amarti con gioia (*allegranza*).

[11] *lausore*: (provenzale *lausor*) lode.

[12] *pare*: appare, ha la sua origine.

[13] *Stregna... n'asegna*: l'amore ci stringa, ci obblighi sempre a fare ciò che la giustizia ci mostra.

[14] *for cui* ecc.: fuori dell'attuale vita io muoio pur vivendo e vivo nella morte; unica vita è Dio, per cui il poeta ha insistito nel chiamare quella vita «vitale», in modo da distinguerla dalla vita disgiunta da Dio che è morte.

[15] *gaudio... gioivo*: gioia per la quale io gioisco e son giulivo. Nota il gioco delle ripetizioni in questo come nel verso precedente, dove si aggiunge l'*antitesi*.

[16] *onni... mi sorte*: mi tocca in sorte ogni dolore, soffro tutti i dolori.

O vero gaudio del mio spirto, gauda[17]
con tutto piacer di Te l'alma mia,
sì che Tuo viso veggia e Tua voce[18] auda
loco 've gaudio tutto eternal sia.
Regna, – regna – in me sì, che regnare[19]
mi faccia com' giusto regna.

Or venite, venite e giocundate,
sponse del mio Signore e donne mie[20],
e de tutt'allegrezza v'allegrate,
amando Lui de pur cor ciascun die[21].
Sdegna, – sdegna – bon cor ciò che non pare
c'al suo Segnor ben s'avegna[22].
Tegna, – tegna, – chi cher pene, penare[23],
e a Tua danza non vegna.

ANALISI DEL TESTO

Questa ballata sacra rivela sin nelle scelte metriche il tono solenne, che Guittone predilige, malgrado l'allusione al tema giocondo e gaudente della danza [cfr. L, pp. 28-34]. Le *stanze* sono composte da una *fronte* doppia (A B A B) di endecasillabi e da una *sirima* di due versi (un endecasillabo e un ottonario) pari alla ripresa, e doppia nell'ultima stanza.

Ricca e complessa è la corrispondenza delle rime e delle assonanze. A parte la ricerca della *rima equivoca* (vv. 3-5) e l'uso sapiente di «*tegna*», inserito, quasi chiave dell'intera *lauda*, all'inizio, al centro e alla fine, nei due sensi, letterale e metaforico, la rima interna della ripresa si ripercuote in tutte le stanze costituendo l'unità e lo sviluppo tematico del componimento:

1. l'anima disdegni il peccato
2. il cuore si rivolga a Dio
3. si stringa il legame d'amore
4. l'anima si offra completamente a Dio
5. Dio domini ormai nel cuore
6. non si accosti alla danza chi non ama solamente il Signore.

[17] *gauda*: goda.

[18] *Tua voce* ecc.: oda, ascolti la tua voce là dove sia eterna la gioia, nella beatitudine celeste.

[19] *regnare* ecc.: regna in me in modo da farmi vivere (*regnare* è provenzalismo per «vivere») come vive il giusto.

[20] *sponse... donne mie*: si riferisce alle donne pie.

[21] *de pur... die*: di puro cuore ogni giorno.

[22] *Sdegna... s'avegna*: un buon cuore sdegni ciò che non sembra che convenga al suo signore.

[23] *Tegna... penare*: sia costretto a penare chi vuole le pene.

LAVORARE SUL TESTO

1. Dividi in sillabe l'intero componimento e verifica la presenza in esso di endecasillabi ed ottonari.

2. Spiega con parole tue la rima equivoca dei vv. 3-5.

3. Osserva attentamente la poesia di Guittone e verifica se in essa viene rispettata o meno la struttura della *ballata*.

4. Quale forza, a giudizio del poeta, dovrebbe sempre *stringere* l'umanità?

LA BALLATA

Composta di *stanze* strutturate come quelle della *canzone*, con due *piedi* e una *volta*, la *ballata* è introdotta però da una *strofetta* che costituisce il ritornello (*ripresa*) e che riprende appunto in uno dei suoi versi, generalmente il primo, l'ultimo verso delle *stanze*, che hanno pertanto sempre la medesima uscita nell'ambito della stessa ballata, in modo da richiamare il ritornello che s'intende cantato o recitato alla fine di ogni stanza. Il medesimo schema osservano le *laude*.

La ballata *Vegna, – vegna* di Guittone d'Arezzo ha una *ripresa* di due versi (*Vegna, – vegna – chi vole giocundare / e a la danza se tegna*) e *stanze* con lo schema seguente AB AB Cd, dove il verso più breve, che conclude ogni stanza, è un *ottonario* che conserva per tutto il componimento la medesima rima; la *ripresa* corrisponde alla *volta*.

Si soleva chiamare *ballata grande* quella con *ripresa* di quattro versi, *mezzana* quella con *ripresa* di tre versi e *minore* quella con *ripresa* di due versi.

Bonagiunta da Lucca

Voi, ch'avete mutata la mainera

È un sonetto di notevole importanza per intendere le reazioni che si ebbero, nella schiera dei lirici legati alla maniera siciliana o guittoniana, di fronte alla novità apportata dal Guinizzelli, soprattutto con la canzone Al cor gentil. *Testimonianza, dunque, del dibattito (e delle polemiche) contemporanee che accompagnarono le innovazioni poetiche introdotte da Guinizzelli e poi accolte dagli stilnovisti (con la formula critica di* stil novo *che proprio a lui Dante, nel* Purgatorio, *XXIV, 55-57, farà pronunciare).*

METRO: versi endecasillabi, con rima alternata nelle due quartine (ABAB) e ripetuta nelle due terzine (CDE CDE).

[da *Poeti del Dolce Stil Nuovo*, a cura di M. Marti, Firenze 1969]

Voi, ch'avete mutata la mainera[1]
de li plagenti ditti de l'amore
de la forma[2] dell'esser là dov'era,
per avansare[3] ogn'altro trovatore[4],

avete fatto como la lumera[5],
ch'a le scure partite dà sprendore,
ma non quine ove luce l'alta spera,
la quale avansa e passa di chiarore.

Così passate[6] voi di sottigliansa,
e non si può trovar chi ben ispogna,
cotant'è iscura vostra parlatura.

Ed è tenuta[7] gran dissimigliansa[8],
ancor che 'l senno vegna da Bologna,
traier canson per forsa di scrittura.

[1] *la mainera* ecc.: la maniera, ossia lo stile dei piacevoli componimenti (*plagenti ditti*) d'amore.

[2] *de la forma* ecc.: dalla forma del loro essere (si lega ad *avete mutata*), dov'essa si trovava, quale essa era; e cioè avete abbandonato il loro modello (*la forma dell'esser*). Il v. 3 risente dell'intenzione di Bonagiunta di ricalcare polemicamente e ironicamente il linguaggio scolastico cui Guido Guinizzelli ricorreva.

[3] *per avansare*: per superare, ma vuol dire «con l'illusione di superare».

[4] *trovatore*: poeta volgare d'amore.

[5] *como la lumera* ecc.: come fa il lume, che illumina le zone (*partite* vale per parti) scure, risplende dove c'è il buio, ma non dove c'è già una luce ben più grande, qui da noi (*quine*) in Toscana, dove risplende un'alta sfera luminosa che è ben superiore (*avansa e passa*) in splendore. Può riferirsi ad un determinato maestro, come Guittone, o in genere alla fioritura della lirica toscana.

[6] *Così passate* ecc.: come quella sfera luminosa passa, supera tutti, così voi superate (*passate*) gli altri, ma nella sottigliezza (*sottigliansa*), l'intellettualismo, la cerebralità dei concetti, né si trova nessuno che li sappia ben spiegare, che ben li esponga (*ispogna*: «esporre» era appunto l'operazione del maestro nella scolastica), tanto è oscuro il vostro parlare, il vostro discorso.

[7] *è tenuta*: viene considerata.

[8] *gran dissimigliansa*: una grande stravaganza, stranezza; la parola è coniata sul modello del provenzale *desemblar*, dissimile, che vale «strano». La stranezza è quella enunciata al v. 14, tirare (*traier*) a forza la canzone dalle scritture, cioè prender spunto dai testi che formano oggetto delle disquisizioni scolastiche.

RIME E VERSI

La disposizione delle rime in una successione di versi viene indicata con le lettere dell'alfabeto. Mediante la successione delle lettere si traccia lo *schema* del componimento, che può riferirsi soltanto a quel modulo che si ripete costantemente, come la stanza di una canzone, la terzina o l'ottava di un poema. Se i versi non sono di ugual misura si userà la maiuscola per il verso maggiore e la minuscola per il verso minore: ciò avviene generalmente nella canzone composta di endecasillabi e settenari. Se abbiamo una successione di coppie rimate lo schema sarà AA BB CC ecc. (la coppia di versi rimati prende il nome di ***rima baciata***). Se le rime si corrispondono alternativamente, lo schema sarà AB AB AB ecc. (***rima alternata***). La ***rima incrociata*** risponde allo schema seguente ABBA, o al seguente ABA ABA. La ***rima incatenata*** risponde al seguente schema ABA BCB CDC ecc. Le ***rime ripetute*** rispondono al seguente schema ABC ABC, le ***rime invertite*** al seguente ABC CBA.

Raggruppati secondo uno schema definito dalla rima, i versi compongono la ***strofa***, che rappresenta l'unità metrica della poesia e trae l'origine del nome dal movimento della danza (ma per la canzone si usa più precisamente il termine di ***stanze*** ad indicare le parti in cui si divide e che ripetono generalmente un modulo definito da una determinata successione delle rime).

Il verso si distingue all'interno della strofa o di una successione di ***versi sciolti***, ossia non rimati, per effetto delle pause, ma singolarmente preso non ha autonomia. Lo si può trovare da solo nella poesia contemporanea, la quale rifiuta generalmente gli schemi metrici tradizionali e introduce anche gruppi di versi dissimili e variamente disposti, che non possono denominarsi strofe.

In base al numero dei versi la strofa è denominata ***terzina***, ***quartina***, ***sestina***, ***ottava***. Ma la terzina, la sestina e l'ottava hanno assunto un significato specifico e designano in effetti non in genere la strofa di tre, sei, otto versi, quanto dei componimenti determinati, formati di endecasillabi disposti in un certo ordine.

ANALISI DEL TESTO

Non sfugge a Bonagiunta, come si può verificare dalla diretta lettura del sonetto *Voi, ch'avete mutata la mainera*, il carattere intellettualistico della nuova poesia, la cui oscurità proveniva più che da complicazioni retoriche, da sottigliezza di concetti attinti ad una fonte inconsueta, i testi di carattere filosofico, e dall'uso di vocaboli tipici della scienza [cfr. L, pp. 28-34]. Perciò, nell'ironizzare sul nuovo stile guinizzelliano, Bonagiunta fa anche lui uso, forzato (si veda il v. 3), della terminologia scolastica.

Il sonetto testimonia anche una certa diffidenza nei confronti di quel tipo di cultura di cui Bologna costituiva ancora il principale centro di irradiazione (esplicito, in questo senso, il v. 13) e che avrà un notevole peso nell'avvio del nuovo stile, quasi una difesa della propria tradizione regionale.

Occorre tenere in debita considerazione quel certo tono, per così dire, *ironico* e *sarcastico* del registro stilistico del sonetto, che in alcuni passaggi si fa vera e propria protesta nei confronti della nuova poesia, giudicata *sottile* e *filo-*

⇒

sofica, intrisa di linguaggio *intellettualistico* ed *oscuro*. Linguaggio oscuro e tecnico cui lo stesso Bonagiunta è costretto a ricorrere (si vedano i versi della prima quartina e il v. 11), per chiarire il suo pensiero.

LAVORARE SUL TESTO

1. Con l'espressione *Voi, ch'avete mutata la mainera*, Bonagiunta, a chi allude?
2. Spiega con parole tue il seguente verso *Così passate voi di sottigliansa*.
3. In cosa consiste, dunque, la novità introdotta da Guinizzelli?
4. Qual è la canzone di Guido Guinizzelli, giudicata come manifesto dello *stilnovismo* e contro la quale si scaglia Bonagiunta?
5. Al contrario, quale sarebbe la tradizione lirica difesa da Bonagiunta?

Guido Guinizzelli

Al cor gentil rempaira sempre Amore

In questa canzone si trovano enunciati per la prima volta nel modo più limpido quei princìpi che costituiscono gli assi portanti della più giovane poesia toscana della fine del secolo XIII:

– la nobiltà interiore e individuale (non di schiatta) quale necessaria condizione dell'amore

– la identificazione della donna con un essere divino.

In questo senso è comprensibile come essa sia stata considerata generalmente il «manifesto» dello «Stil novo»: Dante la richiama esplicitamente per ben due volte, in un sonetto della Vita Nuova *(XX) e nelle parole di Francesca da Rimini, nell'*Inferno *(V, 100), e altri poeti la riecheggiano nelle loro rime.*

METRO: canzone di sei stanze di dieci versi, endecasillabi e settenari.

[da *Poeti del Dolce Stil Nuovo*, a cura di M. Marti, Firenze 1969]

Al cor gentil rempaira sempre Amore[1]
come l'ausello in selva a la verdura[2];

[1] *rempaira... Amore*: l'amore ritorna, quasi rimpatria (*rempaira* è un gallicismo e corrisponde a «ritorna come a sua dimora»). Il cuore gentile, nobile, è la naturale dimora di amore.

[2] *a la verdura*: fra il verde, fra le foglie del bosco l'uccello (*ausello*, forma bolognese) torna sempre alla sua dimora naturale, al suo nido, dopo essersene allontanato durante il giorno.

né fe' amor anti che gentil core,
né gentil core anti ch'amor, natura[3]:
ch'adesso con' fu[4] 'l sole,
sì tosto lo splendore fu lucente,
né fu davanti 'l sole[5];
e prende amore in gentilezza[6] loco[7]
così propiamente[8]
come calore in clarità di foco.

Foco d'amore[9] in gentil cor s'aprende[10]
come vertute in petra preziosa,
che[11] da la stella[12] valor no i discende

[3] *natura*: soggetto dei vv. 3-4. La natura non creò (*fe'* = fece) amore prima di creare il *gentil core*, né viceversa, e cioè amore e cuore gentile furono creati dalla natura nello stesso momento e quindi essi sono in un rapporto naturale e perenne. Si noti come nei due versi *amor* e *core* sono disposti in senso inverso in modo da formare un *chiasmo* e insistere, anche attraverso la forma retorica, sull'intreccio dei due elementi.

[4] *ch'adesso con' fu*: perché nel momento che fu, non appena apparve. Il poeta introduce una similitudine per chiarire come due elementi intrinsecamente uniti, come il sole e il suo splendore, non possano esser nati che contemporaneamente. Ciò fa intravedere una corrispondenza fra sole e cuor gentile, splendore e amore.

[5] *né fu davanti 'l sole*: né il sole appare prima (dello splendore); è un corollario dell'affermazione precedente, e serve a ribadirne il significato.

[6] *gentilezza*: «nobiltà», il cor gentile.

[7] *prende... loco*: s'insedia; soggetto è amore.

[8] *propiamente*: il poeta insiste sulla perfetta analogia fra il rapporto amore-gentilezza e il rapporto che esiste in natura fra gli oggetti e le loro primarie qualità (al sole, corpo splendente, è concomitante lo splendore) o fra qualità primarie di un oggetto (il calore è concomitante con la lucentezza, clarità del fuoco). Si noti come il poeta abbia fatto corrispondere nella prima similitudine il cor gentile al sole, mentre nella seconda la gentilezza, qualità del cuore, alla clarità, qualità del fuoco. Nel primo caso amore corrisponde allo splendore, nel secondo al calore.

[9] *Foco d'amore*: la nuova stanza comincia con l'ultima parola della precedente: questo accorgimento metrico (*coblas capfinidas*) lega anche le stanze successive, ma senza che vi sia una corrispondenza perfetta della parola (*'nnamora/Amor*; *ferro/Fere*; *splendore/Splende*). Si tratta di una ripetizione che corrisponde ora alla «paronomasia», ora alla «figura etimologica».

[10] *s'aprende*: si appicca, si accende; il verbo si confà alla metafora del fuoco (essendo amore un fuoco, si accende, infiammando il cuore). Il medesimo verbo vale metaforicamente anche per la *vertute* del verso successivo, ossia la proprietà che inerisce alla gemma (*petra preziosa*), come l'amore al cuore.

[11] *che*: poiché, infatti.

[12] *da la stella* ecc.: ogni pietra preziosa veniva collegata, nella scienza medievale, ad un astro, dal quale discenderebbe la qualità propria (*valor* = proprietà) della gemma. Ma la proprietà non discende nella pietra (*i* = ivi, vi) prima che (*anti che*) il sole la purifichi (*la faccia gentil cosa*).

anti che 'l sol la faccia gentil cosa;
poi che n'ha tratto fòre[13]
per sua forza lo sol ciò che li è vile,
stella li dà valore[14]:
così lo cor ch'è fatto da natura
asletto[15], pur, gentile,
donna a guisa di stella[16] lo 'nnamora.

Amor per tal ragion[17] sta 'n cor gentile
per qual lo foco in cima del doplero:
splendeli al su' diletto, clar, sottile;
no li stari' altra guisa, tant'è fero.
Così prava natura[18]
recontra amor, come fa l'aigua il foco
caldo, per la freddura.
Amore in gentil cor prende rivera[19]

[13] *n'ha tratto fòre*: ne ha tolto via; soggetto è il sole (v. 16), che con la sua potenza (*per sua forza*) elimina dalla pietra ciò che essa ha (*li è* = è a lei) di impuro (per alcuni critici, *li* va considerato equivalente a *i* del v. 13).

[14] *li dà valore*: le infonde la proprietà.

[15] *asletto*: (gallicismo) eletto, ossia «scelto», che è equivalente dei due aggettivi seguenti.

[16] *a guisa di stella*: allo stesso modo della stella. La donna ha, nei confronti del cuore gentile, la funzione dell'astro nei confronti della gemma, rende cioè operante la sua proprietà. Mentre nella stanza precedente il poeta aveva chiarito la concomitanza di amore e cuor gentile, nati allo stesso tempo, in questa stanza precisa le condizioni del loro effettivo rapporto, ricorrendo alla dottrina aristotelica del necessario rapporto fra *potenza* ed *atto*. È necessario, perché esso si verifichi, che la natura prepari il cuore (come il sole la pietra), lo renda gentile e quindi tendenzialmente disposto all'amore, e che la donna intervenga a tradurre quella potenza in atto, in innamoramento.

[17] *per tal ragion*: il poeta, dopo aver chiarito l'origine concomitante di amore e cuor gentile e il carattere del loro rapporto fondato sulla relazione fra potenza e atto, illustra ora con altre luminose similitudini il «modo» (*ragion*) in cui quel rapporto si attua in virtù dell'affinità che sussiste fra loro. Il fuoco sta in cima alla torcia (*doplero*), e vi risplende (*splendeli*) piacevolmente (*al su' diletto*), ossia liberamente, luminoso e limpido (chiaro e sottile sono ambedue attributi della luminosità), perché è quello il suo luogo naturale; non accetterebbe altra condizione (*no li stari' altra guisa*, ossia «non gli starebbe bene un altro modo»), tanto è fiero.

[18] *Così prava natura* ecc.: la natura non onesta (*prava*) incontra amore come l'acqua il fuoco, cioè lo spegne. Ciò spiega, con un esempio contrario, la ragione per cui amore stia così bene nel cuor gentile: l'affinità degli elementi che fa risplendere libera la fiamma in cima alla torcia, non si verifica fra l'acqua e il fuoco, a causa della freddezza (*freddura*) dell'acqua che è contraria al caldo del fuoco.

[19] *prende rivera*: prende dimora; l'immagine della «riviera», ossia del prato e del dolce declivio, risponde alla cornice idillica in cui è concepita la vicenda amorosa nella tradizione lirica e spesso nello stesso Guinizzelli.

per suo consimel loco[20],
com' adamàs[21] del ferro in la minera.

Fere lo sol lo fango[22] tutto 'l giorno:
vile reman[23], né 'l sol perde calore;
dis' omo alter[24]: «Gentil per sclatta torno[25]»;
lui semblo[26] al fango, al sol gentil valore[27]:
ché non dé dar om fé[28]
che gentilezza sia fòr di coraggio[29]
in degnità d'ere'
sed a vertute[30] non ha gentil core,
com' aigua porta[31] raggio
e 'l ciel riten le stelle e lo splendore.

Splende 'n la 'ntelligenzia del cielo[32]

[20] *per suo consimel loco*: perché è luogo a lui confacente, con cui esso ha affinità.

[21] *com' adamàs* ecc.: come il diamante, che secondo la scienza dei lapidari, i trattati sulla pietra, si ritrova nelle miniere di ferro e ne costituisce un prodotto naturale.

[22] *Fere lo sol lo fango*: il sole colpisce con i suoi raggi il fango.

[23] *vile reman*: il fango rimane vile qual è, senza valore. Vile è l'opposto di nobile e di gentile.

[24] *dis' omo alter*: l'uomo altero, superbo dice (*dise*, forma settentrionale).

[25] *Gentil... torno*: divento (*torno*), e quindi sono, nobile per discendenza (*sclatta*, schiatta).

[26] *lui semblo*: lo rassomiglio, lo paragono.

[27] *al sol gentil valore*: rassomiglio, paragono invece al sole la nobiltà (*gentil valore*). Il sole dunque simboleggia la nobiltà che non può nobilitare ciò che è naturalmente vile. Precedentemente (v. 14) al sole veniva riconosciuto il potere di purificare la pietra rendendola disponibile ad accogliere la proprietà della stella; il sole purifica la pietra, perché è atta a diventare gemma, ma non il fango che è naturalmente vile.

[28] *non dé dar om fé*: l'uomo non deve dar fede, non si deve credere.

[29] *sia fòr di coraggio*: risieda in altro che non sia il cuore (*coraggio*), nella dignità di un erede, cioè dipenda dall'essere erede di una nobile schiatta.

[30] *sed a vertute* ecc.: se (la *-d* ha una ragione eufonica, per la presenza della vocale successiva) non ha il cuor gentile disposto alla virtù. Leggendo «*se da*» si dovrà intendere, forse più plausibilmente: «se non ha il cuore gentile per opera della virtù».

[31] *com' aigua porta* ecc.: la similitudine serve probabilmente a chiarire la condizione formulata al v. 38. Colui nel quale la virtù non agisce e che non ha gentil core è come l'acqua attraversata dai raggi del cielo, ma incapace di appropriarsene, mentre il cielo rimane distante trattenendo in sé le stelle e il loro splendore. I due versi finali della stanza hanno una certa analogia con i primi due, dove si citava la refrattarietà del fango ai raggi solari.

[32] *'n la 'ntelligenzia del cielo*: la sostanza angelica, che risiede nel cielo. In realtà le intelligenze sono tante quanti sono i cieli, secondo la cosmologia tolemaica.

Deo criator più che 'n nostr'occhi[33] 'l sole:
ella intende[34] suo fattor oltra 'l cielo
e 'l ciel volgiando, a Lui obedir tole,
e con' segue[35], al primero,
del giusto Deo beato compimento,
così dar dovria, al vero,
la bella donna, poi che 'n gli occhi splende
del suo gentil, talento
che mai di lei obedir non si disprende.

Donna, Deo mi dirà[36]: «Che presomisti?»,
siando l'alma mia a lui davanti.
«Lo ciel passasti e 'nfin a Me venisti,
e desti in vano amor Me per semblanti;
ch'a Me conven le laude
e a la reina[37] del regname degno,

[33] *più che 'n nostr'occhi*: quando il sole risplende nei nostri occhi è difficile sopportarne la vista, mentre le intelligenze angeliche riescono a fissare la luce del creatore e a sopportarne lo splendore, e quindi a vedere più di noi mortali.

[34] *ella intende*: la funzione delle creature angeliche è appunto quella di intendere, per cui son chiamate intelligenze; esse, fissando il loro creatore, si sollevano «oltre il cielo» e ne penetrano la verità. L'atto intellettivo si trasforma quindi in azione, per cui esse, facendo ruotare il cielo cui sono preposte, obbediscono alla sua volontà (*a Lui obedir tole*).

[35] *e con' segue* ecc.: e come nelle intelligenze celesti «immediatamente» (*al primero*; ma potrebbe significare anche «al primo momento», quello della contemplazione, della intuizione, e collegarsi con *segue*) segue, si attua, la perfezione della beatitudine (*beato compimento*), che consiste nell'ubbidire alla volontà di Dio, fonte di giustizia, così (cioè con la stessa immediatezza) la bella donna, una volta che risplende negli occhi del suo amante (*gentil*, perché non può che esser tale se ama), dovrebbe (*dovria*) infondergli il desiderio (*dar... talento*) di non staccarsi mai (*che mai... non si disprende*), e cioè di non mancar mai di obbedirle, di compiere la sua volontà.

[36] *Deo mi dirà*: il poeta, che nella stanza precedente ha posto un'analogia fra Dio e la donna, esemplificando l'effetto della donna sull'uomo col ricorso alla dottrina teologica dell'effetto di Dio sulle intelligenze celesti, immagina che Dio gli possa chieder conto, nel giorno del giudizio (*siando*, essendo, quando sarà, *l'alma mia a lui davanti*), della sua presunzione (*Che presomisti?*), ossia del suo ardire. Infatti Dio lo potrebbe rimproverare di aver superato i limiti terreni (*Lo ciel passasti* ecc.) e di aver usato lui come termine di paragone (*semblanti*) nel caso di un amore caduco come quello umano (*in vano amor*).

[37] *a la reina* ecc.: oltre che a Dio, la lode, una lode tale da esaltare una creatura terrena fino all'altezza di Dio, si conviene soltanto alla Vergine, la regina del regno dei beati (e quindi degno, degno di Dio), che sconfigge il demonio, fa cessare il suo inganno.

per cui cessa onne fraude».
Dir Li porò[38]: «Tenne d'angel sembianza
che fosse del Tuo regno;
non me fu fallo[39], s'in lei posi amanza».

ANALISI DEL TESTO

Questa canzone costituì un punto di riferimento soprattutto per la efficacia con cui veniva proclamata la interdipendenza fra *amore* e *nobiltà di cuore*, sin dal primo verso, così lapidario e concentrato nella sua originale immagine (amore risiede nel cuor gentile come nel suo proprio nido) e poi nel martellante ritorno dei due termini della relazione (*Amore/cor gentil*). Ma sia il tema della nobiltà dell'animo come unica vera nobiltà, sia quello della donna come paragonabile ad un essere divino, quale la Vergine, non sono nuovi nella tradizione lirica, dalla poesia provenzale ai suoi epigoni siciliani e toscani [cfr. L, pp. 28-34]. In particolare, il tema della divinità della donna, suscitato da una similitudine introdotta nella quinta *stanza*, è presentato nell'ultima *stanza*, quella di *congedo*, come un'impertinenza, non senza un velo di autoironia, e c'è da parte del poeta quasi l'intento di evitare ogni pericolo di profanazione: è un abbaglio del poeta innamorato scambiare la donna per un abitante del cielo.

Una autentica novità costituisce, invece, nella canzone, più che i temi di cui si è detto, il singolare e felice sforzo di applicare alla tematica d'amore la sottigliezza della **dimostrazione dialettica** e la precisione tipica dei **concetti filosofici**, pur ricorrendo ad una ricchezza di immagini luminose, consuete nella poesia guinizzelliana.

Le prime quattro *stanze*, che costituiscono l'ossatura della canzone, intendono dimostrare l'**inseparabilità** di cuor gentile e Amore sul fondamento della dottrina aristotelica, per la quale nella natura sussiste un necessario e continuo rapporto fra *potenza* ed *atto*: l'innamoramento viene così spiegato in analogia con la vita della natura. E al mondo fisico, naturale, si riferisce la successione delle *metafore* e delle *similitudini*, da quella iniziale dell'uccello a quella dei corpi celesti, della pietra preziosa, della torcia, dell'acqua e del fuoco.

⇒

[38] *Li porò*: gli potrò. Il poeta ritiene di potersi giustificare adducendo come scusa la sembianza angelica della donna, che la fa credere appartenente al regno dei beati, più che a quello terreno.

[39] *non me fu fallo* ecc.: non fu colpa (*fallo*) da parte mia, se riposi in lei il mio amore.

Il deciso **naturalismo**, cui è improntata la canzone, comporta anche delle conseguenze particolari per quel che riguarda la concezione della gentilezza e l'idea della funzione stessa della donna. La **gentilezza**, infatti, esclusa la matrice sociale e feudale, vien fatta risiedere in una **disposizione naturale**, originaria del singolo, e non attribuibile ad alcuna opera di educazione ed incivilimento o all'effetto esaltante della donna attraverso l'amore; sicché alla donna non rimane che una funzione catalizzatrice, di sollecitazione e attuazione di una virtù naturale preesistente, che la vista della donna risveglia attuando e portando a compimento sul piano morale.

La quinta *stanza* spiega attraverso la donna il passaggio dal momento contemplativo a quello pratico dell'obbedire, quello che nel codice cortese era il *servigio d'amore*.

LAVORARE SUL TESTO

1. Dove troverebbe *riparo* Amore?

2. Compila un elenco delle metafore e delle similitudini presenti nel testo e riguardanti l'*amore* e il *cuore gentile*.

3. Attraverso il *chiasmo* presente ai vv. 3-4, cosa intende sottolineare il poeta?

4. Spiega con parole tue il rapporto tra amore e gentilezza.

5. Dopo aver letto la Scheda sulla canzone (cfr. *infra*, p. 45), verifica la rispondenza del testo guinizzelliano con gli elementi strutturali canonici (rima, stanze, piedi, ecc.).

6. Quali sono gli elementi di *novità*, rispetto alla tradizione provenzale e siculo-toscana, contenuti in questa canzone?

7. Che idea di *nobiltà* emerge dalla lettura di questa poesia?

8. Qual è il contesto storico-sociale di riferimento della canzone di Guinizzelli?

9. Per poter verificare la presenza del registro stilistico *dolce*, esamina la poesia di Guinizzelli in base ai seguenti livelli:

– *fonico* (se i suoni sono aspri o no; se le rime presentano sillabe toniche o no; e così via)

– *metrico* (eventuale presenza di rime difficili o rare; artificio delle *coblas capfinidas*)

– *lessicale* (eventuale presenza di termini rari o particolarmente ricercati: francesismi, provenzalismi, latinismi)

– *sintattico* (prevalenza delle costruzioni ipotattiche e/o paratattiche)

– *retorico* (quali e quante figure retoriche).

LA CANZONE

Si compone di più ***stanze*** e, generalmente, di un ***congedo***. La stanza può essere unitaria o dividersi in due parti, la ***fronte*** e la ***sirma*** (o *sìrima*). La fronte (raramente indivisibile) consta di più ***piedi***, la sirma è indivisibile o consta di più ***volte***. Il *piede* e la *volta* sono costituiti da gruppi di versi che si ripetono con la medesima struttura. Fra l'una e l'altra parte della stanza viene intercalato, nella canzone che segue il modello provenzale, un verso che rima con l'ultimo verso della fronte e che costituisce la cosiddetta ***chiave***.

Un esempio semplice di canzone è la famosa *Al cor gentil rempaira sempre amore* di **Guido Guinizzelli** che ha lo schema seguente: AB AB // cDc EdE. La fronte è costituita da due piedi di due versi ciascuno, manca la chiave, la sirma è costituita da settenari ed endecasillabi disposti in maniera simmetrica, ma inversa (si indica con la minuscola il verso di minor misura).

Dante ci offre con *Donne ch'avete intelletto d'amore* un limpido esempio di stanza con piede e volta ripetuti: ABBC ABBC CDD CEE. Il congedo ha lo stesso schema. Manca il verso di raccordo, ma non manca la concatenazione tra fronte e sirma mediante la rima.

In *Donna pietosa e di novella etade*, sempre di Dante, la stanza presenta due piedi, due volte e una chiusa di due versi a rima baciata, con la medesima concatenazione, mediante la rima, tra fronte e sirma: ABC ABC CDd EeC FF.

Nella canzone di **Francesco Petrarca** *Ne la stagion che 'l ciel rapido inchina*, riconosciamo lo schema ABC BAC, c ddEEFeF, con i due piedi della fronte, uno schema simmetrico ma con un'inversione nei primi due versi (la chiave costituita da un settenario, e la sirma di sette versi). Il congedo ha lo schema kyyXXZxZ, analogo a quello della sirma delle stanze.

Un altro esempio petrarchesco, con predominio di settenari e una perfetta simmetria nei piedi è quello di *Chiare fresche e dolci acque*: abC abC c deeDfF. Il congedo è di soli tre versi con lo schema XzZ, analogo a quello degli ultimi tre versi delle stanze.

Dalla canzone classica, molto varia nella struttura ma regolata dalla ripetizione del medesimo schema in tutte le stanze, si distingue la canzone libera di **Giacomo Leopardi**, che si collega con i tentativi d'innovazione secenteschi. Il Leopardi, accanto alla canzone tradizionale, offre esempi di canzoni composte di stanze uguali nella lunghezza, ma diversificate nel rapporto fra endecasillabi e settenari e nella disposizione delle rime, osservando tuttavia alcune simmetrie come la rima baciata finale. Egli crea infine il **canto** composto di strofe di diversa lunghezza e assolutamente libere per quel che riguarda la rima e la successione di endecasillabi e di settenari.

L'identificazione dantesca della canzone con lo stile sommo ha contribuito a dare la palma a questa forma lirica. Ma proprio per questo suo carattere la canzone non viene coltivata quando predomina il gusto popolareggiante, o coloristico e decorativo, come avviene nel Quattrocento, o quando l'analisi sentimentale richiede agilità di ritmo e musicalità. Nel sec. XV è assai diffusa infatti la *ballata* o il canto carnascialesco, nel sec. XVI si sviluppa il *madrigale*, nel sec. XVIII predomina la *canzonetta*, la quale s'incontra con il metro usato nelle ariette del melodramma. Ma la stessa canzonetta assume un tono più sostenuto col classicismo di fine Settecento, quando il metro medesimo è adoperato nell'*ode* classicheggiante del **Parini** e del **Foscolo**, per poi essere alla base dell'*inno* religioso **manzoniano**. La tradizione della canzonetta viene perpetuata pure da molta poesia romantica ottocentesca.

Giovanni Pontano

dal *De amore coniugali*

[Ninne nanne]
(II VIII XI)

La poesia pontaniana riflette, con risultati fra i più notevoli in tutta la produzione latina del Quattrocento, l'atteggiamento di imitazione e di emulazione, di gara col modello latino, tipico della letteratura umanistica.

[da *Poeti latini del Quattrocento*, a cura di F. Amaldi, L. Gualdo Rosa, L. Monti Sabia, Milano-Napoli 1964]

Somne, veni; tibi Luciolus blanditur ocellis;
  somne, veni, venias, blandule somne, veni.
Luciolus tibi dulce canit, somne, optime somne;
  somne, veni, venias, blandule somne, veni.
Luciolus vocat in thalamos te, blandule somne,
  somnule dulcicule, blandule somnicule.
Ad cunas te Luciolus vocat; huc, age, somne,
  somne, veni ad cunas, somne, age, somne, veni.
Accubitum te Luciolus vocat, eia age, somne,
  eia age, somne, veni, noctis amice, veni.
Luciolus te ad pulvinum vocat, instat ocellis;
  somne, veni, venias, eia age, somne, veni.
Luciolus te in complexum vocat, innuit ipse,
  innuit; en venias, en modo, somne, veni.
Venisti, bone somne, boni pater alme soporis,
  qui curas hominum corporaque aegra levas.

[Sonno, vieni, ché t'invita Lucietto con gli occhiuzzi,
  vieni, sonno, vieni, vieni; sonnellino bello, vieni.
Dolcemente Lucietto per te canta, ottimo sonno;
  vieni, sonno, vieni, vieni; sonnellino bello, vieni.
Lucietto nel suo letto già ti chiama, sonno bello,
  sonnerello zuccherino, tenerello sonnellino.
Nella culla sua ti chiama Lucietto; presto sonno,
  sonno, vieni nella culla; sonno presto, sonno vieni,
Lucietto a far la nanna chiama te; su, presto, sonno,
  presto, sonno vieni, vieni; vieni amico della notte.
Te Lucietto al suo cuscino chiama chiama con gli occhiuzzi;
  vieni, sonno, vieni, vieni; vieni dunque, sonno, vieni.
Vuole stringerti Lucietto tra le braccia, ti fa cenno,

ti fa cenno, dunque, vieni; ecco, adesso, sonno, vieni.
Sei venuto, dolce sonno, padre buono del riposo,
che gli umani affanni plachi, che ristori i corpi stanchi!]

Nutrix iocatur

Ora quis, aut quis labra mihi linguamque momordit?
Lucius improbulus, Lucius ille malus.
Quis collum mammasque meas pectusque momordit?
Lucius ille malus, Lucius improbulus.
Ne posthac, ne tange, puer. Cui basia servo
labraque? Cui linguam hanc? Antinoo, Antinoo;
cui pectus mollemque sinum tenerasque papillas
amplexusque meos? Antinoo, Antinoo.
Antinoe o formose, veni; tibi brachia pando;
quamprimum in nostros, blande, recurre sinus;
en mammas, en lacteolas, formose, papillas,
en cape delicias tinnula plectra tuas.
Sed quisnam nostra puer hic cervice pependit?
Mentior? An certe est Lucius improbulus?
Implicuit collo simul et simul oscula sumpsit
improbulus non iam, sed probus ipse puer.

[*Scherza la nutrice*

La mia bocca chi l'ha morsa, chi mi ha morso labbra e lingua?
Quel briccone di Lucietto, quel birbante di Lucietto.
Le mammelle e il collo e il petto, chi, ma chi le ha morsicate?
Quel birbante di Lucietto, quel briccone di Lucietto.
No, piccino, non toccarmi d'ora in poi. Per chi conservo
baci e labbra? E questa lingua? Per Antinoo, per Antinoo!
Per chi il petto e il molle seno e le tenere mammelle
e i miei abbracci? Per Antinoo, li conservo per Antinoo.
Vieni, Antinoo, bello mio: a te allargo le mie braccia,
presto, vieni, mio tesoro, corri qui su questo seno;
to' le poppe, to' bellino le mammelle mie di latte,
to' i sonagli tintinnanti che ti piaccion tanto tanto.
Ma chi è mai questo piccino che s'è appeso al collo mio?
Sarà vero? O è proprio lui, quel briccone di Lucietto?
Al mio collo s'è avvinghiato, tanti baci s'è pigliati
quel ... briccone? No, un bambino tanto buono e perbenino.]

ANALISI DEL TESTO

Nel concepire una serie di *elegie* dedicate all'amore coniugale, il Pontano perseguiva il disegno originale di utilizzare lo schema della poesia erotica per cantare il casto amore familiare. Il tono di questa poesia doveva essere non passionale, ma dolce. Nelle dodici *Neniae*, con le quali termina il secondo libro del *De amore coniugali*, questa ricerca stilistica perviene al culmine, rasentando il virtuosismo [cfr. L, pp. 124-127].

In queste composizioni, dedicate al figlioletto Lucio, che sarebbe poi morto all'età di diciotto anni, il poeta napoletano sfrutta la tecnica del diminutivo affettuoso e della ripetizione, già sperimentata da Catullo fra i latini, o inserisce forme rare o non attestate nella tradizione latina (*blandulus*, *dulciculus*, *somniculus*, *somnulus*), per ottenere un effetto che possa uguagliare il ritmo della ninna nanna popolare.

La forma metrica è quella del *distico elegiaco*, che conferisce a questo artificioso gioco apparentemente infantile la sostenutezza della grande poesia.

LAVORARE SUL TESTO

1. Nel primo dei due testi pubblicati, a chi viene rivolta l'invocazione?
2. A detta del poeta, il sonno quali effetti produce sugli umani?
3. Per finzione letteraria, chi parla nella seconda ninna nanna?
4. Come si chiama il bimbo con cui gioca la nutrice?

IL DISTICO ELEGIACO

L'esametro, il più famoso dei versi latini, adoperato nella poesia epica, non ha corrispettivo nella versificazione romanza, così come non hanno un corrispettivo i versi lirici e il **distico elegiaco** (composto di esametro e pentametro), diffusissimo nell'elegia e nella poesia epigrammatica. In realtà, questi metri presupponevano la considerazione della quantità delle sillabe. La varietà del ritmo dipendeva dalla possibilità di inserire, secondo certe norme, due sillabe brevi in luogo di una lunga, e viceversa. Il sistema non conveniva ad una lingua fondata sull'intensità dell'accento e in cui non si avvertiva la quantità delle vocali.

2. Exemplum, Novella e Storiografia

Anonimo

dai *Fioretti di san Francesco*

[Francesco libera Gubbio dal lupo]

Il famoso episodio del lupo di Gubbio è fra i passi più significativi, dal punto di vista narrativo, dei Fioretti. *L'elemento meraviglioso e spettacolare viene messo in particolare evidenza pur nella costante semplicità del racconto. Anzi l'apparente ingenuità della narrazione produce un effetto di stupore che il testo intendeva suscitare nel pubblico e che nell'episodio viene attribuito al popolo presente all'incredibile impresa del santo.*

[da *Prosatori minori del Trecento*, a cura di don G. De Luca, t. I, Milano-Napoli 1954]

Come santo Francesco liberò la città d'Agobbio[1] *da uno fiero lupo.*

Al tempo che santo Francesco dimorava nella città d'Agobbio, nel contado[2] d'Agobbio apparì uno lupo grandissimo e terribile e feroce. Il quale non solamente divorava gli animali, ma eziandio gli uomini; in tanto ché tutti i cittadini stavano in gran paura, però che spesse volte s'appressava alla città. E tutti andavano armati, quando uscivano della terra[3], come s'eglino andassero a combattere, e con tutto ciò non si potevano difendere da lui, chi[4] in lui si scontrava solo. E per paura di questo lupo vènnono a tanto, che niuno era ardito d'uscire fuori della terra.

[1] *Agobbio*: Gubbio, città dell'Umbria dove san Francesco si recava spesso.
[2] *contado*: la campagna circostante alla cittadina.
[3] *terra*: abitato.
[4] *chi*: se avveniva che qualcuno.

Per la qual cosa santo Francesco, avendo compassione agli uomini della terra, sì volle uscire fuori a[5] questo lupo, benché i cittadini al tutto lo ne sconsigliavano. E facendosi il segno della santa croce, uscì fuori della terra, egli co' suoi compagni, tutta la sua confidenzia[6] ponendo in Dio.

E dubitando gli altri d'andare più oltre, santo Francesco prende il cammino inverso il luogo ove era il lupo. Ed ecco che, veggendo molti cittadini, i quali erano venuti a vedere questo miracolo[7], il detto lupo si fa incontro a santo Francesco, colla bocca aperta, e appressandosi a lui, santo Francesco si gli fa il segno della croce e chiamalo a sé, e dice così: – Vieni qua, frate lupo, io ti comando dalla parte[8] di Cristo che tu non facci male né a me né a persona.

Mirabile cosa a dire, immantanente che[9] santo Francesco ebbe fatta la croce, il lupo terribile chiuse la bocca e ristette[10] di correre. E fatto il comandamento[11], venne mansuetamente come uno agnello, e gittòssi a' piedi di santo Francesco a giacere.

Allora santo Francesco gli parla così: – Frate lupo, tu fai molti danni in queste parti, e hai fatti grandissimi malefici, guastando e uccidendo le criature di Dio sanza sua licenzia. E non solamente hai uccise e divorate le bestie, ma hai avuto ardimento d'uccidere e di guastare[12] gli uomini, fatti alla immagine di Dio, per la qual cosa tu se' degno delle forche come ladro e omicida pessimo, e ogni gente grida e mormora di te, e tutta questa terra t'è nimica. Ma io voglio, frate lupo, far pace tra te e costoro, sì che tu non gli offenda più, ed eglino ti perdoneranno ogni offesa passata, e né gli uomini né i cani ti perseguiteranno più.

Detto queste parole, il lupo con atti di corpo e di coda e l'orecchi, e con inchinare il capo, mostrava d'accettare ciò che santo Francesco diceva e di volerlo osservare[13]. Allora santo Francesco disse: – Frate lupo, da poi che ti piace di fare e di tenere questa pace, io ti prometto ch'io ti farò dare le spese[14] continuamente, mentre che tu viverai, dagli uomini di questa terra, sì che tu non patirai più fame, imperò ch'io so bene che per la fame[15] tu hai fatto ogni male. Ma poiché io t'accatterò questa grazia[16], io voglio, frate lupo, che tu mi prometta che tu non nocerai mai a niuno uo-

[5] *a*: incontro a.

[6] *confidenzia*: fiducia.

[7] *miracolo*: meraviglioso spettacolo.

[8] *dalla parte*: da parte; il santo si presenta come umile messaggero del Signore.

[9] *immantanente che*: non appena.

[10] *ristette*: desistette, cessò.

[11] *fatto il comandamento*: come Francesco gli fece un cenno di comando.

[12] *guastare*: danneggiare.

[13] *osservare*: rispettare obbedendogli.

[14] *dare le spese*: mantenere.

[15] *per la fame*: Francesco scusa il lupo, mostrandogli comprensione per evitare di mortificarlo.

[16] *t'accatterò... grazia*: ti procaccerò questo favore.

mo né a niuno animale. Promettimi tu questo? – E il lupo, con inchinare il capo, fece evidente segnale che prometteva.

E santo Francesco dice: – Frate lupo, io voglio che tu mi faccia fede di questa promessa, a ciò che io me ne possa fidare. – E distendendo santo Francesco la mano per ricevere fede[17], il lupo levò su il pié dinanzi, e dimesticamente[18] il puose sopra la mano di santo Francesco, dandogli quel segnale di fede che poteva. Allora disse santo Francesco: – Frate lupo, io ti comando nel nome di Gesù Cristo, che tu venga con meco sanza dubitar[19] di nulla, e andiamo a fermare[20] questa pace al nome di Dio. – E il lupo, ubbidiente, se ne va con lui come uno agnello mansueto.

Di che, i cittadini, veggendo questo, forte si maravigliavano. E subitamente questa novità si seppe per tutta la terra; di che, ogni gente, grandi e piccoli, maschi e femmine, giovani e vecchi, traggono alla piazza[21] a vedere il lupo con santo Francesco. Ed essendo ragunato ivi tutto il popolo, lèvasi su santo Francesco e predica loro, dicendo tra l'altre cose come per li peccati Iddio permette cotali pestilenzie[22]; e troppo è più pericolosa la fiamma dello 'nferno, la quale ha a durare eternalmente a' dannati, che non è la rabbia del lupo, il quale non può uccidere se non il corpo; quanto è dunque da temere la bocca dello 'nferno, quando[23] tanta moltitudine tiene in paura e in terrore la bocca d'uno piccolo animale! – Tornate adunque, carissimi, a Dio, e fate degna penitenzia de' vostri peccati, e Iddio vi libererà del lupo[24] nel presente, e, nel futuro, dal fuoco eternale.

E fatta la predica, disse santo Francesco: – Udite, fratelli miei: frate lupo, che è qui dinanzi a voi, ha promesso e fattomene fede[25] di fare pace con voi e di non offendervi mai in cosa veruna, se voi gli promettete di dargli ogni dì le spese necessarie. E io entro mallevadore per lui, che 'l patto della pace egli osserverà fermamente. – Allora il popolo tutto a una voce promìsono di nutricarlo continuamente. E santo Francesco, innanzi a tutto il popolo, disse al lupo: – E tu, frate lupo, prometti d'osservare i patti della pace a costoro, che tu non offenderai né gli animali, né gli uomini, né niuna creatura? – E il lupo, inginocchiandosi e inchinando il capo, e con atti mansueti di corpo e di coda e d'orecchi dimostrava, quanto è possibile, di volere osservare loro ogni patto.

[17] *fede*: la promessa.

[18] *dimesticamente*: con mansuetudine, familiarità.

[19] *dubitar*: preoccuparti.

[20] *fermare*: rinsaldare, quasi ratificare.

[21] *traggono alla piazza*: si portano in piazza.

[22] *pestilenzie*: malanni.

[23] *quando*: dal momento che.

[24] *del lupo*: dalla bocca del lupo; l'immagine della bocca dell'animale feroce per indicare la punizione eterna era nel linguaggio biblico (cfr. *Salmi* XXI 22).

[25] *fattomene fede*: mi ha dato promessa.

Dice santo Francesco: – Io voglio, frate lupo, che, come tu mi desti fede di questa promessa fuori della porta[26], così qui, dinanzi a tutto il popolo, mi dia fede della tua promessa, e che tu non mi ingannerai della mia malleveria[27] ch'i' ho fatta per te. – Allora il lupo, levando il piede ritto[28], sì lo puose in mano a santo Francesco. Onde, tra di questo atto e degli altri detti di sopra, fu tanta ammirazione e allegrezza in tutto il popolo, sì per la divozione[29] del santo e sì per la novità del miracolo e sì per la pace del lupo[30], che tutti cominciarono a gridare a cielo, lodando e benedicendo Iddio, il quale avea mandato loro santo Francesco, che per li suoi meriti gli avea liberati dalla bocca della crudele bestia.

E poi il detto lupo vivette due anni in Agobbio, ed entravasi dimesticamente per le case a uscio a uscio, sanza fare male a persona e sanza esserne fatto a lui, e fu nutricato cortesemente dalle genti, e andavasi così per la terra e per le case, e giammai niuno cane gli abbaiava dietro. Finalmente, dopo due anni, frate lupo si morì di vecchiaia. Di che i cittadini molto si dolevano, imperò che, veggendolo andare così mansueto per la città, si ricordavano meglio della virtù e santità di santo Francesco. A laude di Cristo. Amen.

ANALISI DEL TESTO

L'elemento favoloso si annida nella risonanza degli aggettivi con cui si presenta la terribile bestia e nella descrizione particolareggiata che lo scrittore ci dà:

– dell'incontro fra il santo e il lupo
– degli atteggiamenti incredibilmente mansueti di quest'ultimo.

Come al solito, il racconto si scioglie continuamente nel discorso diretto: il frate parla col lupo, introducendo così ancora un altro elemento meraviglioso e abbozza una breve predica in cui è contenuta la spiegazione dell'esempio.

Gli episodi dei *Fioretti* non sono altro infatti che altrettanti *exempla*, dai quali trarre un insegnamento morale [cfr. L, pp. 61-62].

LAVORARE SUL TESTO

1. Qual è l'elemento stilistico predominante nel *Fioretto* sulla *liberazione* di Gubbio?
2. Sottolinea nel testo gli elementi descrittivi presenti.
3. Quali sono gli *atti mansueti* che, dopo l'intervento del santo, compie il lupo?
4. Qual è la finalità dell'*exemplum*?

[26] *fuori della porta*: in campagna.
[27] *malleveria* ecc.: la garanzia che ho data.
[28] *ritto*: destro.
[29] *la divozione*: la venerazione che il santo riscuoteva.
[30] *del lupo*: fatta col lupo.

Franco Sacchetti

da *Il Trecentonovelle*

[Il peccato d'usura]
(XXXII)

La novella del predicatore, che si procura il pubblico promettendo di spiegare come l'usura non sia un peccato, è particolarmente interessante non solo per la tecnica narrativa con cui il Sacchetti tiene sospeso il lettore, così come il predicatore tiene sospeso il suo uditorio fino alla fine della quaresima, per poi lasciarlo quasi beffato, ma anche perché essa affronta una delle questioni più avvertite e dibattute in quegli anni: la necessità e l'urgenza di superare la condanna ecclesiastica dell'usura.

[da *Il Trecentonovelle*, a cura di E. Faccioli, Torino 1970]

Meglio[1] seppe comporre una sua favola uno frate, del quale parlerò in questo capitolo, che non seppono comporre la loro gli ambiasciadori di Casentino. Però che in una terra delle grandi di Toscana, predicandosi nel tempo di quaresima, come è d'usanza, in più luoghi, uno frate predicatore veggendo che agli altri che predicavono, come spesso interviene, andava molta gente, e a lui quasi non andava persona, disse uno mercoledì mattina in pergamo[2]:

– Signori, egli è buona pezza che io ho veduto tutti gli teologhi e predicatori in un grande errore; e questo è ch'egli hanno predicato che 'l prestare sia usura e grandissimo peccato, e che tutti i prestatori vanno a dannazione. E io per quello che io posso comprendere, e che io ho trovato[3], ho veduto che 'l prestare non è peccato. E acciò che voi non crediate che io dica da beffe[4], o che io faccia stremi[5] argomenti di loica; io vi dico ch'egli è tutto il contrario di questo, ch'egli hanno sempre predicato. E perché non crediate che io dica favole, perché la materia è grande, se io averò il tempo, io ne predicherò domenica mattina; e se io non avesse il tempo, un altro dì che mi venga a taglio[6], sì che ne anderete contenti, e fuori d'ogni errore.

La gente udendo questo, chi mormora di qua, e chi borboglia di là. Finita la predica, escono della chiesa; la voce va qua e là; ciascuno pensa:

[1] *Meglio*: degli ambasciatori di cui parlava la novella precedente, i quali inventarono il resoconto di un'ambasceria che non avevano fatta.

[2] *in pergamo*: sul pulpito.

[3] *ho trovato*: sui libri.

[4] *da beffe*: per burla.

[5] *stremi*: estremi, sottili.

[6] *mi venga a taglio*: mi capiti l'occasione.

«Che vuol dire questo?» Gli prestatori stanno lieti, e gli accattatori[7] tristi; e tale non avea prestato, che comincia a prestare. Chi dice: «Costui dee essere un valentissimo uomo»; e chi dice che dee essere una pecora[8]; questo non si disse mai più[9].

E in brieve tutta la terra aspettava la domenica mattina, la quale, venuta che fu, come li popoli son sempre vaghi di cose nuove, tutti corsono a pigliare luogo[10], e gli altri predicatori poterono predicare alle panche. Costui avea prima gli uditori sì radi che dall'uno all'altro avea parecchie braccia[11]; ora v'erano sì stretti che affogava l'un l'altro; e questo era quello che elli avea desiderato. Giugnendo il frate in pergamo, e detta l'Avemaria, per non guastare la sua predicazione, propuose[12] sopra l'Evangelio, e disse:

– Io dirò prima certe cose morali; poi dirò la storia dell'Evangelio; e ultimamente alcune parti a nostro ammaestramento, come la materia richiede, e dopo questo dirò dell'usura, come io vi promisi di dire.

E predicando per grande spazio questo valentre frate, mise gran tempo su le parti dell'Evangelio; e venendo a quella dell'usura, era molto tarda l'ora, però che era passata terza[13]; e ciò avea fatto in prova[14] per tranquillare la gente. Di che disse:

– Signori, questo Evangelio mi ha ingannato in questa mattina, però che egli è di grande sustanzia, e la midolla sua[15] è profonda, come avete udito, e sono per questo sì trascorso oltre che in questa mattina non avrei tempo di dire quello che io v'ho promesso; ma abbiate pazienzia, ché in queste mattine che verranno non serà sì lungo il predicare; e quando mi vedrò il tempo, io ve ne predicherò, che mi pare mill'anni[16], per trarvi di questo errore.

E così gli pasceo[17] d'oggi in domane insino all'altra domenica, nella quale concorse maggior populo che prima. Essendo salito in pergamo e avendo predicato, disse:

– Signori, io so che la cagione che tanta moltitudine è qui è solo per udire quello che più volte v'ho detto, cioè del prestare. Di che io mi vi scuso, ché io sono stato un poco riscaldato di febbre; e pertanto m'ab-

[7] *accattatori*: coloro che chiedono in prestito. Sono tristi perché lo scagionamento degli usurai può far aumentare l'interesse.

[8] *pecora*: bestia in genere, nel senso latino.

[9] *mai più*: mai prima d'ora.

[10] *corsono... luogo*: corsero ad assicurarsi il posto.

[11] *avea parecchie braccia*: vi era molta distanza.

[12] *propuose*: gli argomenti che avrebbe trattato in occasione della lettura del Vangelo.

[13] *terza*: la terza ora (del mattino), le nove.

[14] *in prova*: a posta.

[15] *la midolla sua*: il suo senso.

[16] *che mi pare mill'anni*: che non mi sembra vero, ch'io possa finalmente parlarvene.

[17] *gli pasceo*: li intratteneva.

biate stamane per iscusato; ma il tal dì venite, e se Dio mi farà grazia, ve ne predicherò.

E ora facendo una scusa, e ora un'altra, tutta Quaresima fece venire gente a sé, tenendoli sospesi insino a domenica d'olivo. Allora disse:

– Io vi ho promesso tante volte di dire la tal cosa che io non voglio trapassare questa mattina che io non vi dica ciò che io v'ho promesso. Voi sapete, signori, che la carità è accetta a Dio, quanta altra virtù che sia, o più. E la carità non è altro che sovvenire al prossimo, e 'l prestare è sovvenimento[18]; adunque, dico che 'l prestare si può fare, e ch'egli è licito; e ancora più, che chi presta, merita[19]. Ma dove sta il peccato, e dove è? Il peccato è nel riscuotere; e però il prestare, e non riscuotere, non che sia peccato, ma egli è grandissima mercé[20], ed essere accetto[21] a Dio. E ancora dico più, che 'l riscuotere si può fare con modo, che non che sia peccato, ma è grandissima carità. Verbigrazia, uno presta a un altro fiorini cento, riscuote a certo dì li fiorini cento, e non più; questo prestare e questo riscuotere è licito, e molto piace a Dio, e ancora piacerebbe più, se per via d'amore o di carità non si riscotessono, ma liberamente si lasciassono al debitore. Sicché avete che l'usura sta nel riscuotere più che la vera sorta[22], però che 'l peccato nel tenimento[23] non sta ne' fiorini cento[24], ma sta in quello che si dà più che la vera sorta; e questa piccola quantità fa perdere tutta la carità che serebbe ne' fiorini cento, e ancora il servigio e bene che averebbe fatto al buon uomo che gli accattoe[25], e torna in cosa inlicita e di restituzione[26]. E però conchiudendo, fratelli miei, io vi dico e affermo che 'l prestare non è peccato, ma il gran peccato è il riscuotere oltre la vera sorta; e con questo ve ne andate, e gagliardamente prestate, ché sicuramente potete prestare per lo modo che ho predicato; e guardatevi di riscuotere, e così facendo serete figliuoli del vostro padre, *qui in coelis est*.

E fece la confessione, la quale non fu né intesa né udita per lo grande mormorio e bisbigliare che vi era; e chi facea grandissime risa, dicendo:

– Questi ce n'ha ben fatto una[27], e tutta quaresima ci siamo venuti per udire questa predica, e istamane ci venimmo che non era dì. Deh morto sie egli a ghiado[28], che dee essere uno ciurmatore.

Chi stiamazza[29] di qua e chi di là, più giorni per la terra non si disse

[18] *sovvenimento*: sostegno.

[19] *merita*: si rende meritevole.

[20] *mercé*: opera, nel senso cristiano.

[21] *ed essere accetto*: dipende sintatticamente da *dico* del periodo precedente.

[22] *più che... sorta*: in misura superiore all'ammontare del puro capitale (*la vera sorta*).

[23] *nel tenimento*: nel contratto di obbligazione.

[24] *fiorini cento*: la somma che, per ipotesi, si è prestata.

[25] *gli accattoe*: li prese in prestito.

[26] *torna... restituzione*: diventa oggetto di una illecita restituzione.

[27] *ce n'ha... una*: ci ha giocato un bel tiro.

[28] *a ghiado*: con l'arma bianca (*ghiado* = gladio); sia, cioè, ucciso di colpo.

[29] *stiamazza*: schiamazza.

altro. Questo frate poté essere uno valentre uomo, però che egli avea mostrato, o voluto mostrare al populo, quanto era leggiero, e che correano più tosto alle frasche e alle cose nuove che a quelle della Santa Scrittura; e ancora andavano volentieri a udire chi dicesse cose secondo gli appetiti loro. Corse a questa predica prestatori, e chi avea voglia di prestare; e questi rimasono scherniti come meritavano; come ch'egli hanno preso tanto del campo che da loro hanno fatto un concetto, che Dio non veggia e non intenda, e hanno battezzata l'usura in diversi nomi, come dono di tempo[30], merito, interesso, cambio, civanza[31], baroccolo, ritrangola[32] e molti altri nomi: le quali cose sono grandissimo errore, però che l'usura sta nell'opera e non nel nome.

ANALISI DEL TESTO

La novella che abbiamo pubblicato tocca un tema assai discusso nell'epoca e registra l'interesse crescente della borghesia di liberarsi dalla condanna ecclesiastica dell'usura [cfr. L, pp. 14-16].

Beffandosi del pubblico, qui, il Sacchetti rivela chiaramente il suo attaccamento alla norma tradizionale che dovrebbe proteggere i meno abbienti.

L'insegnamento (la *morale*) contenuta nella parte finale delle novelle del Sacchetti, generalmente, rinvia ad una visione concreta e mercantile (borghese) del mondo. Dunque, una morale spicciola, alla buona, in cui prevale il buon senso borghese.

Vivaci i dialoghi, che, come anche in questo caso, propongono voci popolari ed espressioni attinte dal parlato. Tutti elementi, questi ultimi, che conferiscono una certa immediatezza realistica e visiva ai suoi racconti, lontani dalla complessità (ideologica e stilistica) dell'elaborazione del Boccaccio [cfr. L, pp. 95-97].

LAVORARE SUL TESTO

1. Per quale ragione, a tuo giudizio, l'annuncio di una predica sulla pratica dell'usura suscita, tra quei fedeli, tanta curiosità?
2. Quali sono i diversi *nomi* che gli uomini hanno dato all'usura?
3. Qual è l'insegnamento che l'autore ricava dal racconto (e che, quindi, indica al lettore)?

30 *dono di tempo*: compenso dovuto per il tempo concesso fino alla restituzione.

31 *civanza*: utile.

32 *baroccolo, ritrangola*: i due vocaboli, a differenza dei precedenti, contenevano il senso negativo di «guadagno illecito».

LA NOVELLA

Forma privilegiata della narrativa in Italia, la novella, che pur attingeva alla tradizione medievale dell'*aneddoto*, dell'*esempio morale*, della *cronaca*, pur assumendo come fondamentale modello il Boccaccio, divenne nel sec. XVI una fonte importante di temi per lo sviluppo della *commedia*. Collateralmente alla novella, che arricchisce il racconto attraverso l'analisi, l'intreccio e le descrizioni, pur conservando una misura relativamente breve, viene coltivata anche la novella nella forma minore, che risponde al suo originario significato di *nuova*. Si vedano, per questo, il *Novellino* del Duecento e il *Trecentonovelle* di Franco Sacchetti.

Non è definibile la distinzione fra *romanzo* e *novella*; né è preciso ritenere il romanzo come sviluppo della novella. Le due forme sono generalmente distinte in base alla consistenza narrativa e alla lunghezza: in realtà, la novella conserva, nella misura più limitata, l'aderenza ad una vicenda singola e di un solo personaggio, laddove il romanzo tende alla molteplicità degli episodi e dei personaggi, secondo la tradizionale definizione dell'epica, ci sia o no intento di superiore unificazione. Si possono dare casi di novelle lunghe e di romanzi brevi, forme che, ovviamente, tendono a confondersi e che dimostrano la precarietà della classificazione in senso statico.

Dino Compagni

dalla *Cronica*

[La divisione dei cittadini: i Cerchi e i Donati] (I XX)

L'origine delle discordie civili viene attribuita dal Compagni allo scatenarsi dei vizi e delle ambizioni. Mostrando, comunque, una maggiore attenzione verso i fatti politici, rispetto ad altri esempi di storiografia contemporanea, egli attribuisce l'odio fra le famiglie alla gara per la conquista delle cariche pubbliche, ossia alla lotta per il potere.

[da *Cronica*, a cura di L. Caretti, Torino 1978]

La città, retta con poca giustizia, cadde in nuovo pericolo, perché i cittadini si cominciorono a dividere per gara d'uficî[1], abbominando l'uno l'altro. Intervenne, che una famiglia che si chiamavano i Cerchi (uomini di basso stato[2], ma buoni mercatanti e gran ricchi, e vestivano bene, e teneano molti famigli e cavalli, e aveano bella apparenza), alcuni di loro[3]

[1] *per gara d'uficî*: per la scalata alle cariche pubbliche.

[2] *basso stato*: di origine non nobiliare.

[3] *alcuni di loro*: nota come la prima parte del periodo (*una famiglia* ecc.) rimanga sospesa e riprenda con questo nuovo soggetto.

comperorono il palagio de' conti[4], che era presso alle case de' Pazzi e de' Donati, i quali erano più antichi di sangue, ma non sì ricchi: onde, veggendo i Cerchi salire in altezza (avendo murato e cresciuto[5] il palazzo, e tenendo gran vita), cominciorono avere i Donati grande odio contro loro. Il quale crebbe assai, perché messer Corso Donati, cavaliere di grande animo, essendoglisi morta la moglie[6], ne ritolse un'altra figliuola che fu di messer Accierito da Gaville, la quale era reda[7]; ma non consentendo i parenti di lei, perché aspettavano quella redità, la madre della fanciulla, vedendolo bellissimo uomo, contro alla volontà degli altri conchiuse il parentado[8]. I Cerchi, parenti di messer Neri da Gaville, cominciorono a sdegnare, e a procurare non avesse la redità[9]; ma pur per forza l'ebbe. Di che si generò molto scandolo e pericolo per la città e per speziali persone[10]. E essendo alcuni giovani de' Cerchi sostenuti per una malleverìa nel cortile del Podestà[11] come è usanza, fu loro presentato uno migliaccio di porco[12], del quale chi ne mangiò ebbe pericolosa infermità, e alcuni ne morirono; il perché nella città ne fu gran romore, perché eran molto amati: del quale malificio fu molto incolpato messer Corso. Non si cercò il malificio[13], però che non si potea provare; ma l'odio pur crebbe di giorno in giorno, per modo che i Cerchi li cominciorono[14] a lasciare, e le raunate della Parte, e accostarsi a' popolani e reggenti. Da' quali erano ben veduti, sì perché erano uomini di buona condizione e umani, e sì perché erano molto serventi[15], per modo che da loro aveano quello che voleano; e simile da' rettori[16]. E molti cittadini tirarono da loro, e fra gli altri messer Lapo Salterelli e messer Donato Ristori giudici, e altre potenti schiatte. I Ghibellini similmente gli amavano per la loro umanità, e perché da loro traevano de' servigi e non faceano ingiurie: il popolo minuto gli amava, perché dispiacque loro la congiura fatta contro a Giano[17]. Mol-

[4] *de' conti*: i conti Guidi, potente famiglia del Casentino.

[5] *murato e cresciuto*: costruito e alzato.

[6] *la moglie*: la prima moglie, che era di casa Cerchi.

[7] *reda*: ereditiera, avrebbe potuto godere di una eredità.

[8] *parentado*: matrimonio.

[9] *procurare... la redità*: far sì che non ricevesse l'eredità.

[10] *per... persone*: per alcune persone in particolare.

[11] *sostenuti... Podestà*: trattenuti nel palazzo del podestà per non aver pagato una multa.

[12] *migliaccio di porco*: speciale torta toscana fatta con sangue di porco.

[13] *Non... malificio*: non si cercò di appurare quali fossero i colpevoli della malefatta.

[14] *li cominciorono* ecc.: cominciarono ad abbandonare i nobili, a disertare i loro raduni e ad accostarsi alla parte popolare e alla Signoria.

[15] *serventi*: pronti a rendere servigi.

[16] *rettori*: podestà e capitano del popolo.

[17] *Giano*: Giano della Bella; probabilmente Vieri de' Cerchi, dopo aver osteggiato Giano della Bella, si dissociò da coloro che congiurarono contro di lui.

to furono consigliati e confortati di prendere la signoria, che agevolmente farebbono avuta per la loro bontà; ma mai non lo vollono consentire.

Essendo molti cittadini un giorno, per seppellire una donna morta, alla piazza[18] de' Frescobaldi, e essendo l'uso della terra[19] a simili raunate i cittadini sedere basso in su stuoie di giunchi, e i cavalieri e dottori su alto sulle panche, e essendo a sedere, i Donati e i Cerchi, in terra (quelli che non erano cavalieri), l'una parte al dirimpetto all'altra, uno, o per racconciarsi i panni o per altra cagione, si levò ritto. Gli adversari, per sospetto, anche si levorono, e missono[20] mano alle spade; gli altri feciono il simile: e vennono alla zuffa; gli altri uomini che v'erano insieme, li tramezorono[21], e non li lasciorono azuffare. Non si poté tanto amortare[22], che alle case de' Cerchi non andasse molta gente; la quale volentieri sarebbe ita a ritrovare i Donati, se non che alcuni de' Cerchi nollo consentì[23].

Uno giovane gentile, figliuolo di messer Cavalcante Cavalcanti, nobile cavaliere, chiamato Guido, cortese e ardito ma sdegnoso e solitario e intento allo studio, nimico di messer Corso, avea più volte diliberato offenderlo. Messer Corso forte lo temea, perché lo conoscea di grande animo[24]; e cercò d'assassinarlo, andando Guido in pellegrinaggio a San Iacopo[25]; e non li venne fatto[26]. Per che, tornato a Firenze e sentendolo, inanimò[27] molti giovani contro a lui, i quali li promisono esser in suo aiuto. E essendo un dì a cavallo con alcuni da casa i Cerchi[28], con uno dardo in mano, spronò il cavallo contro a messer Corso, credendosi esser seguito da' Cerchi, per farli trascorrere nella briga[29]: e trascorrendo il cavallo, lanciò il dardo, il quale andò in vano. Era quivi, con messer Corso, Simone suo figliuolo, forte e ardito giovane, e Cecchino de' Bardi, e molti altri, con le spade; e corsogli dietro: ma non lo giugnendo, li gittarono de' sassi; e dalle finestre gliene furono gittati, per modo[30] fu ferito nella mano.

Cominciò per questo l'odio a multiplicare. E messer Corso molto sparlava di messer Vieri, chiamandolo l'asino di Porta, perché era uomo bellissimo, ma di poca malizia[31], né di bel parlare; e però spesso dicea:

[18] *piazza*: la loggia coperta che nei palazzi serviva alle feste.

[19] *terra*: città.

[20] *missono*: misero.

[21] *tramezorono*: divisero.

[22] *amortare*: smorzare, sedare gli animi.

[23] *consentì*: si accorda a senso con *alcuni*, come se fosse «una parte dei Cerchi».

[24] *di grande animo*: coraggioso, impetuoso.

[25] *San Iacopo*: San Iacopo di Compostella era una delle più famose mete di pellegrinaggio.

[26] *li venne fatto*: gli riuscì.

[27] *inanimò*: aizzò.

[28] *da casa i Cerchi*: di casa Cerchi.

[29] *trascorrere nella briga*: scendere in lizza, arrivare alla zuffa.

[30] *per modo*: sì che.

[31] *malizia*: furbizia; l'espressione è comica e significa che l'uomo era piuttosto sciocco.

«Ha raghiato[32] oggi l'asino di Porta?»; e molto lo spregiava. E chiamava Guido, Cavicchia[33]. E così rapportavano i giullari, e spezialmente uno si chiamava Scampolino, che rapportava molto peggio non si diceva[34], perché i Cerchi si movessero a briga co' Donati. I Cerchi non si moveano, ma minacciavano con l'amistà[35] de' Pisani e delli Aretini. I Donati ne temeano, e diceano che i Cerchi aveano fatta lega co' Ghibellini di Toscana: e tanto l'infamarono, che venne a orecchi del Papa.

ANALISI DEL TESTO

Nel capitolo che abbiamo inserito, l'animosità del Compagni nei confronti dei Neri si rivela nel tentativo di giustificare i Cerchi per la loro scelta di accostarsi ai popolani e ai loro magistrati.

L'interesse dello scrittore è rivolto però anche a descrivere con tratti essenziali i personaggi salienti della storia e a riportare i casi con una certa particolare minuzia. Alcuni di questi particolari sono stati soggetti a smentite da parte dei critici e quindi hanno provocato il dubbio che l'autore della *Cronica* non fosse poi il politico testimone dei fatti, ma uno scrittore che si servisse di altre fonti, quali, per esempio, la *Cronica* del Villani. In realtà, il testo di Dino Compagni, a seguito di più accurati accertamenti, a parte la tendenziosità del suo racconto, può considerarsi per molti versi una fonte preziosa.

L'animosità che traspare dal racconto, fino a toccare i toni dell'oratoria e dell'invettiva, si spiega, molto probabilmente, con il fatto che la *Cronica* fu scritta tra la fine del 1310 e l'autunno del 1312, cioè negli anni a ridosso degli stessi avvenimenti narrati, dei quali l'autore sente (con evidente partecipazione) tutta l'urgenza sociale e politica [cfr. L, pp. 60-61].

LAVORARE SUL TESTO

1. Qual è, a giudizio dell'autore della *Cronica*, la ragione che divide i cittadini di Firenze?
2. Chi sono i principali protagonisti delle due fazioni?
3. Chi è il giovane *sdegnoso e solitario* che viene citato nel testo?
4. Qual è stato il dibattito critico intorno all'opera del Compagni?

[32] *raghiato*: ragliato.

[33] *Cavicchia*: il soprannome (*cavicchio* è il piolo) allude alla inerzia, immobilità del personaggio.

[34] *molto... diceva*: le cose che si dicevano, peggiorandole.

[35] *con l'amistà*: vantandosi dell'appoggio.

LA CRONACA

Nel genere storiografico può farsi confluire la *storiografia* propriamente detta, che presuppone l'elaborazione dei dati storici fatta con intenti letterari, quantunque non esclusivamente tali, e la raccolta di notizie storiche disposte cronologicamente (***cronaca***), soprattutto in vista dell'informazione e della ricerca erudita.

Sebbene possa parlarsi della *cronaca* come della forma embrionale della *storiografia* (gli *annali* della Roma arcaica, la *cronologia* dei vescovi nella storia della Chiesa), si tratta in effetti di due metodi diversi di raccontare il passato e il presente, che spesso convivono in ambiti diversi ed hanno alterne fortune.

La struttura comunale favorisce in Italia la storiografia cittadina, che tende a proporsi nella forma dell'elogio della città, a collegarsi cioè con il genere dell'oratoria celebrativa. Ma nella Toscana del Trecento le cronache in volgare di **Giovanni Villani** e di **Dino Compagni** assumono caratteri più complessi:

- la prima si ricollega alla storia universale e spazia nella storia italiana conservando il carattere dell'annotazione degli eventi;
- la seconda conduce l'obiettivo sulla storia contemporanea e diviene documento ideologico.

Il momento fondante della storiografia moderna è l'Umanesimo, che converte la storia cittadina in storia politica, collegando l'elaborazione stilistica sulla base dei vari modelli antichi con consapevoli ragioni ideologiche e con la selezione degli avvenimenti riconosciuti di rilevante portata e significato, cioè con l'eliminazione dell'interesse cronachistico per le vicende minute e la registrazione annuale degli eventi. Questo genere di storiografia comporta l'uso degli strumenti dell'oratoria (discorsi, descrizioni, elogi) e l'accostamento del genere storiografico a quello dell'epica.

In seno allo stesso Umanesimo nasce la storiografia scientifica, che parte dall'analisi dei documenti e dei monumenti e assume il carattere della ricerca antiquaria.

Si afferma fra Quattro e Cinquecento anche la *biografia*, che si vale di modelli antichi, ma corrisponde in ambito civile a quello che in ambito religioso è l'*agiografia*, la vita dei santi, prospera nel Medioevo ed è destinata a tornare in auge con la Riforma cattolica.

Fra Sette e Ottocento si afferma anche l'*autobiografia*, che può essere messa in relazione col genere narrativo del romanzo. Il romanzo, del resto, a prescindere dall'esplicita formula mista del romanzo storico, si vale dell'esperienza narrativa della storiografia.

3. Epistola e Trattato

Francesco Petrarca

dalle *Epistole familiari*

[La scalata del monte Ventoso]
(IV 1)

La più famosa delle Epistole *del Petrarca è la narrazione di un episodio della sua vita, cui lo stesso poeta attribuisce un significato simbolico nella sua biografia spirituale. I dati dell'epistola intendono collocare quell'avvenimento nel 1336, dieci anni dopo il suo allontanamento da Bologna, ma l'epistola, se fu scritta in quel tempo, fu certamente rimaneggiata in modo da accogliere il riferimento alla risoluzione presa dal fratello Gherardo di scegliere la vita monastica.*

[trad. a cura di E. Bianchi, in F. Petrarca, *Prose*, a cura di G. Martellotti, P.G. Ricci, E. Carrara, E. Bianchi, Milano-Napoli 1955]

Avevamo appena lasciato quel colle, ed ecco che, dimentico del primo errore, io comincio a rivolgermi in basso, e di nuovo, attraversate le valli alla ricerca di una via più facile, mi trovo in mezzo a gravi difficoltà. Io cercavo di differire la noia del salire, ma la natura non cede all'umana volontà, né può essere che un corpo scendendo guadagni in altezza. Che più? tra le risate di mio fratello, in poche ore ciò mi successe tre volte e anche più. Così, pieno di delusione, mi sedei in una valle; e lì, passando con l'agile pensiero dalle cose materiali alle incorporee, mi rivolgevo a me stesso con queste o simili parole: – Quello che tante volte oggi hai provato nel salire questo monte, sappi che accade a te e a molti quando si accostano alla vita beata; e se di ciò gli uomini non così facilmente si accorgono, gli è che i moti del corpo sono a tutti visibili, quelli invece dell'animo invisibili e occulti. La vita che noi chiamiamo beata è posta in alto; e stretto, come dicono, è il sentiero che vi conduce. In mezzo sorgono molti colli, e noi dobbiamo procedere con nobile incesso di virtù in virtù; sulla cima è il fine estremo e il termine della via, meta del nostro viaggio. Lassù tutti vogliono arrivare, ma, come dice Ovidio: «volere è poco; bisogna desiderare ardentemente per raggiungere lo scopo». Tu senza dubbio – se in questo come in tante altre cose non ti inganni – non solo vuoi, ma anche fortemente desideri. Che cosa dunque ti trattiene? evidentemente, null'altro se non quella via attraverso i piaceri bassi e terreni; che è più facile e, come pare, più breve; ma, quando avrai molto errato, o sotto il peso di una fatica scioccamente differita dovrai salire verso la cima della vita beata, oppure sarai costretto a cadere spossato nelle valli dei tuoi peccati; e se – Dio allontani l'evento – là ti coglieranno «le tenebre e l'ombra della morte», dovrai vivere una notte eterna fra perpetui tormenti. – Questo pensiero non è a dire quanto mi rinfrancava il corpo e l'animo a compiere il resto del cammino. Così io possa compiere con l'anima quel viaggio a cui giorno e notte sospiro, come, superate finalmente tutte le difficoltà, ho compiuto oggi col corpo, quest'ascensione! [...]

Volgo poi gli occhi verso l'Italia, dove più tende l'animo mio; e vedo come vicine, sebbene sian tanto lontane, quelle Alpi gelate e nevose, attraverso le quali passò una volta quel feroce nemico del nome romano, rompendo con aceto le rocce, come narrano. Mandai, lo confesso, un sospiro verso quel cielo d'Italia che appariva al mio animo più che allo sguardo, e mi prese un immenso ardore di rivedere l'amico e la patria: non tanto, però, che nel medesimo tempo non mi rimproverassi di questo doppio desiderio tutt'altro che virile, sebbene non mi mancassero per l'uno e per l'altro buone scuse, autorevolmente confermate da ottimi autori. Entrò poi in me un nuovo pensiero, che mi fece passare dai luoghi ai tempi. – Oggi – dicevo a me stesso – compiono dieci anni da quando, lasciati gli studi giovanili, abbandonasti Bologna; e (oh, immutabile sapienza dell'eterno Iddio!) quanti e gravi cambiamenti sono in te avvenuti nel frattempo! Tanti che neppure li enumero; poiché non ancora son giunto in porto così da poter sicuramente parlare delle passate tempeste. Verrà forse un giorno in cui tutte le narrerò nell'ordine nel quale si son seguite, premettendovi queste parole del tuo Agostino: «Voglio ricordare le passate mie turpitudini e i peccati carnali, non perché io li ami, ma per amar te, mio Dio». Molto ancora rimane in me di molesto e d'incerto. Non amo più ciò che solevo amare; dirò meglio: l'amo, ma meno; e anche così mentisco: l'amo, ma con più vergogna e tristezza; ecco che finalmente ho detto la verità. Poiché è proprio così: amo ciò che vorrei non amare, anzi, che vorrei odiare; amo, ma di mal animo, costretto, addolorato, triste e piangente. E in me faccio miseramente esperienza di quel verso d'un grande poeta: «Voglio odiarti, se posso; altrimenti t'amerò contro voglia». Non sono ancora scorsi tre anni da quando quella volontà malvagia e perversa, che tutto mi possedeva e nelle camere del mio cuore regnava senza rivali, cominciò a sentirne un'altra, ribelle e riluttante; e tra l'una e l'altra da un pezzo, e anche oggi, dura faticosa e incerta nel campo dei miei pensieri la lotta per il dominio di quel doppio uomo che è in me. – Così io meditavo su quei dieci anni passati; e di qui rivolgendo il pensiero all'avvenire, mi domandavo: – Se tu potessi per altri due lustri prolungare questa vita fuggente, e nel calcolo del tempo di tanto avvicinarti alla virtù di quanto in questo biennio ti allontanasti dalla primitiva protervia per il contrasto della nuova volontà con l'antica, non potresti forse se non con certezza almeno con buona speranza, a quarant'anni morire tranquillo, trascurando senza rimpianto il resto della vita che declina alla vecchiezza? –

Questi e simili pensieri mi si volgevano nel cuore, o padre mio. Godevo dei miei progressi, piangevo sulle mie imperfezioni, e mi addoloravo della instabilità comune a tutti gli affetti umani; e mi parve di aver dimenticato il luogo dov'ero e la cagione per cui vi ero venuto, finché mosso da quei pensieri, che altrove sarebbero stati più opportuni per guardarmi intorno e vedere quello per cui mi ero mosso – poiché mi ero accorto con stupore che era ormai ora di partire, essendo già il sole verso il tramonto e crescendo l'ombra del monte –, mi volsi indietro, verso occidente. I Pirenei; che son di confine tra la Francia e la Spagna, di lì non si vedevano, non, io credo, per alcun ostacolo che si frapponga, ma soltanto per la limitatezza della nostra vista; chiaramente si vedevano invece, a destra, i monti della provincia di Lione, e a sinistra il mare di Marsiglia e quello che bagna Acque Morte, lontani alcuni giorni di cammino; il Rodano era sotto i nostri occhi. E mentre tutte queste cose a una a una ammiravo, e ora m'intrattenevo in pensieri terreni, ora sollevavo l'anima, sull'esempio del corpo, a meditazioni più alte, mi venne in mente di consultare le *Confessioni* di Agostino, dono della tua amicizia; libro che, in memoria dell'autore e del donatore, porto sempre con me e sempre ho tra mano; libretto di piccola mole, ma pieno di dolcezza. L'apro per leggere quel che mi capitava; e cosa mi poteva capitare, che non fosse pieno di pietà e di devozione? Mi venne sott'occhio il decimo libro. Mio fratello, aspettando per la mia bocca una parola di Agostino, era tutto orecchi. Chiamo a testimone Dio e lui ch'era presente, le prime parole che vidi furono: «E gli uomini se ne vanno ad ammirare gli alti monti e i grandi flutti del mare e i larghi letti dei fiumi e l'immensità dell'oceano e il corso delle stelle; e trascurano se stessi». Stupii, lo confesso; e detto a mio fratello, il quale desiderava ascoltare ancora, che non mi disturbasse, chiusi il libro, adirato contro me stesso per quella mia ammirazione delle cose terrene, quando da un pezzo avrei dovuto imparare anche dai filosofi pagani che niente è degno d'ammirazione fuorché l'anima, per la quale nulla è troppo grande.

Sazio oramai e soddisfatto di aver visto quel monte, volsi gli occhi della mente in me stesso, e da quel momento nessuno mi udì parlare finché non giungemmo al piano; poiché quelle parole mi tenevano anche troppo tacitamente occupato. Non potevo persuadermi che esse mi fossero capitate a caso, ma mi sembrava che quel che avevo letto fosse stato scritto per me e non per altri [...].

ANALISI DEL TESTO

Il racconto, dedicato a Dionigi da Borgo San Sepolcro, il frate agostiniano che aveva dato a Petrarca una copia delle *Confessioni* di Agostino, che tanto incisero sulla riflessione del poeta, riguarda la scalata del monte Ventoso, nei pressi di Valchiusa, alto circa duemila metri, fatta dai due fratelli, Francesco e Gherardo.

La salita – secondo quanto ci dice il poeta – fu per lui profondamente istruttiva, perché nel corso di essa fu indotto a riflettere:

– sulla vita passata
– sull'attuale contrasto che era nel suo animo fra il vecchio e il nuovo uomo
– sulla necessità stessa della meditazione.

Questa verità gli si chiarì d'un tratto, quasi miracolosamente, alla lettura di una frase del libro di Agostino, che s'era portato con sé.

La scalata del monte è narrata come allegoria della vicenda dell'anima, che nell'ascesa indugia per vie tortuose e s'inceppa di fronte alle difficoltà, ma tutt'a un tratto, quando più difficile sembra il cammino, appare la meta desiderata, la vetta dalla quale è possibile rendersi conto dei propri errori.

La scalata al monte Ventoso è da vedere come occasione esterna, in quanto cioè mero pretesto per avviare un altro tipo di cammino, quello dell'ascesi spirituale. Dunque, cammino disseminato di difficoltà, metafora di un conflitto interiore lacerante. I continui riferimenti alla natura impervia, presenti nel testo, come pure la contrapposizione tra il procedere sicuro del fratello Gherardo (che, lo ripetiamo, ha deciso di intraprendere il cammino della vita religiosa), e il suo incerto andare, sostengono questa interpretazione metaforica del testo della lettera, pur non escludendo la dimensione di resoconto di un viaggio effettivamente compiuto [cfr. L, p. 77].

LAVORARE SUL TESTO

1. In che giorno sarebbe avvenuta la scalata al monte Ventoso?
2. Francesco, in compagnia di chi avrebbe compiuto la sua scalata al monte Ventoso?
3. Qual è il libro che Francesco porta con sé e che consulta durante la scalata?
4. A detta di Gherardo, dov'è posta la vita beata? e quali caratteristiche ha la strada che ad essa conduce?

L'EPISTOLA

La consuetudine di adoperare la forma della lettera privata, indirizzata ad un personaggio particolare, per svolgervi un discorso destinato ad un pubblico più ampio, risale alla letteratura latina, che annovera le *Epistulae* di **Orazio**, discorsi in versi di carattere lirico e moraleggiante, e le *Epistulae* in prosa di **Seneca**, indirizzate al figlio Lucilio, ma in effetti destinate alla discussione di problemi di universale interesse. Su un livello privato si collocano invece le epistole di **Cicerone**, le quali divengono, dopo la riscoperta ad opera del **Petrarca**, un **modello** di prosa colloquiale. L'epistola come discorso scritto destinato ad un pubblico lontano figura nella **Bibbia** (*Lettere di S. Paolo*) e continuerà ad essere coltivata per le esigenze della comunità religiosa.

Nel Medioevo l'epistola fu sottoposta ad una particolare attenzione sul piano artistico, in quanto costituiva lo strumento principe della comunicazione ufficiale per gli usi politici ed ecclesiastici. Lo stile epistolare prevedeva la considerazione della varietà dei destinatari e degli argomenti e si arricchì di un formulario, specie nella pratica cancelleresca. L'*ars dictandi* dei secoli XII e XIII riguarda appunto, in primo luogo, l'epistola, di cui fu un eccellente cultore **Pier delle Vigne**. Gli umanisti rinnovarono lo stile dell'epistola secondo il modello oratorio ciceroniano, e ne fecero largo uso per le relazioni intellettuali o per la dedica delle opere.

Le epistole si diffondono isolate, ma vengono spesso raccolte, con un lavoro di cernita e di revisione, dallo stesso autore in un **epistolario**, proposto come documento di una vita. Ne sono un esempio illustre appunto le ***Epistole familiares***, ossia dirette agli amici del Petrarca, il quale inoltre nell'epistola ***Posteritati*** realizzò un modello di autobiografia spirituale, e adoperò le ***sine nomine*** per la satira politica e morale. Appartiene ancora al costume umanistico raccogliere le epistole scritte in varie circostanze come modello letterario per chi intenda seguire lo stesso genere di scrittura. Il termine *epistolario* può anche designare la raccolta delle lettere sparse di uno scrittore, compiuta ad opera di amici, discepoli e studiosi. L'epistolario composto di lettere fittizie costituisce talora un'opera di narrativa (si pensi al romanzo epistolare *Le ultime Lettere di Jacopo Ortis*, 1798, di U. Foscolo). Nella forma versificata l'epistola si confonde con il sermone e con l'effusione elegiaca.

La lettera intesa come mezzo per dibattere idee o per dare informazioni, di viaggio per esempio, diventò un genere molto in voga nel Settecento. In forma di lettera si presentano anche componimenti in versi di tono e argomento vario (i *Sepolcri*, 1806, di U. Foscolo si presentano come una lettera all'amico Pindemonte, ma si sviluppano ora in lirica, ora in epica).

Caterina da Siena

da *Le lettere*

[Desiderio di sacrificio]

Caterina da Siena, che nel 1378 si trovava a Firenze, allora colpita dall'interdetto papale, corse un grave pericolo a causa di una sommossa cittadina, per cui dovette allontanarsi dalla città. In questa lettera a Raimondo di Capua, che le era stato assegnato come guida, ella esorta alla fine Ur-

bano VI appena eletto a perdonare i Fiorentini. Nel passato già si era offerta come mediatrice fra i Fiorentini ribelli e il pontefice.

[da *Prosatori minori del Trecento*, a cura di don G. De Luca, t. I, Milano-Napoli 1954]

Al nome di Gesù Cristo crocifisso e di Maria dolce.

Carissimo padre in Cristo dolce Gesù. Io Caterina, serva e schiava de' servi di Gesù Cristo, scrivo a voi nel[1] prezioso sangue suo, con desiderio di vedervi servo e sposo fedele della verità, e a quella dolce Maria, acciocché mai non voltiamo il capo indietro per neuna cosa del mondo né per tribolazioni che vi volesse dare, ma con una speranza ferma, col lume della santissima Fede, costante e perseverante passare[2] questo mare tempestoso con ogni verità; e nel sostenere ci gloriamo non cercando la gloria nostra ma la gloria di Dio e la salute dell'anime siccome facevano i gloriosi martiri, i quali per la verità si disponevano alla morte e ad ogni tormento; onde col sangue loro, sparto[3] per amore del Sangue, fondavano le mura della santa Chiesa. O sangue dolce, che resuscitavi i morti! Sangue, tu davi vita, tu dissolvevi le tenebre delle menti accecate[4] dalle creature che hanno in loro ragione, e davi lume. Sangue dolce, tu univi i discordanti, tu vestivi li nudi di sangue[5], tu pascevi li affamati, e daviti in beveraggio[6] a coloro che avevano, e hanno, sete del sangue; e col latte della dolcezza tua notricavi i parvoli[7], che sono fatti piccioli per vera umilità e innocenti per vera purità. O sangue, e chi s'inebbria in te? gli amatori proprii di loro medesimi[8] perché non sentono l'odore tuo?

Adunque, carissimo e dolcissimo padre, spogliànci di noi e vestiànci della verità; ed allora saremo sposi fedeli[9]. Io vi dico che oggi voglio incominciare di nuovo, acciocché i miei peccati non mi ritraggano da tanto bene[10] quanto egli è a dare la vita per Cristo crocifisso; perché io veggo che per lo tempo passato, per lo mio difetto, io ne fui privata[11]. Molto avevo desiderato d'uno desiderio nuovo, cresciuto in me oltre a ogni

[1] *nel*: in nome del.

[2] *passare* ecc.: collega con *con desiderio di vedervi*.

[3] *sparto*: versato.

[4] *accecate* ecc.: oscurate dai corpi che hanno potere su loro, cioè sulle menti stesse.

[5] *di sangue*: di Cristo, che sparse il suo sangue. La parola si ripete in modo ossessivo in tutto il passo.

[6] *daviti in beveraggio*: ti offrivi come bevanda; allude al sacrificio di Cristo che disseta i fedeli, e alla sua morte con la quale si lasciò sacrificare dai violenti.

[7] *notricavi i parvoli*: nutrivi i fanciulli.

[8] *amatori... medesimi*: gli egoisti, chiusi in se stessi.

[9] *sposi fedeli*: di Cristo.

[10] *da tanto bene* ecc.: da quel bene così grande che è il morire per Cristo.

[11] *ne fui privata*: del bene, del piacere del sacrificio.

modo usitato[12], di sostenere senza colpa in onore di Dio ed in salute delle anime ed in reformazione[13] e bene della santa Chiesa: tanto che il cuore si distillava[14] per amore e desiderio che io avevo di ponere[15] la vita. Questo desiderio stava beato e doloroso: beato stava per l'unione che si faceva nella verità, e doloroso stava per mia occupazione, che 'l cuore sentiva nell'offesa di Dio e nella moltitudine delle dimonia che obumbravano tutta la città[16] offuscando l'occhio dell'intelletto delle creature. E quasi pareva che Dio lassasse fare, per una giustizia e divina disciplina[17]. Onde la vita mia non si poteva dissolvere altro che in pianto, temendo del grande male che pareva che fusse per venire, e che per questo la pace non fusse impedita[18]. Ma del grande male, Dio che non dispregia il desiderio de' servi suoi, e quella dolce madre Maria il cui nome era invocato con penosi, dolorosi e amorosi desiderii, provide che, nel romore e nella grande mutazione[19] che fu, non c'ebbe quasi, diciamo, di morte d'uomini, di fuore da quelli che fece la Giustizia[20]. Sicché il desiderio che io avevo, che Dio usasse la providenzia sua, e tollesse la forza alle dimonia che non facessero tanto male che esse erano disposte a fare, fu adempito; ma non fu adempito il desiderio mio di dare la vita per la verità e per la dolce Sposa di Cristo. Ma lo Sposo eterno mi fece una grande beffa, siccome Cristofano a bocca pienamente[21] vi dirà. Onde io ho da piangere, perocché tanta è stata la moltitudine delle mie iniquitadi, che io non meritai che il sangue mio desse vita[22]; né alluminasse le menti accecate, né pacificasse il figliuolo col padre, né murasse[23] una pietra col sangue mio nel corpo mistico della santa Chiesa. Anco, parve che fussero legate le mani di colui che voleva fare. E dicendo io: – Io son essa[24]. Tolli me e lassa stare questa famiglia –, erano coltella che drittamente gli passavano il cuore. O babbo mio, sentite in voi ammirabile gaudio, perocché mai in me non

[12] *oltre... usitato*: oltremodo, più del solito.

[13] *reformazione*: riforma, rinnovamento.

[14] *si distillava*: si scioglieva goccia a goccia.

[15] *ponere*: deporre.

[16] *obumbravano... città*: oscuravano, ingombrando tutta Firenze.

[17] *disciplina*: frusta, punizione.

[18] *non fusse impedita*: fosse ostacolata (l'uso del *non* in questo caso ricalca la costruzione latina dei verbi di timore).

[19] *romore... mutazione*: il trambusto e la rivolta.

[20] *la Giustizia*: il tribunale, che condannò alcuni a morte.

[21] *pienamente*: per filo e per segno.

[22] *il sangue... vita*: sviluppa il consueto motivo che ha sempre come modello la passione di Cristo, secondo cui il sacrificio della morte vivifica.

[23] *né murasse* ecc.: il desiderio di contribuire alla vita della Chiesa si esprime simbolicamente nel desiderio di diventare un elemento portante della Chiesa, di aggiungere, facendola aderire col proprio sangue, una pietra all'edificio della Chiesa.

[24] *Io son essa*: Caterina si era offerta come colpevole per essere condannata liberando altri.

provai simili misteri con tanto gaudio. Ine[25] era la dolcezza della verità; ine era l'allegrezza della schietta e pura coscienzia; ine era l'odore della dolce providenzia di Dio; ine si gustava[26] il tempo de' martiri novelli, siccome voi sapete, predetti dalla Verità eterna. La lingua non sarebbe sufficiente a narrare quanto è il bene che l'anima mia sente. Onde tanto mi pare essere obbligata al mio Creatore, che se io dessi il corpo mio ad ardere non mi pare di potere satisfare a tanta grazia quanto io e i diletti miei figliuoli e figliuole abbiamo ricevuta.

Tutto questo vi dico non perché pigliate amaritudine, ma perché sentiate ineffabile diletto con suavissima allegrezza, e acciocché voi e io cominciamo a dolerci della mia imperfezione, perocché per lo mio peccato fu impedito tanto bene. Or quanto sarebbe stata beata l'anima mia, che per la dolce Sposa e per amore del Sangue e per salute dell'anime avessi dato il sangue! Or godiamo e siamo sposi fedeli.

ANALISI DEL TESTO

L'interesse maggiore della lettera è nella particolare evidenza con cui si manifesta la sensibilità emotiva e mistica della santa. Il disappunto per non essere stata sacrificata, mediante la condanna a morte, in quella occasione, quasi non meritasse tanta considerazione da parte del Signore da essere chiamata fra i martiri, si esprime in modi esasperati e quasi esaltati.

Predomina nelle parole di santa Caterina il ricordo ossessivo del sangue, e la stessa sensibilità religiosa si risolve in immagini realistiche, come l'ebrezza e l'odore assunti a valori metaforici e mistici [cfr. L, pp. 78-79].

LAVORARE SUL TESTO

1. Nella lettera, come si auto-definisce Caterina?
2. Nel testo della lettera, il vocabolo *sangue* viene ripetuto ossessivamente; per quale ragione?
3. Caterina dice di avere un *desiderio*, quale?

[25] *Ine*: lì.
[26] *si gustava* ecc.: si gioiva perché pareva giunto il tempo dei nuovi martiri, di cui parlava la profezia apocalittica.

Poggio Bracciolini

dalle *Epistole*

[Eloquenza e coraggio di un eretico condannato a morte]

In questa famosa epistola, Poggio racconta a Leonardo Bruni il supplizio di Girolamo da Praga, che aveva diffuso in Boemia le dottrine di Wycliffe e che fu condannato al rogo nel 1416 dal Concilio di Costanza per la sua ostinazione nel sostenere le dottrine del riformatore religioso boemo Giovanni Huss.

[trad. a cura di E. Garin, in *Prosatori latini del Quattrocento*, Milano-Napoli 1952]

Disse queste cose con facondia, fra la grande attenzione di tutti. E poiché tutto il peso della causa risiedeva nelle testimonianze, mostrò che a queste non si doveva attribuire nessun valore, specialmente perché non venivano dalla verità, ma, tutte quante, dall'odio, dalla malevolenza, dall'invidia. E spiegò le ragioni di quest'odio in modo tale da giungere quasi a persuadere i giudici. Ed erano così verosimili che, se non si fosse trattato d'una causa di eresia, quei testimoni avrebbero ottenuta scarsissima fede. Tutti gli animi erano commossi e proclivi a pietà. Si aggiungeva il fatto che era venuto al concilio spontaneamente per scolparsi. Aveva esposto la propria vita e i suoi studi pieni di amore e di virtù; aveva detto che era costume dei più dotti e più santi uomini antichi discordare fra loro nelle cose di fede, non per abbattere la fede, ma per trovare la verità. Così erano stati discordi Agostino e Girolamo[1], e non solo avevano pensato cose diverse, ma addirittura contrarie, senza che nessun sospetto vi fosse d'eresia.

Tutti aspettavano che si scolpasse negando le accuse o che chiedesse perdono dei suoi errori, ma egli, sostenendo di non aver errato e di non voler ritrattare cose di cui era falsamente accusato, venne finalmente a lodare Giovanni Huss[2], condannato al rogo, chiamandolo buono, giusto, santo e non meritevole di quella morte. Si disse preparato ad affrontare egli stesso il medesimo supplizio con animo forte e sereno, cedendo a quei testimoni così spudoratamente bugiardi, che quando si sarebbero trovati davanti al Dio che non si inganna avrebbero reso conto a lui delle loro calunnie. Grande era il dolore dell'uditorio; avrebbero infatti voluto che un

[1] *Agostino e Girolamo*: i famosi padri della Chiesa del IV secolo.

[2] *Giovanni Huss*: era stato condannato dallo stesso Concilio di Costanza nel 1415 come eretico; la sua dottrina si fondava sull'idea della Chiesa come società di predestinati, uniti nell'unico corpo di Cristo.

uomo di tanti meriti si salvasse mostrando un animo contrito. Egli invece perseverando nei propri sentimenti sembrava desiderare la morte, e, nel lodare Giovanni Huss, disse che nulla questi aveva sostenuto contro la Chiesa, ma contro l'abuso dei preti, contro la superbia, il fasto e la pompa dei prelati. Infatti, poiché i patrimoni ecclesiastici sono dovuti innanzitutto ai poveri, poi ai pellegrini, quindi alla fabbrica delle chiese, a quell'uomo era sembrato indegno che venissero sperperati con meretrici, in banchetti, in cani, cavalli, vesti e altre cose indegne della religione di Cristo. La sua perorazione fu abilissima perché, pur essendo il suo discorso spesso interrotto da rumori, e disturbato da alcuni che censuravano le sue parole, nessuno di costoro egli lasciò senza replica, ed attaccandoli tutti li obbligò ad arrossire o a tacere. Quando i mormorii si levavano di tanto in tanto, costringeva la folla al silenzio rimproverandola, e poi riprendeva il discorso pregando e supplicando che lo lasciassero parlare, perché lo udivano per l'ultima volta. Mai si spaventò a questi clamori, saldo e intrepido nell'animo. Fatto degno di menzione, era stato trecento quaranta giorni in fondo a una torre fetida e oscura, del cui orrore si dolse affermando che, come conviene a un uomo forte, non aveva pianto per questo; ma si lamentava di aver patito cose indegne e si stupiva della crudeltà degli uomini, che in quel luogo non gli avevano permesso né di leggere né di vedere. Tralascio di parlare dell'ansietà che sempre dovette agitarlo, e che avrebbe dovuto privarlo della memoria, mentre egli chiamò a testimonio della sua opinione tanti dottissimi e santissimi uomini; addusse a sostegno della propria tesi tanti dottori della Chiesa, come se tutto quel tempo in grandissima quiete e serenità si fosse dedicato agli studi.

La sua voce era soave, chiara, sonante, accompagnata da un dignitoso gestire oratorio, esprimente l'indignazione o suscitante la pietà, che tuttavia egli né cercava né desiderava di ottenere. Stava impavido, intrepido, non solo spregiando la morte, ma desiderandola, tanto che l'avresti detto un secondo Catone[3]. O uomo degno tra gli uomini di eterno ricordo! Non intendo lodarlo per quel che sentisse in contrasto con la Chiesa, ma ammiro la dottrina, l'eloquenza, la dolcezza del dire e la finezza del rispondere; anche se temo che tutto ciò gli sia stato concesso dalla natura per la sua perdizione.

Accordatogli poi un tempo di due giorni per la ritrattazione, vennero a lui molti uomini coltissimi per indurlo a cambiare parere (e tra questi lo visitò il cardinale di Firenze per volgerlo alla retta via). Ma poiché con molta pertinacia perseverava nei propri errori, fu condannato dal concilio come eretico e dato alle fiamme. Con volto sereno e aspetto calmo affrontò la morte, non ebbe paura del rogo, non del genere del tormento, non del

[3] *Catone*: l'avversario di Cesare che morì suicida ad Utica.

trapasso. Nessuno stoico andò mai con tanta serenità verso la morte. Quando giunse al luogo dell'esecuzione si liberò da sé delle vesti, poi mettendosi in ginocchio, adorò il legno a cui venne legato, prima con corde bagnate, poi con catene. Allora gli vennero posti tutt'attorno, fino al petto, grossi pezzi di legno misti a paglia, e non appena fu appiccata la fiamma cominciò a cantare un inno che solo il fumo e le fiamme poterono interrompere. Questo particolare attesta la singolare fermezza dell'animo suo: quando il littore volle accendere il rogo alle sue spalle perché non vedesse, esclamò: «Vieni qua e brucialo davanti ai miei occhi. Se ne avessi avuto paura, non sarei mai venuto qua, dal momento che potevo fuggire».

Così arse quell'uomo, egregio oltre ogni credenza. Vidi la sua fine, ne seguii tutti gli atti. Se agì da eretico e si ostinò nel proprio errore, morì tuttavia da filosofo. Ti ho riferito una lunga storia; non avendo nulla da fare ho voluto impiegare il mio tempo in qualcosa, e narrarti eventi che si avvicinano alle gesta degli antichi. Infatti né Muzio[4] lasciò bruciare la sua mano con la serenità con cui questi lasciò bruciare il suo corpo, né con tanta prontezza Socrate bevve il veleno con quanta egli salì sul rogo. Ma ora basta; perdonami se sono stato un po' lungo. Il fatto meritava un racconto anche più dettagliato, ma non volevo essere troppo loquace. Addio, mio carissimo Leonardo. Costanza, 29 maggio, giorno in cui Gerolamo subì la sua pena.

ANALISI DEL TESTO

L'interesse di questa testimonianza di Poggio consiste soprattutto nell'atteggiamento che assume l'umanista, per giunta impiegato nella Curia pontificia, di fronte ad un eretico che finisce con l'essere paragonato ad un eroe del libero pensiero dell'antichità e ad un martire dei tempi cristiani. Poggio si propone di raccontare obiettivamente la vicenda che avrebbe assunto un'importanza notevole quando, nonostante la repressione guidata dalla Chiesa romana, si sarebbe sviluppato il movimento riformatore con una prospettiva di emancipazione religiosa e politica. Da buon umanista Poggio dichiara di mettere da parte la questione propriamente religiosa e le ragioni teologiche per considerare il personaggio nelle sue più tipiche manifestazioni umane. Per questo verso, Girolamo parve rinnovare il sacrificio di Socrate, di Catone e di tutti i sapienti ostacolati dal potere.

Nella *lettera*, Poggio:

– riferisce il nobile discorso col quale il martire mostra di non meravigliarsi di tale persecuzione

– riferisce le risposte con cui abilmente Girolamo si schermisce dall'accusa di aver negato il mistero eucaristico

[4] *Muzio*: Muzio Scevola.

– descrive il modo sereno con cui Girolamo affrontò la morte senza rinunciare alle proprie idee.

Quel che colpisce in primo luogo l'umanista è l'eloquenza mostrata in momenti così drammatici dal riformatore, segno della sua tranquillità e della sua superiore umanità.

Scritta forse subito dopo l'evento, questa lettera è un documento fra i più tipici della funzione che l'*epistolografia* ha nel mondo umanistico, come reazione immediata e critica, diremmo oggi giornalistica, agli avvenimenti.

LAVORARE SUL TESTO

1. Chi era andato al concilio per *scolparsi*?
2. A giudizio di Girolamo, come vanno interpretate le *discordanze* tra i dotti?
3. Secondo Giovanni Huss, in quali attività venivano spesi i patrimoni ecclesiastici?
4. Individua e sottolinea, nel testo, le parti descrittive.
5. Che pena fu inflitta all'eretico Girolamo?

Leon Battista Alberti

dal *De pictura*

[Grandezza e moderazione della pittura]
(II XXV XLIV)

Il libro II della Pittura *intende dare consigli pratici all'artista perché egli, a seconda delle circostanze, sappia scegliere i modi della raffigurazione.*

[da *Opere volgari*, a cura di G. Grayson, voll. I-III, Bari 1960-73]

Ma perché forse questo imparare ad i giovani può parere cosa faticosa, parmi qui[1] da dimostrare quanto la pittura sia non indegna da consumarvi ogni nostra opera e studio. Tiene in sé la pittura forza divina non solo quanto si dice dell'amicizia, quale fa gli uomini assenti essere presenti, ma più i morti dopo molti secoli essere quasi vivi, tale che con molta ammirazione dell'artefice e con molta voluttà[2] si riconoscono. Dice Plutarco, Cassandro uno de' capitani di Allessandro, perché vide l'immagine d'Allessandro re tremò con tutto il corpo; Agesilao Lacedemonio mai permise alcuno il dipignesse o isculpisse: non li piacea la propria sua

[1] *parmi qui* ecc.: lo sforzo dell'Alberti mira ad agevolare l'apprendimento dell'arte da parte dei giovani.
[2] *voluttà*: piacere.

forma, che fuggiva essere conosciuto da chi dopo lui venisse. E così certo il viso di chi già sia morto, per la pittura vive lunga vita. E che la pittura tenga espressi[3] gli iddii quali siano[4] adorati dalle genti, questo certo fu sempre grandissimo dono ai mortali, però che la pittura molto così giova a quella pietà per quale siamo congiunti agli iddii, insieme e a tenere gli animi nostri pieni di religione. Dicono che Fidia fece in Elide uno iddio Giove, la bellezza del quale non poco confermò la ora presa religione[5]. E quanto alle delizie dell'animo onestissime e alla bellezza delle cose s'agiugna dalla pittura, puossi d'altronde e in prima di qui vedere, che a me darai cosa niuna tanto preziosa, quale non sia per la pittura molto più cara e molto più graziosa fatta[6]. L'avorio, le gemme e simili care cose per mano del pittore diventano più preziose; e anche l'oro lavorato con arte di pittura si contrapesa[7] con molto più oro [...].

Simile molte cose[8] uno diligente artefice da sé a sé noterà; e forse quali dissi cose tanto sono in pronto[9] che paiono superflue recitare. Ma perché veggio non pochi in quelle errare, parsemi da non tacerle. Truovasi chi esprimendo movimenti troppo arditi, e in una medesima figura facendo che ad un tratto si vede il petto e le reni, cosa impossibile e non condicente[10], credono essere lodati, perché odono quelle immagini molto parer vive quali molto gettino[11] ogni suo membro, e per questo in loro figure fanno parerle schermidori[12] e istrioni senza alcuna degnità di pittura, onde non solo sono senza grazia e dolcezza, ma più ancora mostrano l'ingegno dell'artefice troppo fervente e furioso[13]. E conviensi alla pittura avere movimenti soavi e grati, convenienti a quello ivi si facci. Siano alle vergini movimenti e posari ariosi[14], pieni di semplicità, in quali piuttosto sia dolcezza di quiete che gagliardia[15], bene che ad Omero, quale seguitò Zeosis, piacque la forma fatticcia[16] persino in le femine. Siano i movimenti ai garzonetti leggieri, iocondi, con una certa demostrazione di grande animo e buone forze. Sia nell'uomo movimenti con più

[3] *espressi*: rappresentati.

[4] *quali siano*: in modo che siano.

[5] *la ora... religione*: la religione attuale del vero Dio si giovò della rappresentazione della antica divinità.

[6] *quale... fatta*: che non diventi ad opera della pittura molto più bella e preziosa.

[7] *si contrapesa* ecc.: acquista lo stesso valore di una maggiore quantità di oro.

[8] *Simile... cose*: ha parlato precedentemente dei movimenti dell'uomo che il pittore dovrà cercare di riprodurre.

[9] *in pronto*: a portata di tutti.

[10] *non condicente*: contraddittoria.

[11] *gettino*: protendano.

[12] *schermidori*: chi dà di scherma si protende generalmente in modo eccessivo. Così anche gli istrioni sono noti per il loro eccessivo gesticolare.

[13] *furioso*: agitato.

[14] *posari ariosi*: posizioni serene.

[15] *gagliardia*: baldanza.

[16] *fatticcia*: membruta.

fermezza ornati con belli posari e artificiosi[17]. Sia ad i vecchi loro movimenti e posati stracchi: non solo in su due piè, ma ancora si sostenghino sulle mani. E così a ciascuno con dignità siano i suoi movimenti del corpo ad espriemere qual vuoi movimento d'animo; e delle grandissime perturbazione dell'animo, simile sieno[18] grandissimi movimenti delle membra. E questa ragione dei movimenti comune si osservi in tutti gli animanti. Già non si aconfà ad uno bue aratore darli que' movimenti quali daresti a Bucefalas, gagliardissimo cavallo d'Alessandro. Forse facendo Io, quale fu conversa[19] in vacca, correre colla coda ritta, rintorcigliata, col collo erto, coi piè levati, sarebbe atta[20] pittura.

ANALISI DEL TESTO

Assume particolare importanza la rappresentazione della figura umana, che va rappresentata – e in ciò consiste la maggiore difficoltà – in movimento.

L'insegnamento dell'Alberti insiste sulla necessità di osservare direttamente la natura per evitare ridicoli eccessi. In tal modo egli ribadisce il principio della *convenienza*, ossia della *corrispondenza* della forma artistica con l'oggetto, e della *moderazione*, la quale evita di accentuare i tratti naturali, in modo da far perdere all'opera d'arte la dignità.

Il libro dell'Alberti inizia con una esaltazione dell'opera dell'artista, che rende eterne le realtà caduche del mondo e attribuisce alla materia un pregio doppio del suo intrinseco valore [cfr. L, pp. 107-109].

LAVORARE SUL TESTO

1. Secondo l'Alberti, che tipo di *forza* avrebbe la pittura?
2. Compila la seguente tabella:

Pittura / Natura		
Movimenti	Soggetti	Caratteristiche
....	....	....
....	....	....
....	....	....
....	....	....

[17] *artificiosi*: artisticamente atteggiati.

[18] *simile sieno* ecc.: corrispondano alle perturbazioni dell'animo i movimenti delle membra.

[19] *conversa*: trasformata.

[20] *atta*: conforme all'oggetto rappresentato.

IL TRATTATO

La riflessione teorica e la divulgazione organica delle idee vengono affidate generalmente al *trattato*, che si caratterizza per l'ordine e il metodo con cui è condotto. Il trattato può non avere una specifica intenzione letteraria, nel senso che può essere diretto essenzialmente all'istruzione e al fine pratico dell'informazione, o essere destinato in primo luogo al ragionamento o alla registrazione dell'indagine scientifica. Nel passato la trattazione scientifica è stata sensibile, più di quanto non lo sia ora, al modello letterario.

La trattatistica si sviluppa ovviamente in relazione con la ricerca scientifica e filosofica, ma assume forme diverse a seconda della tradizione di cultura alla quale si richiama e dell'argomento che affronta. Nell'età medievale si affermano ad esempio la forma dell'*esegesi*, ossia l'interpretazione critica delle *Sacre Scritture*, o del *commento* enciclopedico, oppure l'*esposizione* ordinata dei problemi che dall'esame dei principi o degli argomenti generali passa all'esame dei temi particolari. La trattatistica può assumere anche la forma del *poema didascalico*. L'intento divulgativo accomuna la poesia didascalica alla trattatistica. In alcune epoche come nel Settecento è molto seguita la scelta della trattatistica in versi per rendere più efficace il compito stesso di illuminazione che si assume la scienza. In questo caso il trattato assume una consapevole intenzione letteraria, fino a far prevalere esigenze di forma su esigenze di contenuto scientifico. Nel Seicento, l'epoca in cui esplodono gli interessi scientifici, la trattatistica in prosa si vale di più sottili strumenti letterari per attribuire efficacia alla comunicazione delle scoperte naturalistiche.

Leonardo da Vinci

dal *Libro della pittura*

[Superiorità della pittura]

La discussione sulla superiorità della pittura rispetto alla poesia ricorda l'operazione che a suo tempo fecero gli umanisti per affermare la superiorità della poesia sulle altre arti.

[da *Scritti scelti di Leonardo da Vinci*, a cura di A.M. Brizio, Torino 1952]

Come la pittura avanza tutte l'opere umane per sottile speculazioni appartenente a quella.

L'occhio, che si dice finestra dell'anima, è la principale via donde il comune senso[1] può più copiosa[2] e magnificamente considerare le infinite opere di natura; e l'orecchio è il secondo, il quale si fa nobile per le co-

[1] *comune senso*: la percezione.
[2] *copiosa*: copiosamente, ampiamente; è sottinteso il suffisso dell'avverbio successivo.

se racconte[3], le quali ha veduto l'occhio. Se voi storiografi o poeti o altri matematici non avessi coll'occhio viste le cose, male le potresti riferire per le scritture[4]; e se tu, poeta, figurerai[5] una storia colla pittura della penna, el pittore col pennello la farà di più facile sadisfazione[6] e men tediosa[7] a essere compresa; se tu dimanderai[8] la pittura muta poesia, ancora[9] il pittore potrà dire del poeta orba pittura: or guarda quale è più dannoso mostro, o cieco o muto. Se 'l poeta è libero, come 'l pittore, nelle invenzioni, le sua finzioni non sono di tanta sadisfazione a li omini quanto le pitture, perché, se la poesia s'astende[10] colle parole a figurare forme, atti e siti, il pittore si move colle proprie similitudine[11] de le forme a contrafare[12] esse forme; or guarda[13] qual'è più propinqua all'omo o 'l nome d'omo, o la similitudine d'esso omo; il nome dell'omo si varia in vari paesi, e la forma non n'è mutata se non da morte.

E se il poeta serve al senso per la via de l'orecchio, il pittore per l'occhio[14], più degno[15] senso. Ma io[16] non voglio da questi tali altro se non che uno bono pittore figuri il furore d'una battaglia e che 'l poeta ne scriva uno altro[17], e che sieno messi in pubblico di compagnia: vederai i veditori dove più si fermeranno, dove più considereranno, dove si darà più lalde[18] e quale sadisfarà meglio[19]; certo la pittura, di gran lunga più utile e bella, più piacerà. Poni scritto il nome di Dio in un loco e ponvi la sua figura a riscontro: vederai quale fia più reverita. Se la pittura abbraccia in sé tutte le forme de la natura, voi[20] non avete se none i nomi, i quali non sono universali come le forme; se voi avete li effetti delle dimostrazioni, noi abbiano le dimostrazioni de li effetti. Tolgasi[21] uno poeta che discriva le bellezze d'una donna al suo innamorato; tolli uno pittore che la figuri: vederai dove la natura volterà[22] più il giudicatore innamorato. Cer-

[3] *racconte*: percepite con l'udito.

[4] *per le scritture*: per mezzo degli scritti.

[5] *figurerai*: descriverai.

[6] *la farà... sadisfazione*: accontenterà di più il pubblico dipingendola.

[7] *tediosa*: fastidiosa.

[8] *dimanderai*: denominerai.

[9] *ancora* ecc.: a sua volta il pittore potrà chiamare quella del poeta una pittura senza vista.

[10] *s'astende*: si estende, si dedica.

[11] *similitudine*: imitazioni.

[12] *contrafare*: riprodurre.

[13] *or guarda* ecc.: l'autore invita a considerare che l'immagine figurata dell'uomo è più vicina all'uomo reale di quanto non sia la parola «uomo». Di qui una ragione in più per affermare la superiorità della pittura.

[14] *per l'occhio*: per via, per mezzo dell'occhio.

[15] *degno*: nobile.

[16] *Ma io* ecc.: Leonardo invita a fare una prova, mettendo a paragone la descrizione pittorica di una battaglia fatta dal pittore e la narrazione fatta dal poeta.

[17] *uno altro*: furore.

[18] *lalde*: laude, lodi.

[19] *sadisfarà meglio*: soddisferà, accontenterà, piacerà di più.

[20] *voi*: si rivolge ai poeti.

[21] *Tolgasi*: si prenda per esempio.

[22] *volterà*: farà rivolgere.

to il cimento delle cose[23] doverebbe lasciare dare la sentenzia alla sperienzia. Voi avete messa la pittura infra l'arte meccaniche[24]; certo, se i pittori fussino atti a laldare[25] collo scrivere l'opere loro come voi, io dubito non diacerebbe[26] in sì vile cognome; se voi la chiamate meccanica, perché è opera manuale, che le mani figurano quel che truovano nella fantasia, voi scrittori, disegnando[27] colla penna manualmente quello che ne lo ingegno vostro si truova; e se voi dicessi essere meccanica, perché si fa a prezzo, chi cade in questo errore, se errore si pò chiamare, più di voi? Se voi leggete per li Studi[28], non n'andate voi a chi più vi premia? Fate voi alcuna opera sanza qualche premio? Benché questo non dico per biasimare simili openioni, perché ogni fatica aspetta premio. E potrà dire uno poeta: io farò una finzione che significa cose grande; questo medesimo farà il pittore, come fece Apelle la calunnia[29]. Se voi dicessi: la poesia è più eterna, per questo io dirò essere più eterne l'opere d'un calderaio[30], che 'l tempo più le conserva, che le vostre o nostre opere; nientedimeno è di poca fantasia, e la pittura si pò, dipignendo sopra rame con colori di vetro, fare molto più eterna. Noi per arte possiamo essere detti nipoti a Dio[31].

Se la poesia[32] s'astende in filosofia morale; e questa in filosofia naturale; se quella descrive l'operazione della mente, questa considera quella che[33] la mente opera ne' movimenti; se quella spaventa i popoli colle infernali finzioni, questa colle medesime cose in atto fa il simile. Pongasi il poeta a figurare una bellezza, una fierezza[34], una cosa nefanda e brutta, una mostruosa, col pittore; facci a suo modo, come vole, trasmutazione di forme, che il pittore non sadisfacci più; non s'è egli viste pitture avere tanta conformità colla cosa viva, ch'ell'ha ingannato omini e animali?

[23] *il cimento delle cose* ecc.: la prova dovrebbe lasciare che dalla esperienza nasca il giudizio, cioè dovrebbe fondarsi sulla esperienza.

[24] *arte meccaniche*: le arti che si servono di strumenti materiali e son rivolte all'utile.

[25] *laldare*: lodare.

[26] *non diacerebbe* ecc.: che la pittura giacerebbe in così bassa fama.

[27] *disegnando*: leggi come se fosse «disegnate».

[28] *Studi*: Università.

[29] *la calunnia*: allude a una famosa raffigurazione attribuita all'antico pittore greco.

[30] *calderaio*: il fabbricante di caldaie è preso ad esempio di artigiano vile, le cui opere, se si prendesse come criterio di giudizio la durata, sarebbero più nobili di quelle dei poeti e degli artisti.

[31] *nipoti a Dio*: perché Dio è padre della natura e la natura è modello, ossia madre, dei pittori.

[32] *Se la poesia* ecc.: un pregio della poesia era considerato quello di essere scienza morale, ossia dell'uomo; Leonardo attribuisce il carattere di scienza, di scienza della natura, alla pittura.

[33] *quella che* ecc.: gli effetti che la mente produce esternamente nei movimenti dell'uomo.

[34] *fierezza*: azione eroica.

ANALISI DEL TESTO

Leonardo si fonda sul rapporto fra gli organi di cui l'uomo dispone, fra i quali l'occhio, organo della contemplazione, era sempre stato considerato il più nobile. Ma è soprattutto importante che Leonardo respinga il pensiero che sia vile ciò che è rivolto alla conoscenza della natura e all'utile. L'utile risponde infatti ad una esigenza comune fra gli uomini ed è addirittura la molla della loro azione [cfr. L, pp. 122-123].

LAVORARE SUL TESTO

1. Come viene giudicato da Leonardo il prodotto del pittore, rispetto a quello del poeta?
2. Seguendo il ragionamento di Leonardo, qual è il rapporto tra *occhio* ed *orecchio*?
3. Chi è l'antico pittore greco che viene citato nel testo?
4. Esponi con parole tue la tesi sostenuta da Leonardo.

Modulo opera

Studiare la letteratura per moduli opera

Premessa

Non potrebbero darsi studio della letteratura, educazione letteraria e sviluppo del gusto per la lettura autonoma e personale se non esistessero, innanzitutto, i testi, cioè le **opere** degli autori. L'opera letteraria è, dunque, un **prodotto** umano, frutto dell'invenzione e della creazione artistiche di uno scrittore, che si realizza in un dato **tempo** e in un certo **luogo**. Un'opera letteraria, allora, per essere meglio compresa va inserita nel **contesto** *sociale*, *economico* e *culturale* all'interno del quale ha trovato gli stimoli iniziali per la sua genesi.

Elementi costitutivi

L'opera letteraria, al pari di ogni altro prodotto umano, è il frutto di un lavoro, quello dello scrittore, che presenta anche caratteristiche e specificità concrete e materiali. Il primo aspetto della *materialità* di un'opera letteraria è rappresentato dal supporto fisico che la veicola (il *manoscritto* per i secoli del passato; il *libro a stampa*, a partire dal XV secolo, e fino ad oggi; gli odierni *dischetti* ottico-magnetici, *floppy-disk*, *CD-Rom* e *CD-Rew*). Un secondo aspetto della *materialità* di un'opera letteraria è costituito dagli elementi interni all'opera stessa: *regole* e *norme* del genere letterario cui essa appartiene.

La rete testuale

Un'opera letteraria, pur vivendo di vita propria, va sempre messa in relazione:

– con il resto della produzione dello stesso autore

– con le altre opere del periodo, che hanno affrontato le stesse tematiche, o che, comunque, sono accostabili ad essa per affinità di lingua, di stile, di situazioni

– con il genere letterario cui l'opera appartiene.

Il classico

A volte, la fortuna letteraria di una singola opera riesce ad 'oscurare' anche il suo stesso autore, superando così i limiti del tempo e dello spazio di composizione. Si tratta, in questi casi, di quelle opere riconosciute dai lettori come 'classici', capaci cioè di comunicare in ogni tempo (e in ogni luogo) sensazioni ed emozioni universali. «Un classico è un libro che non ha mai finito di dire quel che ha da dire», ha scritto, una volta, con grande efficacia, Italo Calvino, uno degli autori italiani contemporanei più letto ed amato dal pubblico, divenuto, a sua volta, un 'classico'.

Gli elementi strutturali

Studiare un'opera letteraria significa, innanzitutto, comprenderne la ***struttura***. Un primo elemento di superficie della *struttura* consiste nella disposizione della materia narrativa in **capitoli** (o in **canti**, nel caso si tratti di un poema e non di un romanzo). Un altro elemento della *struttura* di un'opera letteraria è senza dubbio rappresentato dalla diversa gestione che un autore fa della ***fabula*** e dell'***intreccio***. Per *fabula* (o vicenda, storia) s'intende la sistemazione dei contenuti (degli eventi) nel rispetto della successione temporale (nel rispetto della logica dei rapporti di tempo e di causa). Per *intreccio*, invece, s'intende la ricostruzione degli eventi di una narrazione così com'è stata decisa dall'autore.

Studiare un'opera, infine, significa comprenderne anche il ***messaggio***, esplorando i diversi nuclei tematici di cui essa è composta.

Un autore affida sempre alla sua opera il compito di diffondere tra i lettori un suo particolare messaggio.

Conoscenze

In questa nostra proposta editoriale, lo studio della letteratura attraverso la prospettiva del percorso modulare *opera* è organizzato intorno ai seguenti percorsi:

1. ***Decameron* di Giovanni Boccaccio**
2. ***Stanze* di Angelo Poliziano**
3. ***Orlando innamorato* di Matteo Maria Boiardo**.

Competenze

Comprendere la *struttura* di un'opera letteraria e individuarne i *nuclei tematici* sono le due principali finalità formative che questa tipologia modulare si prefigge di far acquisire al lettore (allo studente), insistendo sui seguenti obiettivi specifici di insegnamento/apprendimento:

– esaminare gli **aspetti strutturali** di un testo
– riconoscere i **nuclei tematici** e gli aspetti stilistici
– elaborare ed esprimere **giudizi motivati** sull'opera.

Per quanto riguarda l'obiettivo formativo della capacità di elaborare e di esprimere *giudizi motivati* su di un'opera, l'esperienza della lettura via via sempre più autonoma deve condurre al progressivo possesso da parte dello studente/lettore della competenza di espressione di giudizi/valutazioni motivate (*scheda bibliografica*, *recensione*, *relazione*, *analisi-commento*).

Capacità

Vengono ribadite, anche per questa tipologia modulare, le *finalità generali* proprie dello studio della letteratura:

– educazione alla **comprensione del testo**, letterario e no
– sviluppo del **gusto per la lettura** autonoma
– acquisizione degli strumenti per una corretta **comunicazione**, tanto orale, quanto scritta.

1. Giovanni Boccaccio

dal *Decameron**

Federigo degli Alberighi
(V IX)

Fra le storie d'amore dall'esito felice, che compongono la quinta giornata, il Boccaccio inserisce una novella che ha un nucleo tragico ed è rivolta soprattutto a mostrare la nobiltà e la dedizione di un amante, capace di sacrificare la cosa più cara, unico bene rimastogli, per onorare la donna amata dalla quale oltretutto non è riamato.

La prospettiva del Boccaccio è, in questa novella, sottilmente problematica: egli, infatti, non intende semplicemente celebrare i valori distintivi dell'aristocrazia cortese, quali la liberalità e l'amor fino, di cui Federigo si mostra campione, ma ne indica pure i limiti, proprio lì dove quei valori non riescono ad agganciarsi con la mutata realtà della nuova società borghese e, soprattutto, con le sue basi materiali.

Era già di parlar ristata Filomena, quando la reina, avendo veduto che più niuno a dover dire, se non Dioneo per lo suo privilegio, v'era rimaso, con lieto viso disse:

– A me omai appartiene[1] di ragionare; e io, carissime donne, d'una novella simile in parte alla precedente il farò volentieri, non acciò solamen-

* Il testo delle novelle è tratto da *Decameron. Filocolo. Ameto. Fiammetta*, a cura di E. Bianchi, C. Salinari, N. Sapegno, Milano-Napoli 1952.

[1] *A me... appartiene*: spetta a me; parla Fiammetta, che è la regina della giornata, nella quale l'argomento imposto per le novelle è, contrariamente a quello della giornata precedente, l'esito felice di sventurate vicende d'amore.

IL «DECAMERON»

Per incastonare le sue novelle, Boccaccio narra che tre giovani e sette fanciulle, ritrovatisi nella chiesa di Santa Maria Novella, decidono di sfuggire agli orrori della peste scoppiata a Firenze nel 1348, rifugiandosi sui colli di Fiesole [cfr. L, pp. 87-95]. I loro nomi riprendono in gran parte quelli della precedente narrativa boccacciana (Fiammetta, Panfilo, Filomena, Emilia) cui si aggiungono Elissa, Pampinea, Dioneo, ecc. e riflettono simbolicamente la varietà della loro figura umana, che si rivela nel comportamento e talora nella scelta delle novelle che alternativamente raccontano. Lo **svago** che occupa quasi completamente le giornate dei nobili giovani è appunto quello di raccontare novelle, ma fra l'una e l'altra c'è l'intermezzo di un canto, e alla fine della giornata si danza e si canta. Non manca l'osservanza delle pratiche religiose, per le quali viene sospeso il venerdì e il sabato il piacere del favoleggiare. Ogni giorno viene eletto un **re** o una **regina** come guida, la quale ha il compito di imporre un tema e di sollecitare i giovani ad illustrarlo mediante una novella. La prima e la nona giornata e le novelle raccontate in ogni giornata da Dioneo, il più spregiudicato della brigata, si sottraggono all'osservanza del tema, e ciò attribuisce un margine di elasticità allo schema, che si aggiunge a quella ricerca di varietà che tutta l'opera sostanzialmente persegue.

Gli argomenti delle giornate si dispongono secondo un **piano organico** che illustra gli aspetti della vita umana e le virtù dell'uomo (a coppie o in posizione isolata e di rilievo):

– **prima** e **nona** giornata **a tema libero** (ma dedicate, in realtà, l'una a stigmatizzare i **vizi** e, in particolare, la scortesia, l'altra ad una sorta di **retrospettiva** di argomenti già illustrati)

– **seconda** e **terza** giornata trattano rispettivamente della **fortuna** (che risolve talora in lieto fine una situazione avversa) e dell'**industria** (la virtù attiva o, meglio, in questo caso, la capacità di utilizzare l'occasione propizia, che fa ottenere ciò che si è desiderato o perduto)

– **quarta** e **quinta** giornata trattano, l'una, degli **amori** miseramente finiti; l'altra, degli amori felicemente riusciti dopo la sofferenza

– **sesta** giornata, in posizione quasi centrale, esalta i **motti di spirito** con i quali taluni si sono salvati dal pericolo o hanno respinto l'offesa

– **settima** e **ottava** narrano **inganni** e **beffe**, quelli tesi dalle donne ai mariti, o quelli tesi dagli uomini alle donne o ad altri uomini

– **decima**, che conclude il ciclo dopo la pausa della nona, è dedicata alla più nobile delle virtù, quella della **magnificenza**.

te che conosciate quanto la vostra vaghezza possa ne' cuor gentili[2], ma perché apprendiate d'esser voi medesime, dove si conviene, donatrici de' vostri guiderdoni[3], senza lasciarne sempre esser la Fortuna guidatrice. La quale non discretamente, ma, come s'avviene, moderatamente il più delle volte dona.

[2] *la vostra... gentili*: la bellezza femminile conquista i cuori, ma solo i cuori gentili, secondo la teoria guinizzelliana.

[3] *de' vostri guiderdoni*: della vostra grazia.

Dovete adunque sapere che Coppo di Borghese Domenichi[4], il quale fu nella nostra città, e forse ancora è, uomo di grande e di reverenda autorità ne' dì nostri, e per costumi e per vertù molto più che per nobiltà di sangue chiarissimo e degno d'eterna fama, essendo già d'anni peno, spesso volte delle cose passate co' suoi vicini e con altri si dilettava di ragionare: la qual cosa egli meglio e con più ordine e con maggior memoria e ornato parlare che altro uomo seppe fare. Era usato di dire, tra l'altre sue belle cose, che in Firenze fu già un giovane chiamato Federigo di messer Filippo Alberighi, in opera d'arme e in cortesia[5] pregiato sopra ogni altro donzel[6] di Toscana. Il quale, sì come il più de' gentili uomini avviene, d'una gentil donna chiamata monna Giovanna s'innamorò, ne' suoi tempi tenuta delle più belle donne e delle più leggiadre che in Firenze fossero; e acciò che egli l'amor di lei acquistar potesse, giostrava, armeggiava, faceva feste e donava, e il suo senza alcun ritegno spendeva; ma ella, non meno onesta che bella, niente di queste cose per lei fatte né di colui si curava che le faceva.

Spendendo adunque Federigo oltre a ogni suo potere molto e niente acquistando[7], sì come di leggiere adiviene, le ricchezze mancarono e esso rimase povero, senza altra cosa che un suo poderetto piccolo essergli rimasa, delle rendite del quale strettissimamente[8] vivea, e oltre a questo un suo falcone[9] de' miglior del mondo. Per che, amando più che mai né parendogli più potere essere cittadino[10] come disiderava, a Campi, là dove il suo poderetto era, se n'andò a stare. Quivi, quando poteva uccellando e senza alcuna persona richiedere[11], pazientemente la sua povertà comportava[12].

Ora avvenne un dì che, essendo così Federigo divenuto all'estremo[13], che il marito di monna Giovanna infermò, e veggendosi alla morte venire fece testamento, e essendo ricchissimo, in quello lasciò suo erede un suo figliuolo già grandicello e appresso questo, avendo molto amata monna Giovanna, lei, se avvenisse che il figliuolo senza erede legittimo morisse, suo erede sostituì[14] e morissi[15].

[4] *Coppo... Domenichi*: era stato priore a Firenze, ed era morto poco prima della composizione del *Decameron*.

[5] *in opera... cortesia*: l'uso delle armi e la cortesia rappresentano i fondamenti del perfetto cavaliere, secondo la tradizione cortese.

[6] *donzel*: giovane di nobile stirpe.

[7] *acquistando*: ottenendo.

[8] *strettissimamente*: con molta parsimonia.

[9] *falcone*: è l'uccello addomesticato, adoperato nella caccia.

[10] *essere cittadino*: vivere in città.

[11] *uccellando... richiedere*: dedito solo alla caccia e senza rivolgersi a nessuno per aiuto.

[12] *comportava*: sopportava.

[13] *divenuto all'estremo*: giunto al limite estremo della povertà.

[14] *sostituì*: costituì, nominò al posto di lui, in caso di morte.

[15] *morissi*: si morì.

Rimasa adunque vedova monna Giovanna, come usanza è delle nostre donne, l'anno di state[16] con questo suo figliuolo se n'andava in contado a una sua possessione assai vicina a quella di Federigo.

Per che avvenne che questo garzoncello s'incominciò a dimesticare[17] con Federigo e a dilettarsi d'uccelli e di cani; e avendo veduto molte volte il falcon di Federigo volare e istranamente[18] piacendogli, forte disiderava d'averlo, ma pure non s'attentava di domandarlo, veggendolo a lui esser cotanto caro.

E così stando la cosa, avvenne che il garzoncello infermò: di che la madre dolorosa molto, come colei che più no n'avea[19] e lui amava quanto più si poteva, tutto 'l dì standogli dintorno non restava di confortarlo e spesse volte il domandava se alcuna cosa era la quale egli disiderasse, pregandolo gliele dicesse, che per certo, se possibile fosse a avere, procaccerebbe come l'avesse[20].

Il giovanetto, udite molte volte queste proferte, disse:

– Madre mia, se voi fa che io abbia il falcone di Federigo, io mi credo prestamente guerire –.

La donna, udendo questo, alquanto sopra sé[21] stette, e cominciò a pensar quello che far dovesse.

Ella sapeva che Federigo lungamente l'aveva amata, né mai da lei una sola guatatura[22] aveva avuta; per che ella diceva: «Come manderò io o andrò a domandargli questo falcone che è, per quel che io oda, il migliore che mai volasse e oltre a ciò il mantien nel mondo? E come sarò io sì sconoscente, che a un gentile uomo al quale niuno altro diletto è più rimaso, io questo gli voglia tôrre?»

E in così fatto pensiero impacciata, come che ella fosse certissima d'averlo se 'l domandasse, senza sapere che dover dire, non rispondeva al figliuolo, ma si stava[23].

Ultimamente tanto la vinse l'amor del figliuolo, che ella seco dispose, per contentarlo che che esser ne dovesse, di non mandare ma d'andare ella medesima per esso e di recargliele e rispuosegli:

– Figliuol mio, confortati e pensa di guerire di forza[24], ché io ti prometto che la prima cosa che io farò domattina, io andrò per esso e sì il ti recherò –.

[16] *l'anno di state*: nell'estate di ogni anno.

[17] *dimesticare*: familiarizzare.

[18] *istranamente*: straordinariamente.

[19] *più no n'avea*: non aveva altri figli oltre lui.

[20] *fosse... procaccerebbe come l'avesse*: fosse stato... avrebbe cercato di averlo.

[21] *sopra sé*: in pensiero, riflettendo su se stessa.

[22] *guatatura*: sguardo.

[23] *si stava*: ritardava ad agire.

[24] *pensa... di forza*: sforzati di star bene.

Di che il fanciullo lieto, il dì medesimo mostrò alcun miglioramento.

La donna la mattina seguente, presa un'altra donna in compagnia, per modo di diporto[25] se n'andò alla piccola casetta di Federigo e fecelo addimandare. Egli, per ciò che non era tempo, né era stato a quei dì, d'uccellare, era in un suo orto e faceva certi suoi lavorietti acconciare[26]. Il quale, udendo che monna Giovanna il domandava alla porta, maravigliandosi forte, lieto là corse.

La quale, vedendol venire, con una donnesca[27] piacevolezza levataglisi incontro, avendola già Federigo reverentemente salutata, disse:

– Bene stea Federigo –; e seguitò: – Io sono venuta a ristorarti[28] de' danni li quali tu hai già avuti per me amandomi più che stato non ti sarebbe bisogno[29]; e il ristoro è cotale[30], che io intendo con questa mia compagna insieme destinar teco dimesticamente[31] stamane –.

Alla qual Federigo umilmente rispuose:

– Madonna, niun danno mi ricorda mai avere ricevuto per voi ma tanto di bene che, se io mai alcuna cosa valsi, per lo vostro valore e per l'amore che portato v'ho adivenne. E per certo questa vostra[32] liberale venuta m'è troppo più cara che non sarebbe se da capo mi fosse dato da spendere quanto per adietro ho già speso; come che[33] a povero oste siate venuta –.

E così detto, vergognosamente dentro alla sua casa la ricevette e di quella nel suo giardino la condusse; e quivi non avendo[34] a cui farle tenere compagnia ad altrui, disse:

– Madonna, poi che altri non c'è, questa buona donna moglie di questo lavoratore vi terrà compagnia tanto che io vada a far metter la tavola –.

Egli, con tutto che la sua povertà fosse strema, non s'era[35] ancor tan-

[25] *per modo di diporto*: come per svago.

[26] *faceva... acconciare*: si adoperava a sistemare certi piccoli lavori.

[27] *donnesca*: degna di una gentildonna.

[28] *ristorarti*: ricompensarti.

[29] *più che... bisogno*: più del necessario.

[30] *il ristoro è cotale*: la ricompensa è questa.

[31] *dimesticamente*: familiarmente.

[32] *questa vostra* ecc.: la vostra visita, generosa, cortese, mi riesce più gradita in queste condizioni, che se fosse avvenuta avendo io da spendere come una volta. Federico è contento che la gentildonna abbia voluto visitarlo malgrado la sua povertà, anche se si dispiace di riceverla modestamente.

[33] *come che* ecc.: sebbene venendo abbiate trovato un ospite povero.

[34] *non avendo* ecc.: non disponendo di altra persona, dalla quale (*a cui*) far tenere compagnia a qualcuno (*ad altrui*), da offrire cioè come compagnia, le offrì la modesta compagnia della moglie di un lavoratore.

[35] *non s'era* ecc.: non aveva mai considerato come bisognava la gravità della sua situazione, di aver cioè consumato disordinatamente (*fuor d'ordine*) i suoi averi. Federico, da uomo veramente magnifico, aveva fermamente accettato la

to avveduto quanto bisogno gli facea che egli avesse fuor d'ordine spese le sue ricchezze, ma questa mattina niuna cosa trovandosi di che potere onorar la donna, per amor della quale egli già infiniti uomini onorati avea, il fe' ravvedere; e oltre modo angoscioso, seco stesso maledicendo la sua fortuna, come uomo che fuor di sé fosse or qua e or là trascorrendo, né denari né pegno trovandosi, essendo l'ora tarda e il disiderio grande di pure onorar d'alcuna cosa la gentil donna e non volendo, non che altrui, ma il lavorator suo stesso richiedere gli corse agli occhi il suo buon[36] falcone, il quale nella sua saletta vide sopra la stanga.

Per che, non avendo a che altro ricorrere, presolo e trovatolo grasso, pensò lui esser degna vivanda di cotal donna. E però, senza più pensare, tiratogli il collo, a una sua fanticella il fe' prestamente, pelato e acconcio, mettere in uno schedone e arrostir diligentemente; e messa la tavola con tovaglie bianchissime, delle quali alcuna ancora avea, con lieto viso ritornò alla donna nel suo giardino e il desinare, che per lui far si potea, disse essere apparecchiato.

Laonde la donna con la sua compagna levatasi andarono a tavola e, senza saper che si mangiassero, insieme con Federigo, il quale con somma fede[37] le serviva, mangiarono il buon falcone. E levate da tavola e alquanto con piacevoli ragionamenti con lui dimorate, parendo alla donna tempo di dire quello per che andata era, così benignamente verso Federigo cominciò a parlare:

– Federigo, ricordandoti tu della tua preterita[38] vita e della mia onestà, la quale per avventura tu hai reputata durezza e crudeltà, io non dubito punto che tu non ti debbi maravigliare della mia presunzione sentendo quello per che principalmente qui venuta sono; ma, se figliuoli avessi o avessi avuti, per li quali potessi conoscere di quanta forza sia l'amor che lor si porta, mi parrebbe esser certa che in parte m'avresti per iscusata.

Ma, come che tu no n'abbia[39], io che n'ho uno, non posso però le leggi comuni d'altre madri fuggire; le cui forze seguir convenendomi, mi conviene, oltre al piacer mio[40] e oltre a ogni convenevolezza e dovere, chiederti un dono il quale io so che sommamente t'è caro (ed è ragione[41],

povertà in cui era caduto, senza quasi avvedersene. Solo la nuova circostanza fece sì ch'egli si accorgesse (*il fe' ravvedere*) dello stato in cui si trovava.

[36] *buon*: bravo.

[37] *somma fede*: grandissimo ossequio.

[38] *preterita*: passata.

[39] *come che... abbia*: se tu non ne hai, e non sei quindi soggetto a certi obblighi, costretto da certi sentimenti.

[40] *oltre al piacer mio*: scavalcando la mia volontà, che sarebbe quella di non richiederti alcun favore.

[41] *ed è ragione*: è giusto.

per ciò che niuno altro diletto, niuno altro diporto, niuna consolazione lasciata t'ha la sua strema fortuna); e questo dono è il falcon tuo, del quale il fanciul mio è sì forte invaghito, che, se io non gliene porto, io temo che egli non aggravi tanto nella infermità la quale ha, che poi ne segua cosa per la quale io il perda. E per ciò io ti priego, non per l'amore che tu mi porti, al quale tu di niente se' tenuto[42], ma per la tua nobiltà, la quale in usar cortesia s'è maggiore che in alcuno altro[43] mostrata, che ti debba piacere di donarlomi, acciò che io per questo dono possa dire d'avere ritenuto in vita il mio figliuolo, e per quello averloti sempre obligato[44] –.

Federigo, udendo ciò che la donna adomandava e sentendo che servir non ne la potea per ciò che mangiar gliele avea dato, cominciò in presenza di lei a piagnere anzi che alcuna parola risponder potesse. Il quale pianto la donna prima credette che da dolore di dover da sé di partire il buon falcone divenisse[45], più che da altro, e quasi fu per dire che nol volesse[46]; ma pur sostenutasi[47], aspettò dopo il pianto la risposta di Federigo, il qual così disse:

– Madonna, poscia che a Dio piacque che io in voi ponessi il mio amore, in assai cose m'ho reputata la fortuna contraria e sonmi di lei doluto; ma tutte sono state leggieri a rispetto di quello che ella mi fa al presente, di che io mai pace con lei aver non debbo, pensando che voi qui alla mia povera casa venuta siete, dove, mentre che ricca fu, venir non degnaste, e da me un picciol don vogliate, e ella abbia sì fatto, che io donar nol vi possa: e perché questo esser non possa vi dirò brievemente.

Come io udii che voi, la vostra mercé, meco desinar volavate, avendo riguardo alla vostra eccellenzia e al vostro valore, reputai degna e convenevole cosa che con più cara[48] vivanda secondo la mia possibilità io vi dovessi onorare, che con quelle che generalmente per l'altre persone s'usano: per che, ricordandomi del falcon che mi domandate e della sua bontà, degno cibo da voi il reputai, e questa mattina arrostito l'avete avuto in sul tagliere, il quale[49] io per ottimamente allogato avea; ma, vedendo ora che

[42] *al quale... tenuto*: in forza del quale tu non hai alcun debito verso di me.

[43] *alcuno altro*: in alcun'altra cosa.

[44] *per quello... obligato*: per quel dono io possa dire di aver reso mio figlio perennemente obbligato nei tuoi confronti. La nobildonna, concludendo il difficile e delicato discorso che ha dovuto fare per ottenere il dono senza mostrare di aver approfittato dei sentimenti di Federico verso di lei, insiste sul fatto che ella è stata costretta da amor filiale e che l'obbligo sarà non suo ma direttamente del figlio verso il cavaliere.

[45] *divenisse*: provenisse.

[46] *che nol volesse*: di non volerlo più.

[47] *ma pur sostenutasi*: eppure, trattenutasi.

[48] *cara*: preziosa.

[49] *il quale*: si riferisce al falcone.

in altra maniera[50] il disideravate, m'è sì gran duolo che servire non ve ne posso, che mai pace non me ne credo dare –.

E questo detto, le penne e i piedi e 'l becco le fe' in testimonianza di ciò gittare avanti.

La quale cosa la donna vedendo e udendo, prima il biasimò d'aver, per dar mangiare a una femina, ucciso un tal falcone; e poi la grandezza dello animo suo, la quale la povertà non avea potuto né potea rintuzzare, molto seco medesima commendò. Poi, rimasa fuori dalla speranza d'avere il falcone e per quello della salute del figliuolo entrata in forse, tutta malinconosa si dipartì e tornossi al figliuolo.

Il quale, o per malinconia che il falcone aver non potea, o per la 'nfermità che pure a ciò il dovesse aver condotto, non trapassar molti giorni che egli, con grandissimo dolor della madre, di questa vita passò. La quale, poi che piena di lagrime e d'amaritudine fu stata alquanto, essendo rimasa ricchissima e ancora giovane, più volte fu da' fratelli costretta[51] a rimaritarsi. La quale, come che[52] voluto non avesse, pur veggendosi infestare[53], ricordatasi del valore di Federigo e della sua magnificenzia ultima, cioè d'avere ucciso un così fatto falcone per onorarla, disse a' fratelli:

– Io volentieri, quando vi piacesse, mi starei[54]; ma se a voi pur piace che io marito prenda, per certo io non ne prenderò mai alcuno altro, se io non ho Federigo degli Alberighi –.

Alla quale i fratelli, faccendosi beffe di lei, dissero:

– Sciocca, che è ciò che tu di'? Come vuoi tu lui che non ha cosa del mondo? -

A' quali rispuose:

– Fratelli miei, io so bene che così è come voi dite, ma io voglio avanti[55] uomo che abbia bisogno di ricchezza, che ricchezza che abbia bisogno d'uomo –.

Li fratelli, udendo l'animo di lei, e conoscendo Federigo da molto, quantunque povero fosse, sì come ella volle, lei con tutte le sue ricchezze gli donarono. Il quale così fatta donna e cui egli cotanto amata avea per moglie vedendosi, e oltre a ciò ricchissima, in letizia con lei, miglior massaio[56] fatto, terminò gli anni suoi.

[50] *in altra maniera*: e cioè vivo, non arrostito sul piatto (*tagliere*).

[51] *costretta*: spinta, sollecitata.

[52] *come che*: sebbene.

[53] *infestare*: infastidire dalle richieste.

[54] *mi starei*: mi tratterrei, non accetterei di maritarmi.

[55] *voglio avanti*: preferisco.

[56] *miglior massaio*: amministratore più oculato, prudente.

ANALISI DEL TESTO

Cortesia e *liberalità*, nell'esempio di Federigo, conducono all'autodistruzione: spendendo liberalmente, infatti, egli giunge a consumare tutte le sue ricchezze, fino al punto da trovarsi nella condizione di non poter onorare la sua donna! La lezione sembra consistere proprio nell'indicare al lettore come insensato il comportamento di chi dilapida l'intero patrimonio in nome della cortesia, e, nel contempo, nell'avvertire l'esigenza di una conciliazione tra il valore cortese della liberalità con quello borghese della oculata amministrazione del patrimonio.

L'estremo opposto è rappresentato, nella novella, dalla grettezza, dall'attaccamento al denaro e dalla cupidigia dei fratelli di monna Giovanna. La *masserizia* è indispensabile per poter esercitare la cortesia; l'esercizio della *liberalità* serve ad impedire che la masserizia diventi *avarizia*. Dunque, ricerca di equilibrio e giusto mezzo. Questo sembra suggerire il Boccaccio, attraverso la novella di Federigo degli Alberighi, in quanto interprete di una nuova aristocrazia borghese comunale, in cui il potere si fonda, sì, sul danaro, ma eredita dalla civiltà passata il culto e lo stile signorile, le belle forme (e il bel parlare, il parlar gentile).

L'interesse della novella, più che nel felice scioglimento, consiste, allora, nel modo stesso in cui viene preparata la situazione che rende tragicamente inutile il sacrificio del falcone. Tale sacrificio assume il valore e la forza di un *simbolo*. Del resto, lo stesso matrimonio finale, tra Federigo e monna Giovanna, va interpretato nella prospettiva dell'integrazione/fusione del *cavaliere* Federigo nell'orizzonte sociale e culturale della borghesia: gentiluomo, adesso, è il buon padre di famiglia.

LAVORARE SUL TESTO

1. Riassumi, con parole tue, il contenuto informativo della novella.
2. Compila due distinti elenchi, rispettivamente, per le espressioni e per le situazioni che rinviano al mondo cavalleresco e cortese, e per quelle che, invece, rinviano al mondo borghese.
3. Quali sono i caratteri con cui viene presentata, nel testo, monna Giovanna?
4. Cosa indica il *falcone*?
5. Qual è, a tuo giudizio, l'atteggiamento di Giovanni Boccaccio rispetto alla vicenda narrata?
6. Per quale ragione Federigo si è ridotto in povertà?
7. Quale sarebbe l'insegnamento che il Boccaccio sembra indicare al lettore attraverso il racconto di questa vicenda esemplare?

Chichibio e la gru
(VI IV)

Alla sesta giornata del Decameron *appartengono quelle novelle che illustrano, nei modi più vari, la capacità di usare la parola con arguzia e con civiltà. Nella novella di Chichibio, dove l'arguzia ha un fine utilitario, ser-*

ve cioè a far evitare una pena, ed è tipica del servo, la battuta di spirito viene preparata attraverso l'amplificazione di un racconto che indugia su alcuni particolari realistici, quali la figura del servo e la rustica scenetta con la sua innamorata, Brunetta, che si fa regalare la coscia della gru.

Tacevasi già la Lauretta, e da tutti era stata sommamente commendata la Nonna, quando la reina a Neifile impose che seguitasse; la qual disse:

– Quantunque il pronto ingegno, amorose donne, spesso parole presti[1] e utili e belle, secondo gli accidenti[2], a' dicitori, la fortuna ancora, alcuna volta aiutatrice de' paurosi, sopra la lor lingua subitamente di quelle[3] pone, che mai ad animo riposato[4] per lo dicitor[5] si sarebber sapute trovare: il che io per la mia novella intendo di dimostrarvi.

Currado Gianfigliazzi, sì come ciascuna di voi e udito e veduto puote avere, sempre della nostra città è stato nobile cittadino, liberale e magnifico, e vita cavalleresca tenendo, continuamente in cani e in uccelli s'è dilettato, le sue opere maggiori al presente lasciando stare[6]. Il quale con un suo falcone avendo un dì presso a Peretola una gru ammazzata, trovandola grassa e giovane, quella mandò ad un suo buon cuoco, il quale era chiamato Chichibio, ed era viniziano, e sì gli mandò dicendo che a cena l'arrostisse e governassela[7] bene.

Chichibio, il quale come nuovo bergolo[8] era così pareva, acconcia la gru, la mise a fuoco e con sollicitudine a cuocerla cominciò. La quale essendo già presso che cotta e grandissimo odor venendone, avvenne che una feminetta della contrada, la qual Brunetta era chiamata e di cui Chichibio era forte innamorato, entrò nella cucina; e sentendo l'odor della gru e veggendola, pregò caramente Chichibio che ne le desse una coscia.

Chichibio le rispuose cantando e disse:

– *Voi*[9] *non l'avrì da mi, donna Brunetta, voi non l'avrì da mi* –.

Di che donna Brunetta essendo turbata, gli disse:

– In fé di Dio, se tu non la mi dài, tu non avrai mai da me cosa che ti piaccia –.

E in brieve le parole furon molte[10].

[1] *presti*: suggerisca, faccia pronunciare.

[2] *secondo gli accidenti*: secondo le circostanze, al momento opportuno.

[3] *di quelle*: parole.

[4] *ad animo riposato*: quando l'animo fosse in condizione serena, non in preda alla paura; la paura è quindi talora la molla di un motto arguto.

[5] *per lo dicitor*: da chi parla.

[6] *lasciando stare*: tralasciando.

[7] *governassela*: la preparasse con la dovuta cura.

[8] *bergolo*: sempliciotto.

[9] *Voi* ecc.: «Voi non l'avrete da me»; Chichibio cerca di eludere la richiesta della donna, scherzando, ed usa il suo dialetto veneziano.

[10] *le parole furon molte*: nacque fra loro un diverbio.

Alla fine Chichibio, per non crucciar la sua donna, spiccata l'una delle coscie alla gru, gliele diede. Essendo poi davanti a Currado e ad alcun suo forestiere messa la gru senza coscia, e Currado maravigliandosene, fece chiamare Chichibio e domandollo che fosse divenuta[11] l'altra coscia della gru.

Al quale il Vinizian bugiardo subitamente rispuose:

– Signor, le gru non hanno se non una coscia e una gamba –.

Currado allora turbato disse:

– Come diavol non hanno che una coscia e una gamba? Non vid'io[12] mai più gru che questa? –

Chichibio seguitò:

– Egli è, messer, com'io vi dico; e quando vi piaccia, io il vi farò veder ne' vivi[13] –.

Currado, per amor dei forestieri che seco aveva, non volle dietro alle parole andare, ma disse:

– Poi che tu di' di farmelo vedere ne' vivi, cosa che io mai più non vidi né udii dir che fosse, e io[14] il voglio veder domattina e sarò contento; ma io ti giuro in sul corpo di Cristo, che, se altramenti sarà, che io ti farò conciare in maniera che tu con tuo danno ti ricorderai, sempre che tu ci viverai, del nome mio –.

Finite adunque per quella sera le parole, la mattina seguente come il giorno apparve, Currado, a cui non era per lo dormire l'ira cessata, tutto ancor gonfiato[15] si levò, e comandò che i cavalli gli fosser menati; e fatto montar Chichibio sopra un ronzino, verso una fiumana, alla riviera della quale sempre soleva in sul far del dì vedersi delle gru, nel menò dicendo:

– Tosto vedremo chi avrà iersera mentito, o tu o io –.

Chichibio, veggendo che ancora durava l'ira di Currado, e che fargli convenìa pruova della sua bugia, non sappiendo come poterlasi fare, cavalcava appresso a Currado con la maggior paura del mondo, e volentieri, se potuto avesse, si sarebbe fuggito; ma non potendo, ora innanzi e ora addietro e da lato si riguardava, e ciò che vedeva credeva che gru fossero che stessero in due piedi.

[11] *che fosse divenuta*: dove fosse andata a finire.

[12] *Non vid'io* ecc.: credi che non abbia visto mai delle gru in vita mia?

[13] *ne' vivi*: nelle gru vive. Nota il maschile plurale che doveva essere nell'uso popolare e antico (cfr. anche *Inf.*, V 46); più sotto, nel discorso del narratore, è usato regolarmente il femminile.

[14] *e io*: la congiunzione coordina la proposizione dipendente (*poi che*) e la reggente, secondo un uso della prosa antica, anche dantesca. Ne risulta, in questo caso, un effetto di particolare energia: «ed io ti voglio mettere alla prova».

[15] *gonfiato*: gonfio d'ira.

Ma già vicini al fiume pervenuti, gli venner prima che ad alcun vedute[16], sopra la riva di quello ben dodici gru, le quali tutte in un piè dimoravano[17], sì come quando dormono soglion fare. Per che egli prestamente mostratele a Currado, disse:

– Assai bene potete, messer, vedere che iersera vi dissi il vero, che le gru non hanno se non una coscia e un piè, se voi riguardate a quelle che colà stanno –.

Currado vedendole disse:

– Aspèttati, che io ti mosterrò che elle n'hanno due –; e fattosi alquanto più a quelle vicino gridò:

– Ho ho –: per lo qual grido le gru, mandato l'altro piè giù, tutte dopo alquanti passi cominciarono a fuggire.

Laonde Currado rivolto a Chichibio disse:

– Che ti par, ghiottone? Parti ch'elle n'abbin due? –

Chichibio quasi sbigottito, non sappiendo egli stesso donde si venisse, rispuose:

– Messer sì, ma voi non gridaste «ho ho» a quella di iersera; ché se così gridato aveste, ella avrebbe così l'altra coscia e l'altro piè fuor mandata[18], come hanno fatto queste –.

A Currado piacque tanto questa risposta, che tutta la sua ira si convertì in festa e riso, e disse:

– Chichibio, tu hai ragione, ben lo dovea fare –.

Così adunque con la sua pronta e sollazzevol risposta Chichibio cessò la mala ventura[19] e paceficossi col suo signore.

ANALISI DEL TESTO

La novella, tra le più note (e belle) del *Decameron*, intende dimostrare, per bocca della narratrice Neifile, che accanto al *pronto ingegno* sia utile (e importante) la *fortuna*, la quale riesce a suggerire, anche in contesti impensabili, parole capaci di uscire dal pericolo.

Novella dalla misura *breve*, come quasi tutte, del resto, per questa sesta giornata, tutta concentrata sul *motto*, sulla *battuta* conclusiva (e risolutiva). Conta, per questa novella, più che l'originalità del contenuto, rintracciabile in molte fonti e tradizioni popolari coeve, il dosaggio misurato e sapiente operato dal

⇒

[16] *gli venner... vedute*: gli accadde di vedere prima che agli altri.

[17] *in un piè dimoravano*: su una sola zampa si poggiavano, stando ferme.

[18] *mandata*: messa. È accordato col primo sostantivo (*coscia*).

[19] *cessò... ventura*: evitò la disgrazia della punizione.

Boccaccio delle diverse reazioni psicologiche e dei gesti compiuti dai diversi protagonisti: da un lato, l'ostinazione popolaresca (diremmo, anche, fanciullesca) del cuoco Chichibio; dall'altro, la controllata ostinazione (fermezza) di Currado e, infine, la sua intelligenza, che gli consente di incassare il colpo e di sciogliere in risata una situazione altrimenti pericolosa e drammatica.

Nel corpo breve della novella sono, comunque, individuabili tre momenti:

– il colloquio/scenetta tra Chichibio e l'amata Brunetta (quasi la caricatura d'una schermaglia amorosa)

– la disputa con Currado (da un lato, il signore, severo e buono; dall'altro, il servo, insolente e sciocco)

– la cavalcata mattutina e lo scioglimento finale della vicenda.

Gli elementi utilizzati, anche in questo caso, dal Boccaccio per agganciare alla realtà la vicenda della novella sono immediatamente riconoscibili:

– nella citazione iniziale di un personaggio storico e contemporaneo, qual è, appunto, Currado Gianfigliazzi

– nella precisa (e verificabile) ambientazione fiorentina della vicenda (con la riconoscibilità dei luoghi)

– nella stessa verisimiglianza dei dati forniti.

LAVORARE SUL TESTO

1. Riassumi con parole tue il contenuto informativo della novella.
2. Qual è, a tuo giudizio, il motivo centrale della novella?
3. Qual è la diversa collocazione sociale dei protagonisti della novella?
4. Dopo aver riletto il *preambolo* pronunciato da Neifile, argomenta, con parole tue e in riferimento a questa novella, il rapporto tra *ingegno* e *fortuna*.

2. Angelo Poliziano

dalle *Stanze**

[L'età dell'oro]
(I XVII-XXI)

La prima rappresentazione della natura incantata ricorre nel discorso che il poeta attribuisce a Iulio all'inizio del poemetto, quando gli fa contrapporre la libera e spensierata, che è poi selvaggia, vita del cacciatore alla vita sconvolta dalla passione amorosa.

Iulio, ignaro dell'amore, ritiene di vivere come nell'età dell'oro, quando il piacere era tutto nel godimento della natura esterna.

METRO: ottava, con versi endecasillabi (ABABABCC).

XVII

Quanto è più dolce, quanto è più securo[1]
seguir le fere fugitive in caccia
fra boschi antichi fuor di fossa o muro[2],
e spïar lor covil[3] per lunga traccia[4]!
Veder la valle e 'l colle e l'aer più puro,

* Il testo dei passi delle *Stanze* è tratto da *Stanze di Messer Angelo Poliziano cominciate per la giostra di M. Giuliano de' Medici*, ed. critica a cura di V. Pernicone, Torino 1954.

[1] *dolce... securo*: piacevole... tranquillo.

[2] *fuor... muro*: fossa e muro delimitavano città e castelli, oltre i quali si estendeva la campagna.

[3] *spïar lor covil*: andare alla ricerca dei nascondigli delle fiere.

[4] *per lunga traccia*: inseguendole mediante l'osservazione delle loro orme.

STANZE COMPOSTE PER LA GIOSTRA

Poemetto scritto intorno al 1478 per celebrare la vittoria di Giuliano de' Medici in una giostra. Le *Stanze* si presentano come un **omaggio a Lorenzo de' Medici**. Il tema offriva al Poliziano l'occasione per celebrare, attraverso la mitizzazione dell'avvenimento e dei personaggi, l'età di Lorenzo segnata dalla pace e dallo straordinario fiorire delle arti, e per definire l'ideale stesso della vita quale si veniva configurando nella cultura umanistica di fine secolo.

Il poema narra del giovane **Iulio** ancora acerbo, tutto preso dal piacere della caccia e quindi schivo dell'amore e delle sue sofferenze, che un giorno s'imbatte, durante una battuta di caccia, in una bellissima fanciulla. Era stato Cupido a vendicarsi della sua baldanza e a spingerlo all'inseguimento di una cerva, in modo da farlo giungere dove fra le delizie della natura rianimata dalla primavera gli era apparsa, solo per poco, **Simonetta**. Un'immagine divina che infonde stupore ed ammirazione nel giovane e quindi, alla sua scomparsa, un turbamento e un indefinito desiderio di lei che lo gettano in una tristezza inappagabile. Ma un sogno, nel quale si susseguono le immagini di Cupido, simbolo dell'amore, di Minerva, simbolo della sapienza che lo debella, quindi l'immagine della Gloria e quella della Fortuna con un funesto presagio della morte della donna amata, sollecita nell'animo di Iulio l'ansia di battersi e di superare con la virtù l'ostacolo della fortuna. È solo la premessa del glorioso combattimento che il poeta non canterà.

Fra la narrazione dell'innamoramento di Iulio, che segna la vittoria di Cupido, e l'oscuro sogno presago, si stende la parte più importante del poemetto, la **descrizione del regno di Venere** fatta in occasione del ritorno di Cupido presso la madre, dopo la sua vittoria. Il regno di Venere è immaginato su un **dilettoso monte dell'isola di Cipro**, dove vige un'**eterna primavera** e dove si rivela l'onnipotenza d'Amore. Alle falde del monte si aggirano i fratelli di Cupido, le figure che simboleggiano i vari aspetti contrastanti delle passioni, quali ad esempio la paura, l'affanno, la contentezza e l'angoscia, mentre via via che si sale s'incontra il mondo vegetale con le varie specie di fiori, di arbusti e di alberi, il mondo animale con i suoi vari esemplari e infine, alla sommità, la reggia risplendente di pietre preziose, con le mura istoriate da una serie di scene mitologiche, nelle quali trionfa l'amore.

l'erbe e' fior, l'acqua viva chiara e ghiaccia!
Udir li augei svernar[5], rimbombar l'onde,
e dolce[6] al vento mormorar la fronde!

XVIII

Quanto giova[7] a mirar pender da un'erta[8]
le capre, e pascer questo e quel virgulto;
e 'l montanaro all'ombra più conserta[9]

[5] *svernar*: cantare come fanno a primavera.
[6] *dolce*: dolcemente.
[7] *Quanto giova*: è bello.
[8] *pender da un'erta*: arrampicarsi su ripide salite e quasi rimaner sospese nel vuoto.
[9] *conserta*: fitta, data dall'intreccio dei rami.

destar[10] la sua zampogna e 'l verso inculto;
veder la terra di pomi coperta,
ogni arbor da' suoi frutti quasi occulto[11];
veder cozzar monton[12], vacche mughiare,
e le biade ondeggiar come fa il mare!

XIX

Or delle pecorelle il rozo mastro[13]
si vede alla sua torma aprir la sbarra[14];
poi, quando muove lor[15] con suo vincastro[16],
dolce è a notar come a ciascuna garra[17].
Or si vede il villan domar col rastro[18]
le dure zolle, or maneggiar la marra[19];
or la contadinella scinta[20] e scalza
star coll'oche a filar sotto una balza.

XX

In cotal guisa, già l'antiche genti
si crede esser godute[21] al secol d'oro;
né fatte ancor le madri eron dolenti
de' morti figli al marzïal lavoro[22];
né si credeva[23] ancor la vita a' venti;
né[24] del giogo doleasi ancora il toro:
lor casa eron fronzute querce e grande,
ch'avean nel tronco mèl[25], ne' rami[26] ghiande.

[10] *destar* ecc.: far risuonare, quasi destandola dal sonno, dal silenzio, la zampogna che accompagna i rozzi canti dei pastori.

[11] *occulto*: coperto dalla gran quantità dei suoi frutti.

[12] *cozzar monton*: i montoni si scontrano per il dominio del gregge. Questa e le altre notazioni si riferiscono alla stagione primaverile, quando si risveglia l'amore negli animali e son cresciute le biade.

[13] *mastro*: il pastore che guida le pecorelle.

[14] *aprir la sbarra*: per far uscire il gregge (*torma*) dal recinto.

[15] *muove lor*: le sospinge.

[16] *vincastro*: bacchetta di giunco.

[17] *garra*: gridi per incitarle.

[18] *rastro*: rastrello.

[19] *marra*: zappa.

[20] *scinta*: discinta, trasandata.

[21] *esser godute*: esser state felici.

[22] *marzïal lavoro*: la fatica di Marte, la guerra.

[23] *credeva*: affidava; non era stata inventata la navigazione.

[24] *né* ecc.: non era stata ancora inventata l'agricoltura che ha sottoposto il toro al doloroso giogo.

[25] *mèl*: miele.

[26] *ne' rami*: sui rami.

XXI

Non era ancor la scelerata sete
del crudel oro entrata nel bel mondo:
viveansi in libertà le genti liete,
e non solcato[27] il campo era fecondo.
Fortuna invidïosa a lor quïete
ruppe ogni legge, e pietà misse in fondo;
lussuria entrò ne' petti e quel furore
che la meschina gente chiama amore.

ANALISI DEL TESTO

L'amore, qui, è avvertito come una calamità sopraggiunta insieme con tutte le altre passioni e con gli affanni che la civiltà ha portato:
- la guerra
- il lavoro agricolo
- il commercio.

Questo motivo svolto dal Poliziano avrà larga eco nella letteratura pastorale, dove l'*età dell'oro* è evocata come la felicità perduta; e infatti nel descrivere col suo incomparabile stile, per vivissime immagini, l'incanto della natura, il Poliziano sembra idoleggiare un mondo primitivo non ancora toccato dall'intima sofferenza. In realtà, questo motivo costituisce solo la premessa dell'innamoramento di Iulio, in seguito al quale il tema dominante sarà non tanto la bellezza riposante della natura, quanto l'onnipotenza d'amore, che fa della natura primaverile il riflesso di una condizione dello spirito.

La narrazione, nel poemetto, è **quasi inesistente**. Essa procede invece attraverso giustapposizioni di quadri successivi, dove le immagini balzano nitide e colorite, in un **linguaggio semplice ed essenziale**, che mira più a definire la figura e a circoscrivere la scena che a rappresentare l'azione. In questi quadri, ciascuno curato nella sua individualità, si scompone l'immagine della natura vivente, che è colta nel momento più significativo del suo processo, il momento della rinascita, della *renovatio* [cfr. L, pp. 117-120].

LAVORARE SUL TESTO

1. Riassumi, con parole tue, il contenuto informativo del testo.
2. Cosa, a detta del poeta, *giova* ed è *dolce*?
3. Che operazioni sta compiendo il *villano*?
4. Quali sarebbero state le caratteristiche dell'*età dell'oro*?

[27] *non solcato*: senza essere arato.

[Il dilettoso monte di Venere]
(I LXIX-LXXII LXXVII-LXXXIV LXXXVI LXXXIX-XCI XCV-XCVI CXI-CXII)

La natura, trasfigurata in mito, trionfa nella descrizione del regno di Venere collocato in una regione quasi isolata dal mondo reale e comune, e pure non al di là di questo mondo, perché ne riassume tutte le bellezze animandole organicamente sotto il segno dell'amore.

METRO: ottava, con versi endecasillabi (ABABABCC).

LXIX

Oh canta meco un po' del dolce[1] regno,
Erato[2] bella, che 'l nome hai d'amore;
tu sola, benché casta[3], puoi nel regno
secura entrar di Venere e d'Amore;
tu de' versi amorosi hai sola il regno[4],
teco sovente a cantar viensi Amore;
e, posta giù dagli omer la faretra,
tenta[5] le corde di tua bella cetra.

LXX

Vagheggia[6] Cipri un dilettoso monte,
che del gran Nilo i sette corni vede[7]
e'l primo rosseggiar[8] dell'orizonte,
ove poggiar[9] non lice al mortal piede.
Nel giogo un verde colle alza la fronte,
sotto esso aprico un lieto pratel siede,
u' scherzando tra' fior lascive aurette[10]
fan dolcemente tremolar l'erbette.

[1] *dolce*: ossia dell'amore.

[2] *Erato*: Musa della poesia amorosa.

[3] *benché casta*: pur essendo vergine, come sono tutte le muse. Gli abitanti del regno hanno invece provato tutti l'amore.

[4] *regno*: dominio.

[5] *tenta*: tocca.

[6] *Vagheggia*: ammira, perché il monte domina tutta l'isola ed è la sua cosa più bella.

[7] *vede*: è rivolto verso le foci del Nilo.

[8] *primo rosseggiar*: lo spuntar del sole, quindi Oriente.

[9] *poggiar*: salire.

[10] *lascive aurette*: le brezze che accarezzano i fiori.

LXXI

Corona un muro d'or l'estreme sponde
con valle ombrosa di schietti[11] arbuscelli,
ove in su' rami fra novelle fronde
cantano i loro amor soavi augelli.
Sentesi un grato mormorio dell'onde,
che fan duo freschi e lucidi ruscelli,
versando dolce con amar[12] liquore,
ove arma[13] l'oro de' suoi strali Amore.

LXXII

Né mai le chiome del giardino eterno
tenera brina o fresca neve imbianca;
ivi non osa entrar ghiacciato verno,
non vento o l'erbe o gli arbuscelli stanca;
ivi[14] non volgon gli anni il lor quaderno,
ma lieta Primavera mai non manca,
ch'e suoi crin biondi e crespi all'aura spiega,
e mille fiori in ghirlandetta lega.

[...]

LXXVII

Con tal milizia[15] e suoi figli[16] accompagna
Venere bella, madre degli Amori.
Zefiro il prato di rugiada bagna,
spargendolo di mille vaghi odori:
ovunque vola, veste la campagna
di rose, gigli, vïolette e fiori;

[11] *schietti*: lisci e dritti.

[12] *dolce con amar*: sono i due attributi d'Amore, che qui diventano attributi dei ruscelli sui quali il dio prepara le sue frecce dorate.

[13] *arma*: rende adatto a ferire.

[14] *ivi* ecc.: lì gli anni non trascorrono, non girano le loro pagine.

[15] *Con tal milizia*: con questo seguito; nelle stanze 73-76 sono elencate le figure che rappresentano le passioni, quali Piacere, Lussuria, Speranza e Desiderio, Paura e Diletto, Ira e Pace, Contento e Angoscia ecc.

[16] *e suoi figli*: i fratelli di Cupido, gli amorini, che affilano le loro frecce nella parte più bassa del monte e sono addetti alla folla degli amanti di rango inferiore.

l'erba di sue belleze ha maraviglia[17]:
bianca, cilestra, pallida e vermiglia.

LXXVIII

Trema la mammoletta verginella
con occhi bassi, onesta e vergognosa[18];
ma vie più lieta, più ridente e bella,
ardisce aprire il seno al sol la rosa:
questa[19] di verde gemma s'incappella,
quella si mostra allo sportel vezosa,
l'altra, che 'n dolce foco ardea pur ora,
languida cade e 'l bel pratello infiora.

LXXIX

L'alba nutrica d'amoroso nembo[20]
gialle, sanguigne e candide vïole;
descritto ha 'l suo dolor Iacinto[21] in grembo,
Narcisso[22] al rio si specchia come suole;
in bianca vesta con purpureo lembo[23]
si gira Clizia palidetta al sole;
Adon rinfresca a Venere il suo pianto,
tre lingue mostra Croco, e ride Acanto[24].

[17] *ha maraviglia*: quasi sorpresa della varietà dei fiori che l'abbelliscono.

[18] *onesta e vergognosa*: perché simbolo del pudore.

[19] *questa* ecc.: una, ancora in boccio, si copre (*s'incappella*) del verde involucro della gemma, un'altra appare appena, come sporgendo sull'uscio (*sportel*; ma «stare allo sportello» significava «occhieggiare»), vezzosa come una fanciulla, un'altra ancora, che poco fa (*pur ora*) era rossa come di fuoco, fuoco d'amore (*dolce*), ora si ripiega abbattuta e adorna con i suoi petali il prato.

[20] *nutrica... nembo*: nutre con la rugiada (*nembo* = la nebbiolina) amorosa perché benefica.

[21] *Iacinto*: sulle foglie del giacinto sembra leggersi il dolore del fanciullo che il mito voleva trasformato da Apollo in fiore.

[22] *Narcisso*: il narciso si specchia come sempre nell'acqua del ruscello, al pari dell'omonimo fanciullo della mitologia.

[23] *con purpureo lembo*: con l'orlo rosso di porpora; il girasole continua a volgersi al sole come Clizia che ne fu innamorata.

[24] *Adon... Croco... Acanto*: Adone, amato da Venere e convertito in anemone, le provocò il pianto quando fu assalito e ucciso dal cinghiale. Croco, il fiore dello zafferano, si mostra nella sua rigogliosa bellezza. L'acanto offre le sue lucide e ricche foglie.

LXXX

Mai rivestì di tante gemme l'erba
la novella stagion che 'l mondo aviva.
Sovresso il verde colle alza superba
l'ombrosa chioma u' el sol mai non arriva[25]:
e sotto vel di spessi rami serba
fresca e gelata una fontana viva,
con sì pura, tranquilla e chiara vena,
che gli occhi[26] non offesi al fondo mena.

LXXXI

L'acqua da viva pomice[27] zampilla,
che con suo arco il bel monte sospende;
e, per fiorito solco indi tranquilla
pingendo ogni sua orma[28], al fonte scende:
dalle cui labra un grato umor distilla,
che 'l premio di lor ombre alli arbor rende[29],
ciascun si pasce a mensa non avara,
e par che l'un dell'altro cresca a gara.

LXXXII

Cresce l'abeto schietto e sanza nocchi[30]
da spander[31] l'ale a Borea in mezo l'onde;
l'elce che par[32] di mèl tutta trabocchi,
e 'l laur[33] che tanto fa bramar suo fronde;
bagna Cipresso[34] ancor pel cervio gli occhi

[25] *u' el sol... arriva*: che non lascia trapelare il sole.

[26] *che gli occhi* ecc.: che fa giungere al fondo, per la sua limpidezza, la vista.

[27] *da viva pomice*: dalla roccia viva che forma un arco sul quale gravita il monte.

[28] *pingendo... orma*: dipingendo tutto il suo corso, cioè le orme del suo cammino.

[29] *'l premio... rende*: ricompensa gli alberi della loro ombra.

[30] *schietto... nocchi*: dritto e senza nodi.

[31] *da spander*: per stendere le ali al vento di settentrione; l'abete è usato per costruire le imbarcazioni.

[32] *par* ecc.: sembra traboccare di miele, perché le api vi costruiscono gli alveari.

[33] *e 'l laur*: l'alloro, simbolo della gloria.

[34] *bagna Cipresso* ecc.: Cipresso, che è stato trasformato in albero per aver ucciso un cervo di Apollo, piange ancor ora.

con chiome or aspre, e già distese e bionde;
ma l'alber[35], che già tanto ad Ercol piacque,
col platan si trastulla intorno all'acque.

LXXXIII

Surge robusto el cerro, et alto el faggio,
nodoso el cornio[36], e 'l salcio umido e lento[37];
l'olmo fronzuto, e 'l frassin pur[38] selvaggio;
el pino alletta[39] con suoi fischi il vento.
L'avorniol tesse[40] ghirlandette al maggio,
ma l'acer d'un color[41] non è contento;
la lenta[42] palma serba pregio[43] a' forti,
l'ellera[44] va carpon co' piè distorti.

LXXXIV

Mostronsi adorne le vite novelle
d'abiti[45] varie e con diversa faccia:
questa gonfiando fa crepar la pelle,
questa racquista[46] le già perse braccia;
quella, tessendo vaghe e liete ombrelle[47],
pur con pampinee fronde Apollo scaccia[48];
quella ancor monca piange a capo chino,
spargendo or acqua per versar poi vino.

[...]

[35] *l'alber*: il pioppo.

[36] *cornio*: corniolo.

[37] *'l salcio... lento*: il salice che vive nei luoghi umidi ed ha i rami flessibili.

[38] *pur*: sempre.

[39] *alletta* ecc.: fischia al soffio del vento e sembra che con i suoi fischi lo attiri.

[40] *L'avorniol tesse* ecc.: l'avornio offre fiori per intrecciare le ghirlande alle feste di maggio; la pianta ha anche il nome di maggiociondolo.

[41] *d'un color* ecc.: è tutto variegato.

[42] *lenta*: pieghevole.

[43] *serba pregio*: adorna.

[44] *ellera* ecc.: l'edera si trascina sviluppandosi tortuosamente.

[45] *d'abiti* ecc.: varie di qualità e di aspetto.

[46] *racquista* ecc.: riproduce i tralci che le sono stati tolti.

[47] *ombrelle*: i ripari costituiti dai tralci intessuti.

[48] *Apollo scaccia*: allontana i raggi del sole.

LXXXVI

E mughianti giovenchi a piè del colle
fan vie più cruda[49] e dispietata guerra,
col collo e il petto insanguinato e molle[50],
spargendo al ciel co' piè l'erbosa terra.
Pien di sanguigna schiuma el cinghial bolle,
le larghe zanne arruota[51] e il grifo serra[52],
e rugghia[53] e raspa e, per più armar sue forze,
frega il calloso cuoio a dure scorze.

[...]

LXXXIX

E muti pesci in frotta van notando
dentro al vivente e tenero cristallo[54],
e spesso intorno al fonte roteando
guidon felice e dilettoso ballo;
tal volta sovra l'acqua, un po' guizzando,
mentre l'un l'altro segue, escono a gallo:
ogni loro atto sembra festa e gioco,
né spengon le fredde acque il dolce foco[55].

XC

Li augelletti dipinti[56] in tra le foglie
fanno l'aere addolcir con nuove rime[57],
e fra più voci un'armonia s'accoglie
di sì beate note e sì sublime,
che mente involta in queste umane spoglie
non potria sormontare alle sue cime[58];
e dove Amor gli scorge[59] pel boschetto,
salton di ramo in ramo a lor diletto.

[49] *vie più cruda*: nella stanza precedente ha accennato alla lotta dei montoni.

[50] *insanguinato e molle*: bagnato di sangue.

[51] *arruota*: affila, come si fa con le armi per la guerra.

[52] *il grifo serra*: stringe il muso.

[53] *rugghia*: ruggisce.

[54] *vivente... cristallo*: lo specchio dell'acqua, simile al cristallo per la trasparenza, ma mobile e liquido.

[55] *il dolce foco*: il fuoco d'amore continuamente vivo, pur nella fredda acqua; i pesci erano considerati in particolare simbolo del gioco d'amore.

[56] *dipinti*: con i loro colori.

[57] *rime*: versi, gorgoglii.

[58] *sormontare... cime*: salire al loro livello.

[59] *scorge*: guida, spinge.

XCI

Al canto della selva Ecco[60] rimbomba,
ma sotto l'ombra che ogni ramo annoda[61]
la passeretta gracchia e a torno romba[62];
spiega il pavon la sua gemmata[63] coda,
bacia el suo dolce sposo la colomba,
e bianchi cigni fan sonar la proda[64];
e presso alla sua vaga tortorella
il pappagallo squittisce e favella.

[...]

XCV

La regia casa il sereno aier fende[65],
fiammeggiante di gemme e di fino oro,
che[66] chiaro giorno a meza notte accende;
ma vinta è la materia dal lavoro[67].
Sopra colonne adamantine pende[68]
un palco di smeraldo, in cui[69] già fuoro
aneli e stanchi, drento a Mongibello
Sterope e Bronte ed ogni lor martello.

XCVI

Le mura a torno d'artificio miro[70]
forma un soave e lucido berillo[71];
passa pel dolce orïental zaffiro[72]
nell'ampio albergo el dì puro e tranquillo;

[60] *Ecco*: Eco, qui personificata come nell'antica mitologia che parlava della fanciulla dissoltasi per amore.

[61] *che... annoda*: formata dall'intreccio di tutti i rami.

[62] *gracchia... romba*: strepita, e tutto intorno fa risuonare lo strepito.

[63] *gemmata*: si riferisce alle macchie colorate (occhi) che adornano la coda.

[64] *la proda*: la sponda.

[65] *fende*: si leva fino a toccare il cielo (*sereno aier*, aere).

[66] *che* ecc.: luccicando, la reggia illumina a giorno la notte.

[67] *vinta... lavoro*: la raffinatezza del lavoro supera il pregio della materia.

[68] *pende*: poggia, rimanendo sospeso.

[69] *in cui* ecc.: per il quale i Ciclopi (*Sterope* e *Bronte*) si affannarono nell'Etna (*Mongibello*) con i loro martelli; cioè il grandioso lavoro fu opera dei Ciclopi.

[70] *miro*: mirabile.

[71] *berillo*: prezioso minerale di colore verdazzurro, di cui son fatte le mura.

[72] *zaffiro*: di questa pietra preziosa sono formate le vetrate attraverso le quali passa la luce del giorno (*el dì*).

ma il tetto d'oro, in cui l'estremo giro[73]
si chiude, contro a Febo apre il vessillo[74];
per varie pietre il pavimento[75] ameno
di mirabil pittura adorna il seno.

[...]

CXI

Vien[76] sovra un carro, d'ellera e di pampino
coverto Bacco, il qual duo tigri guidono[77]
e con lui par che l'alta arena stampino[78]
Satiri e Bacche[79], e con voci alte gridono:
quel si vede ondeggiar, quei par che 'nciampino,
quel con un cembol[80] bee, quelli altri ridono;
qual fa d'un corno e qual delle man ciotola,
quale ha preso una ninfa e qual si ruotola[81].

CXII

Sovra l'asin Silen, di ber sempre avido,
con vene grosse nere e di mosto umide,
marcido[82] sembra sonnacchioso e gravido[83],
le luci ha di vin rosse infiate e fumide[84];
l'ardite[85] ninfe l'asinel suo pavido
pungon col tirso[86], e lui con le man tumide
a' crin s'appiglia, e mentre sì l'aizono,
casca nel collo, e' satiri lo rizono[87].

[73] *l'estremo giro*: l'ultimo giro.

[74] *apre il vessillo*: spiega quasi una tenda verso la luce del sole (*Febo*).

[75] *il pavimento* ecc.: il vivace pavimento adorna l'interno di un meraviglioso mosaico (*pittura*).

[76] *Vien* ecc.: il poeta descrive le figure mitologiche istoriate sulle mura della reggia come se le favole mitiche si svolgessero realmente davanti ai suoi occhi; così Venere che esce dalla spuma del mare, così il Ciclope che insegue Galatea, così ora Bacco che celebra il famoso baccanale, inserendo un elemento comico.

[77] *il qual... guidono*: tirato da due tigri.

[78] *stampino*: percorrano lasciando le loro orme.

[79] *Bacche*: Baccanti.

[80] *cembol*: cembalo, catino di metallo usato nei baccanali.

[81] *si ruotola*: si rotola.

[82] *marcido*: ubriaco.

[83] *gravido*: appesantito.

[84] *infiate e fumide*: gonfie e annebbiate.

[85] *ardite*: sfrontate; nota l'antitesi col *pavido* in finale di verso.

[86] *tirso*: bastone attorcigliato d'edera usato nei baccanali.

[87] *aizono... rizono*: aizzano... rizzano.

ANALISI DEL TESTO

Il regno di Venere è un regno ideale, dove l'Amore, che è turbamento ed eterna aspirazione alla quiete, trova la sua perfetta realizzazione. Esso, quindi, non è turbato da alcuna sofferenza, da alcuna disarmonia, da alcunché di brutto o di perverso. È in sostanza il regno dell'*Arte*, così come lo immagina l'umanista, il cui obiettivo è quello di ritrovare nella dissonanza e nella varietà scomposta degli elementi naturali un modello di ordine e di perfezione.

L'arte del Poliziano è tuttavia fondata su un principio di **varietà**, che conduce la sua poesia ad essere soprattutto attenta alla mirabile **molteplicità** del paesaggio naturale. In queste *stanze* si realizza più che mai questa poetica della **varietà armoniosa** in due sensi diversi:

– in primo luogo, le immagini particolari del paesaggio naturale, mediante la scelta di vocaboli rari, ricchi di intensità visiva e musicale, vengono accumulate e dominate dall'artista, in modo da creare un insieme variegato, ma con una unità tonale sorprendente

– in secondo luogo, le più varie reminiscenze degli autori antichi e moderni (Ovidio, Virgilio, Dante, Petrarca) vengono accostate e intrecciate, in modo da costituire una meravigliosa unità per opera del poeta, che le assorbe e le trasforma nella sua immaginazione, al pari dell'ape che da tanti fiori crea una nuova e dolce sostanza.

Era, del resto, questa dell'ape, una metafora cara al Poliziano, in riferimento proprio all'operazione del poeta [cfr. L, pp. 117-120].

LAVORARE SUL TESTO

1. Riassumi, con parole tue, il contenuto informativo del testo.
2. Chi può entrare nel regno di Venere?
3. Individua e sottolinea nel testo gli elementi descrittivi.
4. Da cosa non vengono mai toccate le *chiome del giardino eterno*?
5. Quali piante vengono citate nel testo?
6. Come viene presentato Sileno?
7. Compila un elenco delle figure retoriche ricorrenti.
8. A tuo giudizio, in entrambi i brani letti, quale immagine della *Natura* emergerebbe dai versi del poemetto del Poliziano?

3. Matteo Maria Boiardo

dall'*Orlando innamorato**

[Apparizione di Angelica]
(I I 1-4)

Al nobile ed eletto pubblico della corte estense, immediato fruitore della «bella istoria», *il Boiardo propone il tema della glorificazione di Amore, presentato come forza imperiosa che spinge a* «mirabil prove», *e della supremazia di Amore sull'orgoglio guerriero:* «poi che contra ad Amor pur fu perdente/colui che vinse tutte l'altre cose». *Il motivo ha le sue origini negli* Amorum libri, *composti e rielaborati dal poeta negli anni tra il 1469 e il 1476, e trova espressione nello svolgimento del poema, nelle vicende e negli appassionati sfoghi lirici dei vari personaggi, sino a concretizzarsi nella contrapposizione di due regioni e di due corti:*
– *la corte di Artù, famosa* «per l'arme e per l'amore»
– *la corte di Carlo, che invece* «tenne ad Amor chiuse le porte».
Si tratta cioè dei due cicli, quello bretone e quello carolingio, la cui fusione è tradizionalmente attribuita proprio al Boiardo.

METRO: ottava, con versi endecasillabi (ABABABCC).

1

Signori e cavallier che ve adunati[1]
Per odir cose dilettose e nove,

* Il testo delle ottave dell'*Orlando innamorato* è tratto da M.M. Boiardo, *Orlando innamorato. Sonetti e Canzoni*, a cura di A. Scaglione, voll. I-II, Torino 1951.

[1] *ve adunati*: vi adunate. È frequente, nel Boiardo, la desinenza *i* per la 2ª pers. plurale.

L'«ORLANDO INNAMORATO»

Alla composizione del poema il Boiardo si dedicò **dal 1478 al 1482**, componendo i primi due libri di sessanta canti complessivi e accingendosi poi alla prosecuzione, senza portare a termine la storia, interrotta al terzo libro dal grave avvenimento della discesa di Carlo VIII, e quindi dalla sua morte, avvenuta nel 1494. Il titolo stesso del poema indica la **contaminazione** avvenuta, e dal Boiardo assunta come programma della sua ricostruzione del mondo cavalleresco, **fra l'ideale eroico** della cavalleria, tipico delle leggende carolinge, e il **gusto narrativo dell'avventura e del meraviglioso**, di cui era fondamentale incentivo l'**amore**, proprio delle leggende del ciclo bretone.

Il vero motore dell'azione diventa una donna, **Angelica**, venuta nella corte di Carlo Magno durante un torneo cui partecipano cristiani e pagani, al fine di distogliere i paladini dalla difesa della patria. E infatti **Orlando** e **Ranaldo**, innamorati di lei, la seguono, dando inizio ad una serie molteplice di avventure e di contraddittorie situazioni determinate anche da elementi magici, quali un anello fatato, che rende vani gli incantesimi, oppure le fonti dell'odio e dell'amore. Bevendo alternativamente alla fonte, Ranaldo s'innamora di Angelica e successivamente la odia, mentre Angelica cerca di evitarlo divenendone in seguito innamorata.

Stati attenti e quïeti, ed ascoltati
La bella istoria che 'l mio canto muove[2];
E vedereti i gesti[3] smisurati,
L'alta fatica e le mirabil prove
Che fece il franco Orlando per amore
Nel tempo del re Carlo imperatore.

2

Non vi par già, signor, meraviglioso[4]
Odir cantar de Orlando inamorato.
Ché qualunche nel mondo è più orgoglioso,
È da Amor vinto, al tutto subiugato[5];
Né forte braccio, né ardire animoso,
Né scudo o maglia, né brando affilato,
Né altra possanza può mai far diffesa,
Che al fin non sia da Amor battuta e presa.

[2] *La... muove*: la bella storia che dà spunto al mio canto.

[3] *i gesti*: le gesta.

[4] *Non... meraviglioso*: non vi paia, signori (*signor* è da considerarsi plurale), stupefacente.

[5] *al tutto subiugato*: completamente soggiogato.

3

Questa novella è nota a poca gente,
Perché Turpino[6] istesso la nascose,
Credendo forse a quel conte valente,
Esser le sue scritture dispettose[7],
Poi che contra ad Amor pur fu perdente
Colui che vinse tutte l'altre cose:
Dico di Orlando, il cavalliero adatto[8].
Non più parole ormai, veniamo al fatto.

4

La vera istoria di Turpin ragiona
Che regnava in la terra de orïente,
Di là da l'India, un gran re di corona,
Di stato e de ricchezze sì potente
E sì gagliardo de la sua persona,
Che tutto il mondo stimava nïente:
Gradasso nome avea quello amirante[9],
Che ha cor di drago e membra di gigante.

ANALISI DEL TESTO

Il linguaggio usato dal Boiardo è composito, risultando dall'incontro di molteplici esperienze culturali particolarmente vive nell'ambiente ferrarese quattrocentesco; sicché, in queste ottave, accanto a moduli risalenti ai *cantari* (il *cavalliero adatto*; *pagan gagliardo*; *rosa de verzieri*), trovano posto *lombardismi*, *francesismi*, termini *franco-italiani*, che testimoniano la lettura dei poemi francesi e franco-italiani, ma anche espressioni desunte dalla tradizione lirica.

Così, per esempio, nella scena dell'arrivo di Angelica alla corte di Carlo, che ha i suoi precedenti nei poemi francesi cari alla corte estense, i moduli che segnano l'apparizione della fanciulla sono di marca stilnovistica: ella è «[...] *nova cosa che ebbe ad apparire*» (20,7), «*matutina stella*» (21,5), che produce effetti di meraviglia e di tremore in chi la ammira.

Ma il vero momento lirico è rappresentato dal lamento di Orlando, nell'ottava 31, qui non inserita, in cui il poeta, fondendo vari temi della tradizionale **liri-**

[6] *Turpino*: arcivescovo di Reims, partecipò alle gesta carolingie. È ritenuto anche autore di una *Historia Karoli Magni et Rothilandi*. Il Boiardo si rifà spesso alla sua autorità per convalidare le affermazioni e le invenzioni più inverosimili.

[7] *Esser... dispettose*: esser spiacevoli i suoi scritti.

[8] *adatto*: significa qui «compiuto, perfetto».

[9] *amirante*: emiro, autorità musulmana.

ca d'amore, cerca di dare la misura della trasformazione che viene ad operarsi per forza d'Amore nell'animo del paladino, rappresentato nella tradizione epico-cavalleresca precedente come l'eroe puro e incorruttibile della cristianità [cfr. L, pp. 130-133].

LAVORARE SUL TESTO

1. A chi si rivolge il poeta, sin dalla prima ottava?
2. Quali sono gli *argomenti* che vengono preannunciati?
3. Spiega con parole tue i vv. 5-8 della seconda ottava.
4. Chi sarebbe Turpino?

I CANTARI

Poemi narrativi popolareschi, recitati talora con accompagnamento musicale da cantori girovaghi, costituiscono in Italia il sottofondo di quella che sarà la poesia epico-cavalleresca nell'età umanistica. I cantari adoperarono prevalentemente l'ottava, che diventerà nella letteratura italiana il metro tipico del genere epico.

[Il duello fra Orlando e Agricane]
(I XVIII 37-55)

La prima parte di questo episodio (che si rifà a un'analoga situazione della poesia cavalleresca, quella del duello seguito da una conversione) è quasi simmetricamente divisa nei due momenti della conversazione fra Orlando e Agricane (sino all'ottava 46) e della drammatica rivelazione del comune amore per Angelica (47-55), che segna la fine della pausa e il riaccendersi della battaglia per un motivo che ormai trascende il semplice onore guerriero.

METRO: ottava, con versi endecasillabi (ABABABCC).

37

Disse Agricane[1], e riguardollo in viso:
– Se tu sei cristïano, Orlando sei.

[1] *Agricane*: re dei Tartari, assedia Angelica, tornata nella sua città di Albracà, per ottenerne la mano. Angelica, resasi invisibile grazie al suo anello magico, riesce a trovare Orlando e gli altri paladini e a condurli con sé ad Albracà perché la difendano da Agricane.

Chi me facesse[2] re del paradiso,
Con tal ventura non lo cangerei;
Ma sino or te ricordo e dòtti aviso
Che non me parli de' fatti de' Dei,
Perché potresti predicare in vano:
Diffenda il suo[3] ciascun col brando in mano. –

38

Né più parole: ma trasse Tranchera[4],
E verso Orlando con ardir se affronta.
Or se comincia la battaglia fiera,
Con aspri colpi di taglio e di ponta;
Ciascuno è di prodezza una lumera[5],
E sterno insieme, come il libro[6] conta,
Da mezo giorno insino a notte scura,
Sempre più franchi alla battaglia dura[7].

39

Ma poi che il sole avea passato il monte,
E cominciosse a fare il cel stellato,
Prima verso il re parlava il conte:
– Che farem, – disse – che il giorno ne è andato?
Disse Agricane con parole pronte:
– Ambo se[8] poseremo in questo prato;
E domatina, come il giorno pare[9],
Ritornaremo insieme a battagliare. –

40

Così de acordo il partito[10] se prese.
Lega il destrier ciascun come li piace,

[2] *Chi me facesse* ecc.: non cambierei la sorte, la fortuna (*ventura*) di combattere con Orlando neppure se trovassi chi mi facesse re del paradiso.

[3] *il suo*: il suo dio.

[4] *Tranchera*: nome della sua spada.

[5] *una lumera*: un luminare.

[6] *il libro*: il libro di Turpino (cfr. la nota 6 del brano precedente).

[7] *Sempre... dura*: sempre più valorosi nel duro combattimento.

[8] *se*: (lombardismo) ci.

[9] *pare*: spunta.

[10] *partito*: decisione.

Poi sopra a l'erba verde se distese;
Come fosse tra loro antica pace,
L'uno a l'altro vicino era e palese.
Orlando presso al fonte isteso giace,
Ed Agricane al bosco più vicino
Stassi colcato, a l'ombra de un gran pino.

41

E ragionando insieme tuttavia
Di cose degne e condecente a loro[11],
Guardava il conte il celo e poi dicia:
– Questo che or vediamo, è un bel lavoro,
Che fece la divina monarchia[12];
E la luna de argento, e stelle d'oro,
E la luce del giorno, e il sol lucente,
Dio tutto ha fatto per la umana gente. –

42

Disse Agricane: – Io comprendo per certo
Che tu vôi de la fede ragionare;
Io de nulla scïenzia sono esperto,
Né mai, sendo fanciul, volsi imparare,
E roppi il capo al mastro mio per merto[13];
Poi non si puotè un altro ritrovare
Che mi mostrasse libro né scrittura,
Tanto ciascun avea di me paura.

43

E così spesi la mia fanciullezza
In caccie, in giochi de arme e in cavalcare;
Né mi par che convenga a gentilezza[14]
Star tutto il giorno ne' libri a pensare;
Ma la forza del corpo e la destrezza
Conviense al cavalliero esercitare.

[11] *condecente a loro*: adatte a loro.
[12] *la divina monarchia*: Dio.
[13] *per merto*: per compenso.
[14] *a gentilezza*: a persona nobile.

Dottrina al prete ed al dottor sta bene:
Io tanto saccio quanto mi conviene. –

44

Rispose Orlando: – Io tiro teco a un segno[15],
Che l'arme son de l'omo il primo onore;
Ma non già che il saper faccia men degno,
Anci lo adorna come un prato il fiore;
Ed è simile a un bove, a un sasso, a un legno,
Chi non pensa allo eterno Creatore;
Né ben se può pensar senza dottrina
La summa maiestate alta e divina. –

45

Disse Agricane: – Egli è gran scortesia
A voler contrastar con avantaggio[16].
Io te ho scoperto la natura mia,
E te cognosco che sei dotto e saggio.
Se più parlassi, io non risponderia;
Piacendoti dormir, dòrmite ad aggio[17],
E se meco parlare hai pur diletto,
De arme, o de amore a ragionar t'aspetto.

46

Ora te prego che a quel ch'io dimando
Rispondi il vero, a fè de omo pregiato[18]:
Se tu sei veramente quello Orlando
Che vien tanto nel mondo nominato;
E perché qua sei gionto, e come, e quando,
E se mai fosti ancora inamorato;
Perché ogni cavallier che è senza amore,
Se in vista è vivo, vivo è senza core[19]. –

[15] *Io... segno*: sono d'accordo con te su un punto.

[16] *Egli... avantaggio*: è molto scortese voler combattere da una posizione di vantaggio, non va bene cioè che Orlando discuta di dottrina con lui che è incolto.

[17] *dòrmite ad aggio*: dormi ad agio, tranquillo.

[18] *a fè... pregiato*: secondo la lealtà di un uomo d'onore.

[19] *Se... core*: è il verso che chiude il sonetto proemiale degli *Amorum libri* di M. M. Boiardo.

47

Rispose il conte: – Quello Orlando sono
Che occise Almonte e il suo fratel Troiano[20];
Amor m'ha posto tutto in abandono,
E venir fammi in questo loco strano[21].
E perché teco più largo ragiono,
Voglio che sappi che 'l mio core è in mano
De la figliola del re Galafrone[22]
Che ad Albraca dimora nel girone[23].

48

Tu fai col patre guerra a gran furore
Per prender suo paese e sua castella[24],
Ed io qua son condotto per amore
E per piacere a quella damisella.
Molte fiate son stato per onore
E per la fede mia sopra alla sella;
Or sol per acquistar la bella dama
Faccio battaglia, ed altro non ho brama[25]. –

49

Quando Agricane ha nel parlare accolto[26]
Che questo è Orlando, ed Angelica amava,
Fuor di misura se turbò nel volto,
Ma per la notte non lo dimostrava;
Piangeva sospirando come un stolto,
L'anima, il petto e il spirto li avampava;
E tanta zelosia gli batte il core,
Che non è vivo, e di doglia non muore.

50

Poi disse a Orlando: – Tu debbi pensare
Che, come il giorno serà dimostrato,

[20] *Almonte... Troiano*: due re africani, di cui il secondo era padre di Agramante. Orlando li uccise ad Aspromonte.

[21] *loco strano*: Albracà.

[22] *De... Galafrone*: Angelica.

[23] *nel girone*: entro le mura.

[24] *sua castella*: (forma latina di neutro plurale) suoi castelli.

[25] *ed altro... brama*: non desidero altro.

[26] *nel parlare accolto*: ha colto dalle parole d'Orlando.

Debbiamo insieme la battaglia fare,
E l'uno o l'altro rimarrà sul prato.
Or de una cosa te voglio pregare,
Che, prima che veniamo a cotal piato[27],
Quella donzella che il tuo cor disia,
Tu la abandoni, e lascila per mia.

51

Io non puotria patire[28], essendo vivo,
Che altri con meco amasse il viso adorno;
O l'uno o l'altro al tutto serà privo
Del spirto e della dama al novo giorno.
Altri mai non saprà, che questo rivo
E questo bosco che è quivi d'intorno,
Che l'abbi riffiutata in cotal loco
E in cotal tempo, che serà sì poco. –

52

Diceva Orlando al re: – Le mie promesse
Tutte ho servate, quante mai ne fei;
Ma se quel che or me chiedi io promettesse,
E se io il giurassi, io non lo attenderei[29];
Così[30] potria spiccar mie membra istesse,
E levarmi di fronte gli occhi miei,
E viver senza spirto e senza core,
Come lasciar de Angelica lo amore. –

53

Il re Agrican, che ardea oltra misura,
Non puote tal risposta comportare[31];
Benché sia al mezo della notte scura,
Prese Baiardo, e su vi ebbe a montare;
Ed orgoglioso, con vista sicura,
Iscrida[32] al conte ed ebbelo a sfidare,

[27] *piato*: (da *placitum*) sentenza, lite, qui duello.

[28] *non puotria patire*: non potrei tollerare.

[29] *non lo attenderei*: non lo manterrei.

[30] *Così* ecc.: tutte cose inverosimili, come inverosimile sarebbe abbandonare l'amore per Angelica.

[31] *comportare*: sopportare.

[32] *Iscrida*: grida.

Dicendo: – Cavallier, la dama gaglia[33]
Lasciar convienti, o far meco battaglia. –

54

Era già il conte in su l'arcion salito,
Perché, come se mosse il re possente,
Temendo dal pagano esser tradito,
Saltò sopra al destrier subitamente;
Unde rispose con animo ardito:
– Lasciar colei non posso per nïente,
E, se io potessi ancora, io non vorria;
Avertila convien per altra via. –

55

Sì come il mar tempesta a gran fortuna[34],
Cominciarno lo assalto i cavallieri;
Nel verde prato, per la notte bruna,
Con sproni urtarno adosso e[35] buon destrieri;
E se scorgiano a lume della luna
Dandosi colpi dispietati e fieri,
Ch'era ciascun di lor forte ed ardito.
Ma più non dico: il canto è qui finito.

ANALISI DEL TESTO

Comune ai due momenti in cui, come abbiamo visto, è possibile dividere lo sviluppo della vicenda narrativa è la condizione lirica creata dalle tenebre:

– dapprima, il *cel stellato* (39,2) è testimone della fraterna e quasi antica pace che regna fra i due cavalieri (40,4) e della meditazione semplice eppure intensa di Orlando sulla bellezza del creato (41)

– poi, il lume della luna fa eco cupamente alla notte bruna, in cui sta per compiersi il tragico destino di Agricane.

Dei due cavalieri il più istintivo, dotato di sentimenti *fuor di misura, oltra misura* (49,3; 53,1), è Agricane, legato a un concetto di nobiltà che la difesa che Orlando fa della cultura (44) lascia chiaramente intravedere come superato e primitivo; egli è presentato, sin dall'inizio, come perdente.

⇒

[33] *gaglia*: gaia, bella (epiteto della tradizione canterina).

[34] *Sì... fortuna*: come il mare è sconvolto dal fortunale (*fortuna*), dalla burrasca.

[35] *e*: i.

In questa situazione di angoscia, vengono a rinnovarsi gli epiteti consueti nei *cantari* (*viso adorno*, 51,2; *dama gaglia*, 53,7) e le figure della tradizione lirica (49,8).

LAVORARE SUL TESTO

1. Chi sono i protagonisti della vicenda?
2. Spiega con parole tue l'espressione *come il libro conta*.
3. Al sopraggiungere della notte, che decisione prendono i due duellanti?
4. Agricane, come dice di aver trascorso la sua fanciullezza?
5. Cosa spinge Agricane ad ardere *oltra misura*?
6. Per quale ragione i due cavalieri riprendono il duello?

[Il giardino di Fallerina]
(II IV 15-25)

*Numerose, nell'*Orlando innamorato*, le descrizioni di castelli, di giardini e di luoghi incantati. Sullo sfondo della cultura tardo-gotica, viva nell'Italia settentrionale, e della civiltà artistica ferrarese della seconda metà del Quattrocento, improntata a una insistenza sul particolare e sul risalto cromatico, il gusto miniaturistico del Boiardo, l'evocazione del fiabesco, l'amore per tutto ciò che è bello e prezioso, vivono in un'atmosfera di suggestione, che rompe la dinamica successione delle avventure e delle imprese.*

Metro: ottava, con versi endecasillabi (ABABABCC).

15

Via caminando come disperato[1]
Verso il giardino[2] andava quel barone;
Un ramo d'uno alto olmo avea sfrondato,
E seco nel portava per bastone.
Il sole aponto alora era levato,
Quando lui giunse al passo del dragone[3];

[1] *disperato*: una donna, Origilla, aveva rubato ad Orlando il destriero Brigliadoro e la spada Durindana.

[2] *giardino*: il giardino incantato della maga Fallerina, nel paese di Orcagna, al quale Angelica invia Orlando per stornarlo dal duello con Ranaldo, di cui è innamorata.

[3] *passo del dragone*: punto in cui si trova il drago. Orlando, prima di giungere, aveva incontrato una donzella che gli aveva regalato un libro in cui erano svelati i tranelli del giardino.

Fermossi alquanto il cavallier sicuro,
Guardando intorno del giardino al muro.

16

Quello era un sasso de una pietra viva,
Che tutta integra[4] atorno l'agirava;
Da mille braccie verso il ciel saliva,
E trenta miglia quel cerchio voltava.
Ecco una porta a levante s'apriva:
Il drago smisurato zuffellava[5],
Battendo l'ale e menando la coda;
Altro che lui non par che al mondo s'oda.

17

Fuor della porta non esce nïente[6],
Ma stavi sopra come guardïano;
Il conte se avicina arditamente
Col scudo in braccio e col bastone in mano.
La bocca tutta aperse il gran serpente;
Per ingiottire quel baron soprano;
Lui, che di tal battaglia era ben uso[7],
Mena il bastone e colse a mezo 'l muso.

18

Per questo fu il serpente più commosso[8],
E verso Orlando furïoso viene;
Lui con quel ramo de olmo verde e grosso
Menando gran percosse gli dà pene.
Al fin con molto ardir gli salta adosso,
E cavalcando tra le coscie il tiene;
Ferendo ad ambe mano, a gran tempesta
Colpi radoppia a colpi in su la testa.

19

Rotto avea fosso, e il suo cervello appare,
Quella bestia diversa[9], e cadde morta.

[4] *integra*: intera.
[5] *zuffellava*: emetteva come un suono.
[6] *nïente*: affatto.
[7] *uso*: esperto (grazie al libro).
[8] *commosso*: scosso.
[9] *diversa*: fuori dell'ordinario.

Il sasso, che era aperto a questo intrare,
S'accolse insieme, e chiuse questa porta.
Or non sa il conte ciò che debba fare,
E nella mente alquanto se sconforta;
Guardasi intorno e non sa dove gire,
Ché chiuso è dentro e non potrebbe uscire.

20

Era alla sua man destra una fontana,
Spargendo intorno a sé molta acqua viva;
Una figura di pietra soprana,
A cui del petto fuor quella acqua usciva,
Scritto avea in fronte: 'Per questa fiumana
Al bel palagio del giardin se ariva'.
Per infrescarse se ne andava il conte
Le man e 'l viso a quella chiara fonte.

21

Avea da ciascun lato uno arboscello
Quel fonte che era in mezo alla verdura,
E facea da se stesso un fiumicello
De una acqua troppo cristallina e pura;
Tra' fiori andava il fiume, e proprio è quello
Di cui contava aponto la scrittura,
Che la imagine al capo avea d'intorno[10];
Tutta la lesse il cavalliero adorno[11].

22

Onde si mosse a gire a quel palaggio,
Per pigliare in quel loco altro partito;
E caminando sopra del rivaggio[12]
Mirava il bel paese sbigotito[13].
Egli era aponto del mese di maggio,
Sì che per tutto intorno era fiorito,

[10] *la scrittura... intorno*: la scritta che la figura in pietra (*la imagine*) recava sulla fronte.

[11] *adorno*: epiteto canterino.

[12] *rivaggio*: (francesismo) riva.

[13] *sbigotito*: stupito dalla sua bellezza.

E rendeva quel loco un tanto odore,
Che sol di questo se allegrava il core.

23

Dolce pianure e lieti monticelli
Con bei boschetti de pini e d'abeti,
E sopr'a verdi rami erano occelli,
Cantando in voce viva e versi queti.
Conigli e caprioli e cervi isnelli[14],
Piacevoli a guardare e mansueti,
Lepore[15] e daini correndo d'intorno,
Pieno avean[16] tutto quel giardino adorno.

24

Orlando pur va drieto alla rivera[17],
Ed avendo gran pezzo caminato,
A piè d'un monticello alla costera
Vide un palagio a marmori intagliato;
Ma non puotea veder ben quel che gli era,
Perché de arbori intorno è circondato.
Ma poi, quando li fu gionto dapresso,
Per meraviglia uscì for di se stesso.

25

Perché non era marmoro il lavoro
Ch'egli avea visto tra quella verdura,
Ma smalti coloriti in lame d'oro
Che coprian del palagio l'alte mura.
Quivi è una porta di tanto tesoro,
Quanto non vede al mondo creatura,
Alta da diece e larga cinque passi,
Coperta de smiraldi e de balassi[18].

[14] *E... isnelli*: cfr. Boccaccio, *Teseida* VII 51-52 (*vide conigli in qua e 'n là andare, / e timidetti cervi e cavriuoli*).

[15] *Lepore*: lepri.

[16] *Pieno avean*: riempivano.

[17] *rivera*: fiume.

[18] *balassi*: (arabo) minerali di colore violaceo, gemme.

ANALISI DEL TESTO

La gioiosa (e magica) sospensione della guerra è quanto si registra nelle ottave dell'episodio pubblicato, in cui l'affannoso racconto delle gesta di Orlando per vincere i tranelli del giardino incantato e superare la prova impostagli da Angelica si placa nella mirabile descrizione del giardino (cfr. le ottave 21-25). Di fronte alla perfezione del luogo – addirittura l'acqua è *troppo cristallina e pura* (21,4) – Orlando è *sbigotito* (22,4).

Nelle ottave 21 e 23 le rime in *-ello* e quelle finali in *-orno*, ripetute in identiche parole (*intorno*; *adorno*, 7-8), si richiamano in un gioco interrotto solo dalla meravigliosa atmosfera primaverile cara al Boiardo lirico (22,4-8), rimbalzando dalla descrizione della fontana a quella dell'intero scenario naturale.

I vari elementi della natura sono minutamente enumerati, con un'aggettivazione che, nella sua genericità (*dolce*, *lieti*, *verdi*, *isnelli*), vuol comunque fissarli figurativamente.

Infine, la sospensione magica (24,8) si colora nell'ottava 25 delle iridescenze degli smalti coloriti, degli *smiraldi* e dei *balassi*, che adornano lo straordinario palazzo.

LAVORARE SUL TESTO

1. Chi sarebbe il *conte*, protagonista di questa vicenda?
2. Sottolinea, nel testo, gli elementi descrittivi.
3. In quale periodo dell'anno è collocata la vicenda?

Modulo autore

Studiare la letteratura per moduli autore

Premessa

Studiare un **autore** significa **incontrarlo** e **conoscerlo** attraverso la *lettura diretta* delle sue opere (o di una scelta significativa di esse), ma anche attraverso lo studio della sua **biografia**. La produzione artistica di un autore e le vicende della sua vita ci rivelano, infatti, quello che spesso viene chiamato *il mondo dell'autore*.

Elementi costitutivi

Opere letterarie e biografia, talvolta, sono strettamente intrecciate tra loro. Per alcuni autori, infatti, non è possibile studiare le opere e comprenderle senza averne prima messo a fuoco la biografia, la vicenda umana, lo sviluppo spesso complesso e tormentato della personalità umana. In altri casi, invece, lo studio dell'opera di un autore può anche prescindere dalla conoscenza della sua biografia.

In un caso o nell'altro, comunque, *opera letteraria* e *biografia* di un autore vanno sempre messe in rapporto con il *tempo* e con il *luogo* in cui quell'autore ha vissuto, per coglierne, in sintonia o in contrasto, influenze, condizionamenti e stimoli.

La rete testuale

La produzione letteraria di un autore nasce in rapporto con il proprio tempo e con la propria realtà territoriale. Certo, un autore, scrittore o poeta che sia, coglie nel suo *tempo* e nella sua *realtà* idee, sensazioni, emozioni ed eventi, che, poi, rielabora e trasforma in modo personale e creativo. In questo senso, quindi, si parla di *tendenze culturali* e di *esperienze letterarie* entro le quali una certa opera (o un'intera produzione artistica), di norma, si muove, talvolta anche per contrasto.

La tradizione

È importante chiarire pure il rapporto che un autore ha con la ***tradizione***. Un'opera letteraria, infatti, *dialoga* anche con il passato, con tutte le altre opere con le quali presenta affinità e punti di contatto. Il dialogo con la tradizione può avvenire:

- attraverso la condivisione del *genere letterario*, accettandone regole e norme codificate lungo i secoli
- attraverso la condivisione di *nuclei tematici*
- grazie all'adozione di uno *stile*
- attraverso la riproposizione degli stessi personaggi, sia pure in contesti differenti ed in situazioni nuove.

Del rapporto con la *tradizione* tiene anche conto la ***poetica*** di un autore, cioè l'insieme delle sue scelte linguistiche, stilistiche, artistiche.

Il classico

Per studiare un autore e comprenderne appieno l'opera, occorre tenere in debito conto il *giudizio dei lettori*. Alludiamo alla così detta *fortuna* di un autore (sia presso i lettori del *suo* tempo, sia, inoltre, presso quelli del *nostro* tempo). Un autore non parla soltanto ai lettori del proprio tempo, ma anche, ed è il caso dei grandi autori, dei **classici**, ai lettori del *futuro*, allorquando egli riesce a cogliere ed a trasmettere sentimenti e valori universali. In tal modo, un autore entra nella tradizione letteraria e culturale, innovandola e perpetuandola.

Classico è, allora, quel certo **modello** in grado di superare i limiti spazio-temporali della propria contemporaneità, per esser parte della così detta ***memoria letteraria*** di una comunità di lettori, che tende ad estendersi progressivamente e ad universalizzarsi.

Un classico (*autore* o *opera* che sia) vive in una specie di ***non-luogo senza tempo***.

Sono state tentate e proposte diverse definizioni di *classico*. Lo scrittore italiano **Italo Calvino** (1923-1985), oggi considerato, a sua volta, un classico, ne ha raccolte e discusse alcune, che qui, in sintesi, riproponiamo:

1. I classici sono quei libri di cui si sente dire di solito «Sto rileggendo...» e mai «Sto leggendo...»;
2. Si dicono classici quei libri che costituiscono una ricchezza per chi li ha letti e amati; ma costituiscono una ricchezza non minore per chi si riserba la fortuna di leggerli per la prima volta nelle condizioni migliori per gustarli;
3. I classici sono libri che esercitano un'influenza particolare sia quando s'impongono come indimenticabili, sia quando si nascondono nelle pieghe della memoria mimetizzandosi da inconscio collettivo o individuale;
4. D'un classico ogni rilettura è una lettura di scoperta come la prima;
5. D'un classico ogni prima lettura è in realtà una rilettura;
6. Un classico è un libro che non ha mai finito di dire quel che ha da dire;
7. I classici sono quei libri che ci arrivano portando su di sé la traccia delle letture che hanno preceduto la nostra e dietro di sé la traccia che hanno lasciato nella cultura o nelle culture che hanno attraversato (o più semplicemente nel linguaggio o nel costume);
8. Un classico è un'opera che provoca incessantemente un pulviscolo di discorsi critici su di sé, ma continuamente se li scrolla di dosso;
9. I classici sono libri che quanto più si crede di conoscerli per sentito dire, tanto più quando si leggono davvero si trovano nuovi, inaspettati, inediti;
10. Chiamasi classico un libro che si configura come equivalente dell'universo, al pari degli antichi talismani;
11. Il «tuo» classico è quello che non può esserti indifferente e che ti serve per definire te stesso in rapporto e magari in contrasto con lui;
12. Un classico è un libro che viene prima degli altri classici; ma chi ha letto prima gli altri e poi legge quello, riconosce subito il suo posto nella genealogia;
13. È classico ciò che tende a relegare l'attualità al rango di rumore di fondo, ma nello stesso tempo di questo rumore di fondo non può fare a meno;
14. È classico ciò che persiste come rumore di fondo anche là dove l'attualità più incompatibile fa da padrona.

[da I. Calvino, *Perché leggere i classici*, Milano 1992, pp. 11-19]

Conoscenze

In questa nostra proposta editoriale, lo studio della letteratura attraverso la prospettiva del percorso modulare *autore* è organizzato intorno ai seguenti percorsi:

1. Dante Alighieri
2. Francesco Petrarca
3. Iacopo Sannazaro.

Competenze

Tra le finalità formative che questa tipologia modulare si prefigge di far acquisire, si insiste particolarmente sui seguenti obiettivi specifici di insegnamento/apprendimento:

– comprendere il rapporto fra l'**esperienza personale** e **storica** e la **genesi** dell'**opera**

– considerare le **trasformazioni** che avvengono nella **produzione** di un autore

– prendere in esame il **rapporto** fra le **opere** e la **'poetica'**.

Capacità

Vengono ribadite, anche per questa tipologia modulare, le *finalità generali* proprie dello studio della letteratura:

– educazione alla **comprensione del testo**, letterario e no

– sviluppo del **gusto per la lettura** autonoma

– acquisizione degli strumenti per una corretta **comunicazione**, tanto orale, quanto scritta.

1. Dante Alighieri*

dalla *Vita Nuova*

[L'apparizione di Beatrice e i suoi effetti]
(I-II)

Nella trattatistica d'amore del tardo Medioevo, di cui un'opera esemplare era il De amore *di Andrea Cappellano, un posto rilevante era assegnato agli effetti della vista dell'amata: nella spiegazione di tali effetti venivano impegnate le conoscenze scientifiche riguardanti la struttura dell'uomo e il meccanismo vitale.*

I

In quella parte del libro de la mia memoria[1] dinanzi a la quale poco si potrebbe leggere, si trova una rubrica la quale dice: *Incipit vita nova*. Sotto la quale rubrica io trovo scritte le parole[2] le quali è mio in-

* Tutti i testi qui inseriti, salvo diverse indicazioni, sono tratti da *Opere* di Dante, a cura di F. Chiappelli, Milano 1965.

[1] *libro de la mia memoria*: la memoria è rappresentata mediante la metafora del libro, poiché essa conserva, come lo scritto, gli avvenimenti passati. Il poeta immagina che questo metaforico libro contenga anche, come i manoscritti dell'epoca, dei titoli in rosso, delle «rubriche», come si chiamavano, ma lì (*in quella parte*), dove il libro comincia a riportare cose più degne di nota e impresse in modo più chiaro, una rubrica segnali al lettore l'inizio del racconto. Col verbo *incipit* («comincia») si introduceva generalmente il titolo dell'opera.

[2] *le parole* ecc.: Dante vuol riferirsi probabilmente ai componimenti poetici (*parole*, ossia rime) che egli intende trascrivere (*assemplare*, copiare) dal metaforico libro, componendo il *libello* della *Vita Nuova*. Ancora una volta, il poeta ricorre con una metafora alle consuetudini dell'epoca e immagina di essere un amanuense, che copia da un esemplare

LA «VITA NOVA»

La *Vita nova*, come Dante intitolò il **libretto autobiografico** composto probabilmente fra il 1292 ed il 1293, è concepito come un **libro di memorie**, in cui gli avvenimenti di rilievo sono documentati da altrettanti componimenti poetici (*sonetti*, *canzoni*), scritti per quelle occasioni ed ora spiegati in prosa nella loro circostanza, in modo che ne risulti una vera e propria cronaca, un'**alternanza** cioè **di versi e di prose**.

Il filo conduttore è l'amore del poeta per Beatrice, vista all'età di nove anni e rivista all'età di diciotto, quando un profondo **turbamento** dà inizio alla sua vita nuova, tutta dedicata a questo pensiero. Lo sviluppo del racconto per un verso si arricchisce di aspetti romanzeschi e drammatici, per l'altro risulta essere la storia di una progressiva interiorizzazione dell'amore, ossia la storia di come il poeta si trasformi profondamente avvertendo il suo sentimento sempre meno legato alla figura fisica della donna, e sempre più alla sua ideale realtà.

La storia insomma è **storia interiore del poeta**, in cui le vicende esterne segnano un perfezionamento della sua anima e insieme della sua poesia, attraverso sofferenze, conquiste e difficili prove, ma è anche storia di Beatrice, dalla sua giovane età alla sua prematura morte e all'ascesa in cielo immaginata dal poeta. Sicché il libro della memoria si presenta insieme come un'**autobiografia ideale** e come un **racconto agiografico**, ossia il racconto della vita di una santa, Beatrice, che ha segnato la vita del poeta, o meglio la vita di ogni uomo, dell'uomo redento, toccato dalla grazia, simboleggiato dal poeta [cfr. L, pp. 37-60].

tendimento d'assemplare in questo libello; e se non tutte, almeno la loro sentenzia[3].

II

Nove fiate[1] già appresso lo mio nascimento era tornato lo cielo de la luce quasi a uno medesimo punto, quanto a la sua propria girazione, quando a li miei occhi apparve prima[2] la gloriosa donna[3] de la mia mente, la quale fu chiamata da molti Beatrice li quali non sapeano[4] che si chia-

(il·libro della memoria), ma nel trascrivere in parte spiega e chiarisce, in parte elimina e sunteggia.

[3] *almeno la loro sentenzia*: lì dove il poeta tralascerà qualcosa, qualche «parola», qualche componimento, ne esporrà il contenuto o il senso.

[1] *Nove fiate* ecc.: nove volte il ciclo del sole; il sole, quindi, aveva compiuto il suo giro annuale, tornando allo stesso punto, seguendo la sua propria orbita (*girazione*); erano passati nove anni dal 1265, anno della nascita del poeta, era il 1274.

[2] *prima*: per la prima volta.

[3] *donna*: nel senso latino di *domina*, colei che signoreggia l'anima.

[4] *li quali non sapeano* ecc.: ambigua espressione, che può significare sia che non si sapeva come altrimenti chiamare una donna come quella, per cui il nome di Beatrice assume il valore di una denominazione simbolica (un *segñal* secondo l'uso provenzale), sia che, chiamandola Beatrice, come essa effettivamente si chiamava, non si era forse coscienti di che cosa contenesse quel nome e chi fosse colei che degnamente lo portava.

mare. El era in questa vita già stata tanto, che ne lo suo tempo[5] lo cielo stellato[6] era mosso verso la parte d'oriente de le dodici parti l'una d'un grado, sì che quasi dal principio del suo anno nono apparve a me, ed io la vidi quasi da la fine del mio nono. Apparve vestita di nobilissimo colore, umile e onesto, sanguigno[7], cinta e ornata a la guisa che a la sua giovanissima etade si convenia. In quello punto dico veracemente[8] che lo spirito de la vita[9], lo quale dimora ne la secretissima camera de lo cuore, cominciò a tremar sì fortemente, che apparia[10] ne li menimi polsi orribilmente; e tremando disse queste parole: *Ecce deus*[11] *fortior me, qui veniens dominabitur michi.* In quello punto lo spirito animale[12], lo quale dimora ne l'alta camera ne la quale tutti li spiriti sensitivi portano le loro percezioni, si cominciò a maravigliare molto, e parlando spezialmente a li spiriti del viso[13], sì disse queste parole: *Apparuit*[14] *iam beatitudo vestra.*

In quello punto lo spirito naturale[15], lo quale dimora in quella parte ove si ministra lo nutrimento nostro, cominciò a piangere, e piangendo disse queste parole: *Heu miser, quia frequenter impeditus ero deinceps!* D'allora

[5] *ne lo suo tempo*: nel tempo che ella aveva vissuto.

[6] *lo cielo stellato*: l'ottavo cielo, quello delle stelle fisse, che si muove verso oriente, spostandosi di un grado ogni cento anni. Dante ci informa che l'età di Beatrice, al momento in cui egli la vide, era pari alla dodicesima parte di un grado (*de le dodici parti l'una d'un grado*), ossia otto anni e quattro mesi; ella era quindi al principio del suo nono anno.

[7] *sanguigno*: il colore rosso porpora, che richiama forse il rossore della verecondia, adatta alla giovinetta; *nobilissimo colore*, perché adatto a rivestire le alte dignità; *umile e onesto* si riferisce alla mancanza di vistosità nella gradazione del colore, che ci riporta ancora al valore morale dell'abbigliamento e quindi della persona che lo indossa.

[8] *dico veracemente*: il poeta si accinge a descrivere un evento quasi miracoloso, comprendente una visione, perciò tiene ad assicurare il lettore della veridicità di quanto sta per dire.

[9] *lo spirito de la vita*: la facoltà che presiede alla vita, alle funzioni vegetative dell'uomo, collocata nella parte più intima del cuore.

[10] *che apparia* ecc.: il tremito del cuore si comunica alla circolazione del sangue e si manifesta fin nelle più deboli pulsazioni delle arterie, in modo da far inorridire (*orribilmente*).

[11] *Ecce deus* ecc.: «Ecco un dio più forte di me (è Amore) che venendo dominerà su di me».

[12] *lo spirito animale*: la facoltà sensitiva, collocata nel cervello (*alta camera*) dove convergono i nervi, tramite delle percezioni.

[13] *spiriti del viso*: le facoltà visive.

[14] *Apparuit* ecc.: «è apparsa ormai la vostra beatitudine, quella che vi renderà beati». Il turbamento avvertito dal cuore si trasforma in attesa di beatitudine, una volta che entrano in funzione la sensibilità e la vista.

[15] *lo spirito naturale*: secondo la scienza aristotelica, costituiva la parte del sangue elaborata dal fegato e operante nella digestione. La facoltà sensitiva entra in crisi all'apparizione della donna, e piange, ossia soffre e sente di essere impedita nella sua operazione: «Oh misero, ché d'ora in poi sarò spesso impedito».

innanzi dico che Amore segnoreggiò la mia anima, la quale fu sì tosto a lui disponsata[16], e cominciò a prendere sopra me tanta sicurtade e tanta signoria per la vertù che li dava la mia imaginazione, che me convenia fare tutti li suoi piaceri compiutamente. Elli mi comandava molte volte che io cercasse per vedere questa angiola[17] giovanissima; onde io ne la mia puerizia molte volte l'andai cercando, e vedeala di sì nobili e laudabili portamenti[18], che certo di lei si potea dire quella parola[19] del poeta Omero: «Ella non parea figliuola d'uomo mortale, ma di deo». E avvegna che[20] la sua imagine, la quale continuatamente meco stava, fosse baldanza[21] d'Amore a segnoreggiare me, tuttavia era[22] di sì nobilissima vertù, che nulla volta sofferse che Amore mi reggesse sanza lo fedele consiglio de la ragione in quelle cose là ove cotale consiglio fosse utile a udire. E però che soprastare[23] a le passioni e atti, di tanta gioventudine pare alcuno parlare fabuloso, mi partirò da esse; e trapassando molte cose le quali si potrebbero trarre de l'essemplo onde nascono queste, verrò a quelle parole le quali sono scritte ne la mia memoria sotto maggiori paragrafi.

[16] *sì tosto... disponsata*: subito sottomessa; divenne sua fedele, nel senso feudale del termine. E infatti Amore cominciò ad avere tanta sicurezza (*sicurtade*) nel dominare il poeta, che questi era costretto (*me convenia*) ad adempiere a tutte le volontà del suo signore. Ma tanta forza (*la vertù*) ad Amore la dava proprio lui, il poeta, con la sua immaginazione, che non cessava mai di rivolgersi alla persona amata.

[17] *angiola*: il femminile di «angelo» è invenzione proprio dantesca; su questo fondamento anche l'arte figurativa rappresenterà talora gli angeli in fattezze e vesti femminili.

[18] *portamenti*: modi, atti.

[19] *quella parola* ecc.: l'espressione omerica citata da Dante appartiene all'*Iliade* (XXIV 259), ma è tratta presumibilmente dalla citazione fattane da Aristotele nell'*Etica* (VII 1), quando parla di chi è fornito della virtù della temperanza, la virtù contraria alla bestialità. La creatura umana è divina quanto più si allontana dalla bestialità, e le virtù che la sollevano sono appunto la temperanza, l'umiltà e l'onestà di cui il poeta ha visto adorna Beatrice.

[20] *avvegna che*: sebbene.

[21] *fosse baldanza* ecc.: costituisse motivo di baldanza, di ardire da parte di Amore, reso sicuro della sua signoria sul poeta; riprende quanto ha già detto precedentemente.

[22] *tuttavia era* ecc.: era talmente virtuosa, da non permettere mai che Amore guidasse (*reggesse*) il poeta contro i princìpi della ragione, della rettitudine. Dante precisa la differenza fra amore-passione, che equivale a follia, e amore guidato dal principio della virtù, ispiratore esso stesso di virtù.

[23] *E però che soprastare*: poiché indugiare sui sentimenti e le azioni di un'età così giovanile (quella dell'adolescenza, dai nove ai diciotto anni) sembra un parlare di cose favolose, non mi tratterrò più a lungo; tralasciando molte cose che si potrebbero trarre dalla mente, che è l'*essemplo*, il modello (continua la metafora del libro) dal quale sono tratte quelle che sto esponendo, vengo subito a riferire di quelle *parole* segnate nella memoria con un maggior rilievo. *Paragrafi* sono i segni che indicano i paragrafi, le parti della trattazione.

ANALISI DEL TESTO

L'antico modello ovidiano dell'*ars amatoria* era passato attraverso gli approfondimenti della psicologia aristotelica ed erano divenuti fondamentali il riferimento alle funzioni dell'anima, quella vegetativa, quella sensitiva, quella intellettiva, e la distinzione fra la fase passionale dell'amore e la fase di sublimazione spirituale.

Nella lirica, questo complesso di elementi scientifici e letterari era largamente utilizzato, ma Dante, nel raccontare l'inizio della sua vera vita, la vita che porta il segno dell'apparizione di Beatrice, si rifà con particolare attenzione alla teoria scientifica dell'innamoramento, per poi svolgere via via il tema del rapimento mistico. L'apparizione di Beatrice e il successivo incontro avvenuto dopo circa nove anni vengono collegati dal poeta al ciclo celeste del sole, quasi a dare il segno della provvidenzialità dell'evento. Posta in questi termini, la vista di Beatrice si avvia già nei primi capitoli ad assumere quel significato di beatitudine sganciata dagli effetti materiali del turbamento d'amore, verso cui tende tutta la storia.

Il modello di questi primi capitoli della *Vita Nuova* sarà tenuto presente a lungo nella letteratura che affronterà il tema psicologico dell'evento amoroso.

LAVORARE SUL TESTO

1. A detta di Dante, dove si troverebbe scritta la rubrica *Incipit vita nova*?
2. Attraverso quale metafora Dante fa riferimento, qui, alla memoria?
3. Cos'è propriamente una *rubrica*?
4. Quale operazione si appresta a compiere Dante?
5. Quali indicazioni cronologiche fornisce Dante al lettore?
6. Tali indicazioni, a tuo giudizio, hanno soltanto un senso informativo?
7. Spiega, con parole tue, la seguente espressione: *Amore segnoreggiò la mia anima*.
8. A detta del poeta, che valore (significato) assumerebbe il nome *Beatrice*?
9. Cosa indica il colore rosso porpora? e per quale ragione tale colore si addice a Beatrice?

[La donna pietosa e il ritorno a Beatrice]
(XXXVI XLI)

L'episodio della donna pietosa, che conforta il poeta addolorato, per la morte di Beatrice, col suo sguardo, costituisce l'altro momento drammatico della storia della Vita Nuova, *anzi questo episodio si configura in maniera perfino romanzesca, quando si pensi ad alcuni riferimenti quasi realistici, come la finestra dalla quale ella appare o l'infiammazione degli occhi del poeta provocata dal pianto.*

METRO: sonetto endecasillabo (ABBA nelle quartine; CDE DCE nelle terzine).

XXXVI

Avvenne poi che là ovunque questa donna mi vedea, sì si facea d'una vista[1] pietosa e d'un colore palido, quasi come d'amore; onde molte fiate mi ricordava de la mia nobilissima donna[2], che di simile colore si mostrava tuttavia[3]. E certo molte volte non potendo lagrimare, né disfogare la mia tristizia, io andava per vedere questa pietosa donna, la quale parea che tirasse[4] le lagrime fuori de li miei occhi per la sua vista. E però mi venne volontade di dire anche parole, parlando a lei, e dissi questo sonetto, lo quale comincia: *Color d'amore*; ed è piano sanza dividerlo[5], per la sua precedente ragione[6].

Color d'amore e di pietà sembianti
non preser mai così mirabilmente
viso di donna, per veder sovente
occhi gentili o dolorosi pianti,

come lo vostro[7], qualora[8] davanti
vedetevi la mia labbia dolente;
sì che per voi mi ven cosa a la mente,
ch'io temo forte non lo cor[9] si schianti.

Eo non posso tener li occhi distrutti
che non reguardin voi spesse fiate[10],
per desiderio di pianger ch'elli hanno:

[1] *d'una vista*: di un atteggiamento.

[2] *de la mia nobilissima donna*: Beatrice, di cui va piangendo la morte.

[3] *tuttavia*: sempre.

[4] *tirasse* ecc.: sollecitasse le lacrime col suo sguardo pietoso.

[5] *piano sanza dividerlo*: chiaro ad intendersi, senza bisogno di spiegazione.

[6] *per la sua precedente ragione*: per il motivo che è stato esposto e che lo rende perspicuo.

[7] *Color d'amore... come lo vostro*: Dante intende dire che l'espressione di amore e di pietà dipinta (*color d'amore*) o impressa nei tratti (*di pietà sembianti*) sul viso della nuova donna superava per intensità quella che mai abbia preso il volto di una donna a forza di vedere (*per veder sovente*) occhi pieni d'amore (*gentili*) o pianti di dolore. La quartina è sapientemente e armonicamente costruita con un chiasmo nel primo verso (i due soggetti ai margini e al centro i due complementi di specificazione) ed uno nel quarto (due sostantivi ai margini e due aggettivi al centro), con secondo e terzo verso che si collegano sintatticamente, senza alcuna pausa, col verso successivo (*enjambement*).

[8] *qualora* ecc.: quando avete avanti a voi il mio volto addolorato.

[9] *non lo cor*: «che il cuore non».

[10] *Eo non posso tener... fiate*: per quanto i miei occhi siano consunti dal pianto, io non posso fare a meno di riguardarvi spesso (molte *fiate*).

e voi crescete[11] sì lor volontate[12],
che de la voglia si consuman tutti;
ma lagrimar dinanzi a voi non sanno.

XLI

Poi mandaro due donne gentili a me pregando che io mandasse loro di queste mie parole rimate; onde io, pensando la loro nobilitade, propuosi di mandare loro e di fare una cosa nuova, la quale io mandasse a loro con esse, acciò che più onorevolemente adempiesse li loro prieghi. E dissi allora uno sonetto, lo quale narra del mio stato, e manda'lo a loro co lo precedente sonetto accompagnato; e con un altro che comincia: *Venite a intender*.

Lo sonetto lo quale io feci allora, comincia: *Oltre la spera*; lo quale ha in sé cinque parti. Ne la prima dico ove va lo mio pensero, nominandolo per lo nome d'alcuno suo effetto. Ne la seconda dico perché va là suso, cioè chi lo fa così andare. Ne la terza dico quello che vide, cioè una donna onorata là suso; e chiamolo allora 'spirito peregrino', acciò che spiritualmente va là suso, e sì come peregrino lo quale è fuori de la sua patria, vi stae. Ne la quarta dico come elli la vede tale, cioè in tale qualitade, che io no lo posso intendere, cioè a dire che lo mio pensero sale ne la qualitade di costei in grado che lo mio intelletto no lo puote comprendere; con ciò sia cosa che lo nostro intelletto s'abbia a quelle benedette anime sì come l'occhio debole a lo sole: e ciò dice lo Filosofo nel secondo de la Metafisica. Ne la quinta dico che, avvegna che io non possa intendere là ove lo pensero mi trae, cioè a la sua mirabile qualitade, almeno intendo questo, cioè che tutto è lo cotale pensare de la mia donna, però ch'io sento lo suo nome spesso nel mio pensero: e nel fine di questa quinta parte dico 'donne mie care', a dare ad intendere che sono donne coloro a cui io parlo. La seconda parte comincia quivi: *intelligenza nova*; la terza quivi: *Quand'elli è giunto*; la quarta quivi: *Vedela tal*; la quinta quivi: *So io che parla*. Potrebbesi più sottilmente ancora dividere, e più sottilmente fare

[11] *crescete*: accrescete.

[12] *volontate*: la voglia di piangere. Ma – dirà il poeta – gli occhi piuttosto si struggono per la voglia di piangere e non sono capaci di piangere. Dunque, la situazione diventa paradossale, perché lo sguardo della donna è affettuoso e più pietoso di quel che suol essere lo sguardo di una donna di fronte al pianto; il poeta si sente sollecitato al pianto di fronte a tanta pietà, ma non riesce a piangere, forse perché incantato dalla bellezza di quello sguardo. È il momento in cui la sofferenza del poeta per la morte di Beatrice si sta tramutando in una nuova passione.

intendere; ma puotesi passare con questa divisa, e però non m'intrametto di più dividerlo.

Oltre la spera che più larga gira[1]
passa 'l sospiro[2] ch'esce del mio core:
intelligenza nova[3], che l'Amore
piangendo mette in lui, pur su lo tira.

Quand'elli è giunto là dove disira,
vede una donna[4], che riceve onore;
e luce sì, che per lo suo splendore
lo peregrino spirito la mira.

Vedela tal[5], che quando 'l mi ridice,
io no lo intendo, sì parla sottile
al cor dolente, che lo fa parlare.

So io[6] che parla di quella gentile,
però che spesso ricorda Beatrice,
sì ch'io lo 'ntendo ben, donne mie care.

[1] *la spera che più larga gira*: il cielo nono, quello che ha la più larga circonferenza, oltre il quale è l'empireo, sede propria di Dio, dove sono accolti i beati. Fra loro si trova, ora ch'è morta, Beatrice.

[2] *'l sospiro*: rappresenta il «desiderio» del poeta, che nasce dal cuore; mosso dalla commozione per la perdita di Beatrice, esso si eleva al cielo seguendone l'ascesa. Ed è come se la sua anima, il suo spirito, si sollevasse al cielo nel pensiero di lei.

[3] *intelligenza nova*: c'è una forza che lo tira fin lassù (*pur* = in continuazione, sempre, finché non giunge al termine del suo desiderio), e la forza è data da una virtù intellettiva straordinaria (*nova*), infusagli da Amore mediante la sofferenza del pianto, che diventa dunque stimolo del pensiero a sollevarsi alle sublimi altezze.

[4] *vede una donna*: Beatrice, che riceve l'onore dovuto ai beati, e di fronte alla quale lo spirito del poeta, che giunge lassù come pellegrino, come straniero, rimane ammirato.

[5] *Vedela tal* ecc.: lo spirito, il pensiero salito lassù vede la donna in uno stato tale di splendore paradisiaco, che quando cerca di raccontarlo il poeta non intende, perché le parole con le quali risponde al cuore addolorato che chiede di lei (*che lo fa parlare*) sono difficili, sottili. È insomma difficilmente traducibile in linguaggio umano la visione che lo spirito riceve sollevandosi al di là delle sfere celesti.

[6] *So io* ecc.: se il poeta non comprende perfettamente il senso profondo di quelle parole che superano le facoltà umane, sa bene però che si riferiscono a Beatrice, perché ricorre spesso il suo nome fra quelle oscure parole.

ANALISI DEL TESTO

Anche in questo caso si può pensare a dati biografici reali, quali l'abbattimento del poeta dopo la morte di Beatrice e un suo sviarsi dal pensiero di lei alla ricerca di un qualche conforto. L'episodio, tuttavia, è incluso nella *Vita Nuova* con la precisa intenzione di preparare il ritorno al pensiero di Beatrice secondo lo schema della vita morale, che prevede lo sviamento e il tormento dell'anima come tramite della sua salvezza. La donna gentile, che fa dimenticare al poeta il suo primo pensiero, in effetti provoca in lui una battaglia dalla quale egli non esce soltanto guarito, ma capace di proporsi una meta più alta. Tale è quella promessa di dedicare a Beatrice un canto più impegnativo, con cui si conclude la *Vita Nuova*. L'ultimo sonetto svolge già il tema della ineffabilità del mondo ultraterreno, della inadeguatezza delle facoltà umane, che ha un peso notevole nella progettazione della *Commedia*.

LAVORARE SUL TESTO

1. Quali effetti produce, sull'animo del poeta, la visione della *donna pietosa*?
2. Nel sonetto *Color d'amore*, il poeta, cosa dice di temere?
3. Illustra, con parole tue, la struttura del sonetto.
4. Spiega la seguente espressione: *dissi allora uno sonetto*.
5. Nella prosa, Dante dice che il sonetto *Oltre la spera* è suddivisibile in cinque parti; individua e sottolinea tali parti nel testo.
6. A quale cielo si allude?
7. Chi si trova fra i beati?

dalle *Epistole*

[Agli scelleratissimi Fiorentini]

Scritta nel 1311, l'epistola VI di Dante ha il tono profetico di certe invettive presenti nella Divina Commedia. *Sono gli anni in cui Dante spera in una risoluzione della crisi politica e morale attraverso l'opera di Enrico VII. All'imperatore avrebbe inviato nell'aprile dello stesso anno l'epistola VII, con cui lo sollecitava a procedere speditamente nella sua azione.*

La pietosa provvidenza dell'eterno Re, che mentre con la sua bontà perpetua le cose celesti, non abbandona sprezzante le nostre tanto inferiori, dispose che le cose umane dovessero essere governate dal sacrosanto Impero Romano; perché nella serenità di una così grande autorità il genere umano godesse la pace e in ogni luogo si vivesse civilmente secondo i

LE «EPISTOLE»

Alcune sono di carattere privato, dirette **ad amici** o **a nobili protettori**, altre dirette **a personaggi politici**, altre assumono l'aspetto di lettere aperte, quasi manifesti del proprio pensiero secondo lo schema dell'invettiva politica:

– a Cino da Pistoia, esule anche lui, Dante inviava un sonetto su una questione d'amore, illustrandone il contenuto (III)

– ad un amico fiorentino non identificato rispondeva affettuosamente rifiutando con sdegno la soluzione di compromesso (una forte multa) adottata in Firenze per condonargli la pena (XII)

– ai conti di Romena, a Moroello Malaspina, a Margherita di Battifolle, da cui aveva ricevuto e attendeva considerazione, si rivolgeva in circostanze varie con riverente omaggio (II, IV, VIII)

– al cardinale Nicolò degli Albertini da Prato che nel 1304 tentava per incarico del pontefice una mediazione per il ritorno dei fuorusciti, Dante scriveva a nome della parte bianca con dignitosa fermezza esortandolo a ristabilire la pace politica (I)

– a Enrico VII di Lussemburgo, che era sceso in Italia ma indugiava sul Po dopo la vittoria (1311-1312), scriveva esortandolo a ristabilire la dignità imperiale e a punire Firenze.

Le epistole dirette ai re e ai signori d'Italia e ai fiorentini (V, VI, XI) rappresentano dei messaggi di protesta e di denuncia per le condizioni della sua città e dell'Italia tutta abbandonata dalle autorità che dovrebbero esser preposte alla cura dell'organismo politico. Ai cardinali italiani Dante scriveva nel 1314, dopo la morte di Clemente V, per esortarli ad eleggere un pontefice italiano che liberasse la Chiesa dalla soggezione a Filippo il Bello di Francia. I temi sono dunque quelli che alimentavano nello stesso tempo il più vasto progetto del poema sacro, concepito e portato avanti proprio in séguito alla delusione politica, contro la faziosità fiorentina, il disinteresse dell'autorità politica e religiosa, lo sfaldarsi dell'unità dell'impero.

Ma le *Epistole*, per la loro **elaborata prosa latina**, si collocano sulla scia del genere epistolare quale era stato fissato nelle scuole dei dettatori. **Carattere** propriamente **scolastico** ha la **tredicesima epistola** che spiega **a Cangrande della Scala** il titolo, le finalità, la composizione e i sensi della *Commedia*. Essa obbedisce alla formula dei cosiddetti *accessus*, introduzioni di tipo didattico alle opere, ed ha suscitato un dubbio di autenticità che è difficile sostenere o respingere con prove certe.

dettami della natura. Benché ciò sia provato dalle Sacre Scritture, e sia confermato dall'antichità sulla base della mera ragione, tuttavia è dimostrato vero, e non lievemente, dal fatto che, appena è vacante il trono imperiale tutto il mondo travia, nocchiero e marinai sonnecchiano nella navicella di san Pietro, e l'Italia, misera, sola, abbandonata agli arbìtri privati, e sprovvista di ogni pubblico controllo, è battuta da tale flagello di venti e di flutti che le parole non possono esprimere, ma che i poveri Italiani misurano, a mala pena, col pianto. Tutti coloro, dunque, che per temeraria presunzione si levano contro questa manifestissima volontà di Dio, si facciano pallidi fin d'ora all'imminente giudizio del Giudice severo, se ancora non è caduta dal cielo la spada di Colui che dice «È mia la vendetta».

E voi, che trasgredite tutte le leggi divine ed umane, voi che la feroce voracia[1] della cupidigia ha reso disposti a commettere qualunque delitto, non vi fruga[2] il terrore della seconda morte[3] – da quando, per primi, e da soli, aborrendo il giogo della libertà, osaste muovere contro la maestà del Principe romano, re del mondo e ministro di Dio; e, maneggiando il diritto di prescrizione vi rifiutaste all'omaggîo della dovuta sottomissione e preferiste insorgere nella follia della rivolta? O forse ignorate, scervellati e sediziosi[4], che i diritti pubblici cessano con la sola cessazione del tempo[5], e non sono soggetti a nessuna prescrizione? Le vitali regole delle leggi dichiarano e a ragion veduta l'intelletto umano decreta: che i diritti pubblici sulle cose, per quanto negletti gran tempo, non possono mai estinguersi e quindi essere impugnati come caduti. Infatti, ciò che serve all'utilità di tutti non può esser messo da parte e neppure esser osteggiato senza che ne venga danno a tutti; e ciò vietano Dio e la natura, e da ciò rifuggirebbe con orrore il consenso dei mortali. Che vi prende di tentare, suscitando questa tal vana opinione, d'abbandonare il sacro impero e d'instaurar nuovi reami, come novelli Babilonesi[6], quasi la nazione fiorentina fosse altra da quella di Roma? Perché allora non vi vien voglia di attentare anche all'autorità apostolica, così che come avete sdoppiato in cielo la Luna, si venga a sdoppiare anche il Sole[7]? E se non tremate di ripensare alle vostre temerarie imprese, atterrisca i vostri cuori ostinati l'aver perduto, per castigo della vostra colpa, non solo la saggezza, ma il suo stesso principio, il timore di Dio[8]. Nessuna condizione, fra chi commette il male, è più terribile, che quella di chi agisce a suo libito[9] senza pudore né timore di Dio. L'empio è sovente colpito da questa pena, che chi si dimenticò vivendo di Dio si dimentichi morendo di se stesso.

Se poi la vostra insolente arroganza vi privò della rugiada celeste come i colli di Gelboe[10], al punto che non temeste di opporvi ai decreto del Senato eterno, e non vi spaventò neppure il fatto di non aver temuto; potrà forse mancare quel timore pernicioso, umano, terrestre, del sentir venire il naufragio inevitabile della vostra progenie insolente e della vostra

[1] *voracia*: voracità.

[2] *vi fruga*: vi agita, vi turba.

[3] *seconda morte*: la morte dell'anima, la dannazione eterna.

[4] *scervellati e sediziosi*: stolti e ribelli.

[5] *con la sola cessazione del tempo*: solo quando finisce il tempo.

[6] *come novelli Babilonesi*: cfr. *Genesi* XI 4.

[7] *la Luna... il Sole*: secondo la famosa immagine, il papa è paragonato al sole, l'imperatore alla luna. Ai Fiorentini che sono stati pronti a dividere l'impero, Dante chiede come mai non siano tanto temerari da dividere anche il papato.

[8] *il timore di Dio*: il timore di Dio è visto come principio di saggezza. Cfr. i *Salmi* CX 10.

[9] *a suo libito*: a suo arbitrio.

[10] *i colli di Gelboe*: vi morì Saul, sconfitto dai Filistei, e perciò essi restarono secchi, privi *della rugiada celeste*.

miseranda usurpazione? O confidate di esser difesi da qualcuno, cinti da un ridicolo baluardo? O mal concordi![11] accecati da un'avidità stupefacente! A che vi servirà di aver cinto la città di mura, di averla armata di fortificazioni e di torri, quando calerà terribile l'aquila in campo d'oro, che sorvolando ora i Pirenei, ora il Caucaso, ora l'Atlante, e più col sostegno della milizia celeste, seppe umiliar col suo volo la vastità dei mari? A che vi servirà, infimi fra gli uomini, quando stupefatti vedrete arrivare il domatore della folle Esperia[12]? La speranza, certo, che invano nutrite senza misura, non si gioverà di questa ostinazione, ma l'arrivo del giusto re ne sarà reso più bruciante, e la pietà che sempre accompagna il suo esercito sdegnata se ne volerà via; e dove credete di salvaguardare il manto regale di una falsa libertà, cadrete nei ceppi della vera servitù. È da credere che accada per uno stupendo giudizio di Dio che l'empio vada a precipitare con maggior danno proprio dove pensava di sfuggire ai meritati castighi; e chi consapevole e volontario s'è opposto alla Volontà di Dio, militi proprio per essa, senza saperlo e senza volerlo.

Vedrete crollare sotto l'ariete e incenerirsi nel fuoco, sciagurati, i vostri edifici non costruiti prudentemente per necessità ma storditamente[13] concepiti per le delizie, e non cinti da una Pergamo rediviva[14]. Vedrete il popolo infuriato, da tutte le parti, messo orrendamente a rumore, ora diviso fra chi sta per voi e chi contro, e poi tutt'uno contro di voi, perché non è possibile tenerlo ad un tempo nella fame e nella soggezione. Allora vi saprà amaro il vedere saccheggiate anche le chiese, riempite ogni giorno dall'accorrere delle donne, e i fanciulli, attoniti e ignari, destinati a scontare i peccati dei padri. E se non m'inganna la mente presaga, capace di annunziare il futuro perché lo apprende tanto per segni veridici quanto per deduzioni indiscutibili, voi pochi che patirete l'esilio, essendo la maggior parte di voi dispersa o per morte o per prigionia, vedrete piangendo la città stremata dalle lunghe sciagure essere alla fine ceduta a mani straniere. E per concludere in breve, quelle calamità che la gloriosa nazione dei Saguntini[15] soffrì nella fede per salvare la libertà, voi le dovrete sopportare ignominiosamente, nel tradire per il servaggio.

E non v'imbaldanzite dell'inopinata fortuna dei Parmensi, che spinti dalla fame, mala consigliera, sobillandosi l'un con l'altro con le parole «moriamo piuttosto precipitandoci nella battaglia» irruppero quando

[11] *O mal concordi!*: o voi, malvagiamente concordi!

[12] *il domatore della folle Esperia*: allude all'imperatore che avrebbe, nelle sue speranze, ridotto all'obbedienza l'Italia.

[13] *storditamente*: inconsultamente.

[14] *da una Pergamo rediviva*: da una nuova rocca di Troia. Le difese di Firenze non sono altrettanto sicure.

[15] *la gloriosa nazione dei Saguntini*: la gloriosa Sagunto, che, fedele ai Romani, fu distrutta da Annibale.

non c'era l'imperatore, nel campo imperiale; poiché anche i Parmensi, benché riuscissero a impadronirsi di Vittoria, nulla di meno proprio in quel luogo trassero dal dolore un dolore indimenticabile[16]. Ripensate ai fulmini del primo Federico[17], domandate a Milano, domandate a Spoleto; e allora le vostre viscere, troppo dilatate, sgonfiate dell'immediata rovina di quelle loro rivolte, s'agghiacceranno, e vi stringeranno i cuori troppo bollenti. Ahi, o vanissimi fra i Toscani, insensati per natura, insensati per vizio! Ignari, non siete capaci di considerare e neppure d'immaginare come i piedi di una mente insana si perdano nelle tenebre della notte sotto agli occhi degli alati[18]. Gli alati, che mai non si macchiarono nel loro cammino, vi vedono: come se vi teneste alle porte del vostro carcere, occupati a respingere chiunque vi commiseri, perché non gli accada di liberarvi, voi incarcerati e stretti in ceppi e manette. Né v'accorgete che è la cupidigia che vi domina, perché siete ciechi; che vi lusinga con velenosi sussurri, vi costringe con fallaci minacce, vi imprigiona nella legge del peccato, vi impedisce d'obbedire alle sacrosante leggi modellate sulla giustizia naturale; la cui osservanza se lieta, se libera, non solo provatamente non è schiavitù ma anzi evidentemente, a guardar bene, è la stessa libertà suprema. Infatti, che altro è la libertà se non un libero fluire della volontà nell'atto che leggi rendono più agevole a quelli che le obbediscono? Così i soli veri liberi sono quelli che obbediscono volontariamente alle leggi; e voi che credete di essere, voi che proclamate di amare la libertà e intanto cospirate ad onta di tutte le leggi contro il principe delle leggi?

O miserabile progenie dei Fiesolani, e di nuovo punita barbarie[19]! dunque così poco temete quel che già avete esperimentato? Benché simuliate speranza nel volto e nelle parole mendaci, sono ben convinto che vegliando tremate e in sogno spesso sobbalzate, sia temendo i presagi che vi si sono insinuati in cuore, sia ripensando alle decisioni prese nel giorno. Ma se tremando giustamente vi pentite d'aver delirato senza provarne rimorso; in modo che i rivoli del terrore e del dolore confluiscano a formare l'amarezza della penitenza, vi resta da far penetrare nel vostro animo che il tutore dell'Impero Romano, questo divo e trionfante Enrico[20], non per sete

[16] *un dolore indimenticabile*: si riferisce all'episodio dei Parmigiani, che, assediati nella loro città da Federico II nel 1248, con una disperata sortita riuscirono ad impadronirsi della fortificazione di Vittoria, ma finirono poi con l'essere sconfitti dopo qualche giorno.

[17] *primo Federico*: Federico I, il Barbarossa, che distrusse Spoleto prima (nel 1155) e Milano poi (nel 1158).

[18] *degli alati*: degli uomini saggi, in grado di volare, dinanzi agli occhi dei quali, si sottintende, è inutile tendere le reti.

[19] *di nuovo punita barbarie*: si riferisce quasi certamente alla distruzione di Firenze per opera del re ostrogoto Totila.

[20] *questo... Enrico*: Arrigo VII.

di vantaggio proprio, ma di quello pubblico del mondo ha affrontato ogni difficoltà per il nostro bene partecipando spontaneamente alle nostre sventure come se il profeta Isaia avesse indicato lui, dopo Cristo, col dito della profezia, quando, per rivelazione dello Spirito Santo, profetò: «Invero egli si è sobbarcato i nostri mali e ha sopportato le nostre pene»[21]. Riconoscete dunque, se non volete dissimulare, che è giunto il tempo di pentirvi amarissimamente delle vostre temerarie presunzioni. E da questo momento, un pentimento più tardivo non servirà più ad ottenere il perdono, ma sarà il principio di un tempestivo castigo. E così: il peccatore è colpito, perché «muoia senza poter fare ammenda»[22].

Scritto il 31 marzo in terra di Toscana alle sorgenti dell'Arno, nel primo anno della faustissima discesa in Italia di Enrico Imperatore.

ANALISI DEL TESTO

L'epistola si apre con l'enunciazione di quel principio che è fondamento del trattato politico, la funzione positiva dell'**Impero romano** e la **missione sacra** dell'Impero, e si conclude con le parole del profeta biblico Isaia, interpretate come riferite al nuovo imperatore.

L'eloquente requisitoria contro i Fiorentini punta su alcuni concetti cardine della ideologia dantesca:

- quello della giustizia come osservanza delle leggi divine e umane
- quello della superbia e della avarizia come principali mali che affliggono il mondo.

E infatti egli, dopo aver asserito la inviolabilità dei diritti dell'Impero che i Fiorentini ritengono ormai superati perché non esercitati da tanto tempo, schernisce la baldanza con la quale essi hanno salutato le prime difficoltà dell'imperatore e li accusa di essere caduti nella servitù della cupidigia, proprio mentre ritengono di aver acquistata con la ricchezza la libertà.

LAVORARE SUL TESTO

1. Riassumi con parole tue il contenuto informativo del testo.
2. A giudizio di Dante, il genere umano come dovrebbe vivere?
3. Da quale *flagello* è battuta l'Italia?
4. A chi si allude con le rispettive immagini del *Sole* e della *Luna*?
5. Chi sono, a giudizio del poeta, i veri uomini liberi?

[21] *Invero... le nostre pene*: cfr. *Isaia* LIII 4.

[22] *«muoia... ammenda»*: cfr. *Libro I dei Re* XIV 39.

dal *Convivio*

[Necessità del volgare]
(I IX)

L'uso del volgare viene presentato nel Convivio *come una necessità della quale lo scrittore prende atto, consapevole della superiorità del latino come veicolo di scienza.*

Da tutte le tre sopra notate condizioni[1], che convegnono concorrere[2] acciò che sia nel beneficio la pronta liberalitade, era lo comento latino[3] lontano, e lo volgare è con quelle, sì come si può manifestamente così contare[4]. Non avrebbe lo latino così servito a molti: ché se noi reducemo a memoria quello che di sovra è ragionato, li litterati fuori di lingua italica[5] non averebbono potuto avere questo servigio, e quelli di questa lingua[6], se noi volemo bene vedere chi sono, troveremo che de' mille l'uno[7] ragionevolmente non sarebbe stato servito; però che non l'averebbero ricevuto, tanto sono pronti ad avarizia che da ogni nobilitade d'animo li rimuove, la quale massimamente desidera questo cibo. E a vituperio di loro[8] dico che non si deono chiamare litterati, però che non acquistano la lettera[9] per lo suo uso, ma in quanto per quella[10] guadagnano denari o di-

[1] *tre... condizioni*: si riferisce alle tre ragioni per cui il commento in volgare rappresenta un atto di liberalità; esso infatti in primo luogo beneficia molti, in secondo luogo offre cose utili, in terzo luogo dona spontaneamente a chi non ha richiesto.

[2] *convegnono concorrere* ecc.: le tre condizioni è necessario che siano presenti insieme perché si possa parlare di una pronta liberalità.

[3] *lo comento latino*: quel commento in latino che Dante ha scartato non avrebbe soddisfatto quelle condizioni (era da esse *lontano*), ma ad esse risponde il commento in volgare.

[4] *contare*: esporre, valutare.

[5] *litterati fuori di lingua italica*: coloro che hanno appreso le lettere e quindi comprendono il latino, ma non conoscono il volgare italico. Costoro non avrebbero inteso le canzoni, che sono scritte in volgare italico, e quindi i commenti latini sarebbero stati loro poco utili.

[6] *quelli di questa lingua*: i «letterati» italiani. Dante rivolge a costoro la grave accusa di non avere alcun reale interesse per la scienza, ma di utilizzare gli strumenti culturali che hanno a disposizione, quali la conoscenza del latino, per fini di guadagno.

[7] *de' mille l'uno* ecc.: nemmeno uno su mille avrebbe avuto il vantaggio del commento latino, nessuno dei letterati italiani lo avrebbe recepito (*ricevuto*), perché la loro avidità (*avarizia*) li allontana dalla nobiltà necessaria per desiderare un cibo del genere, la scienza.

[8] *a vituperio di loro*: a loro biasimo.

[9] *la lettera*: la letteratura in genere, il complesso delle nozioni letterarie, quali la lingua scritta e le arti relative, la grammatica, la retorica ecc.

[10] *per quella*: per mezzo di essa; i letterati non fanno delle arti letterarie un uso proprio, ma uno strumento di guadagno.

IL «CONVIVIO»

Opera in volgare in cui Dante affrontava l'esposizione della filosofia per l'utilità di coloro che sono impediti dal dedicarsi alla speculazione, perché immersi negli affari pubblici e negli impegni familiari («nelle cure familiari e civili»), quantunque desiderosi di pervenire a quella perfezione che può dare solo la scienza, ossia la consapevolezza della condizione umana e dei fini ad essa attribuiti dalla provvidenza divina.

Il primo dei quattro trattati di cui l'opera si compone, che funge da introduzione ed è tutto in prosa, dirime alcune questioni preliminari, individuando il **pubblico** cui l'opera è diretta, indicando il **fine pratico** di essa, la sua **utilità civile**, difendendo la scelta del volgare contro i calunniatori della nuova lingua. La grande novità del libro è proprio in quella **difesa del volgare**, della sua capacità di reggere il confronto con il latino sul piano dell'ammaestramento, quantunque il latino rimanga lingua più nobile quanto alla funzione scientifica che assolve. Ma Dante aveva coscienza di creare con il *Convivio* per la giovane lingua volgare un **modello** robusto e duttile alle esigenze didattiche e speculative e attacca con vigore chi disdegna il volgare, mentre lamenta che l'ignoranza del latino da parte del ceto dirigente renda necessario ricorrere al nuovo strumento [cfr. L, pp. 37-60].

gnitate; sì come non si dee chiamare citarista[11] chi tiene la cetera in casa per prestarla per prezzo, e non per usarla per sonare. Tornando dunque al principale proposito, dico che manifestamente si può vedere come lo latino averebbe a pochi dato lo suo beneficio, ma lo volgare servirà veramente a molti. Ché la bontà de l'animo, la quale questo servigio attende, è in coloro che per malvagia disusanza del mondo[12] hanno lasciata la letteratura a coloro che l'hanno fatta di donna meretrice[13]; e questi nobili sono[14] principi, baroni, cavalieri, e molt'altra nobile gente, non solamente maschi ma femmine, che sono molti e molte in questa lingua, volgari, e non litterati.

Ancora, non sarebbe lo latino stato datore d'utile dono, che sarà lo volgare. Però che nulla cosa è utile, se non in quanto è usata, né è la sua bontade in potenza, che non è essere perfettamente; sì come l'oro, le margarite e li altri tesori che sono sotterrati...; però che quelli che sono a mano de l'avaro sono in più basso loco che non è la terra là dove lo tesoro è

[11] *citarista*: il suonatore di cetra, l'artista della musica, paragonato all'artista delle lettere.

[12] *per malvagia disusanza del mondo*: per la decadenza morale, per il malcostume diffuso. Ad una ragione morale Dante attribuisce la formazione della categoria distinta dei letterati, i quali, facendo professione della loro arte, ne avrebbero snaturato il senso.

[13] *l'hanno fatta... meretrice*: da donna, ossia da nobile signora che era, l'hanno ridotta una prostituta, in quanto la usano alfine di procurarsi danaro.

[14] *e questi nobili sono* ecc.: Dante definisce il suo pubblico nella cerchia della grande e della minore nobiltà (*altra nobile gente*), che non riceve una specifica educazione letteraria e che ormai è a digiuno di latino.

nascosto. Lo dono veramente di questo comento è la sentenza de le canzoni a le quali fatto è, la qual massimamente intende inducere li uomini a scienza e a vertù, sì come si vedrà per lo pelago del loro trattato. Questa sentenza non possono non avere in uso quelli ne li quali vera nobilità è seminata per lo modo che si dirà nel quarto trattato; e questi sono quasi tutti volgari, sì come sono quelli nobili che di sopra, in questo capitolo, sono nominati. E non ha contradizione perché alcuno letterato sia di quelli; ché, sì come dice il mio maestro Aristotele nel primo de l'Etica, «una rondine non fa primavera». È adunque manifesto che lo volgare darà cosa utile, e lo latino non l'averebbe data.

Ancora, darà lo volgare dono non dimandato, che non l'averebbe dato lo latino: però che darà se medesimo per comento, che mai non fu domandato da persona; e questo non si può dire de lo latino, che per comento e per chiose a molte scritture è già stato domandato, sì come ne' loro principii si può vedere apertamente in molte. E così è manifesto che pronta liberalitade mi mosse al volgare anzi che a lo latino.

ANALISI DEL TESTO

Bisogna ricordare che già nella *Vita Nuova* il poeta aveva cercato di asserire la parità fra la poesia volgare e la poesia latina, ma attribuendo alla prima una specificità consistente nel tema amoroso e nei destinatari del messaggio, ossia le donne.

Anche in questo caso, l'uso del volgare è giustificato dal livello inferiore di preparazione culturale dei destinatari, e quindi la **rivalutazione** del volgare come **strumento di divulgazione** non implica di per se stessa la parità col latino. Questo però si afferma nel concreto dell'operazione compiuta da Dante, il quale nell'elaborare artisticamente la frase, conformandola al modello della prosa scientifica più prestigiosa dei suoi tempi, avvia il processo di affermazione della prosa scientifica in volgare.

In questo capitolo nono del primo trattato, Dante giustifica la sua operazione sul piano morale come atto di liberalità, accusando implicitamente gli avversari di grettezza e chiusura.

LAVORARE SUL TESTO

1. Quali sono, a giudizio di Dante, le tre condizioni che manifesta il commento «*volgare*»?
2. Chi sarebbero i letterati *fuori di lingua italica*?
3. In quale ambito sociale Dante individua il suo pubblico?

dal *De vulgari eloquentia*

[Gli attributi del volgare come lingua letteraria]
(I XVI-XVII)

Con un famoso simbolo, quello della pantera, Dante cerca di chiarire il sottile concetto che egli introduce di volgare illustre. *Esso è come la pantera, dificile a catturarsi, e pur presente dovunque col suo profumo, tanto che è difficile stabilire dove essa sia realmente.*

XVI

Dapoi che havemo cercato per tutti i salti, e pascoli[1] d'Italia, e non havemo quella Panthera[2], che cerchiamo, trovato; per potere essa meljo trovare, con più ragione investighiamola[3]; acciò che quella, che in ogni luogo si sente, et in ogni parte appare, con solecito studio ne le nostre reti totalmente inviluppiamo. Ripiljando adunque i nostri instrumenti da cacciare[4], dicemo; che in ogni generazione[5] di cose è di bisogno, che una ve ne sia, con la quale tutte le cose di quel medesimo genere si habbiano a comparare, e ponderare[6], e quindi la mesura di tutte l'altre piljare; come nel numero, tutte le cose si hanno a mesurare' con la unità; e diconsi più, e meno secondo che da essa unità, sono più lontane, o più ad essa propinque[7]. E così ne i colori, tutti si hanno a misurare col bianco; e diconsi più, e meno visibili secondo, che a lui più vicini, e da lui più distanti si sono. E sì come di questi, che mostrano quantità e qualità diciamo, parimente di ciascuno de i predicamenti, e de la sustanzia[8] pensiamo potersi dire; cioè, che ogni cosa si può misurare in quel genere con quella cosa, che è in esso genere simplicissima[9]; la onde ne le nostre azioni, in quan-

[1] *per tutti i salti, e pascoli*: attraverso tutti i monti e le pianure.

[2] *Panthera*: la metafora della pantera, che fa giungere ovunque il suo profumo (*in ogni luogo si sente*) e che appare ovunque senza fermarsi in alcun luogo, ben si addice al volgare illustre, *che in ciascuna città appare, e che in niuna riposa*. La caratteristica della pantera di attirare con il suo profumo gli animali selvatici per poi divorarli è riferita da Aristotele, da Plinio e da Isidoro.

[3] *con più ragione investighiamola*: indaghiamo su di essa con maggiore raziocinio.

[4] *instrumenti da cacciare*: armi da caccia.

[5] *generazione*: genere.

[6] *ponderare*: misurare.

[7] *propinque*: vicine.

[8] *parimente di ciascuno de i predicamenti, e de la sustanzia*: quello che si può dire delle cose che hanno qualità e quantità, allo stesso modo (*parimente*) si deve poter dire dei *predicamenti*, delle categorie, e della sostanza, secondo la considerazione aristotelica dell'ente.

[9] *simplicissima*: la più semplice.

IL «DE VULGARI ELOQUENTIA»

Opera in latino, nella quale Dante si occupa dell'arte della parola, della retorica applicata ai componimenti poetici; e tuttavia, questa trattazione tecnica si inserisce in un discorso più ampio, filosofico e politico insieme, sull'essenza e sul fine stesso della lingua, fondamento della conversazione umana e strumento proprio della mente.

Nel *De vulgari eloquentia* l'interesse dantesco per i dialetti italiani e la critica ai difetti delle parlate locali muove da un'esigenza di **superamento** del **municipalismo** [cfr. L, pp. 37-60].

tunque specie si dividano, si bisogna ritrovare questo segno[10], col quale esse si habbiano a misurare'; perciò, che in quello, che facciamo come semplicemente homini[11], havemo la virtù, la quale generalmente intendemo; perciò, che secondo essa giudichiamo l'homo buono, e cattivo; in quello poi, che facciamo come homini cittadini, havemo la legge, secondo la quale si dice buono, e cattivo cittadino; ma in quello, che come homini Italiani facciamo, havemo le cose simplicissime[12]. Adunque se le azioni Italiane si hanno a misurare, e ponderare con i costumi, e con lj habiti[13], e col parlare', quelle de le azioni Italiane sono simplicissime, che non sono proprie di niuna città d'Italia, ma sono comuni in tutte; tra le quali hora si può discernere il volgare, che disopra cercavamo, essere quello, che in ciascuna città appare, e che in niuna riposa; può ben più in una, che in un'altra apparere, come fa la simplicissima de le sustanzie, che è Dio, il quale più appare ne l'homo, che ne le bestie, e che ne le piante, e più in queste, che ne le *minere*[14], et in esse più, che ne lj elementi, e più nel foco, che ne la terra. E la simplicissima quantità, che è uno, più appare nel numero disparo, che nel paro, et il simplicissimo colore, che è il bianco, più appare nel citrino[15], che nel verde. Adunque ritrovato quello, che' cercavamo, dicemo, che 'l volgare Illustre[16], Cardinale, Aulico, e Cortigiano, in Italia, è quello, il quale è di tutte le città Italiane, e non pare, che sia di niuna; col quale i volgari di tutte le città d'Italia si hanno a misurare, ponderare, e comparare'.

[10] *segno*: manifestazione sensibile, misura esteriore.

[11] *come semplicemente homini*: come uomini in senso assoluto.

[12] *le cose simplicissime*: aspetti comuni a tutti gli Italiani.

[13] *habiti*: atteggiamenti.

[14] *le minere*: minerali.

[15] *citrino*: giallo-cedro.

[16] *Illustre* ecc.: gli attributi che Dante usa per qualificare il volgare comune saranno spiegati nei capitoli immediatamente successivi.

XVII

Perché adunque a questo ritrovato parlare aggiungendo Illustre, Cardinale, Aulico, e Cortigiano, così lo kiamiamo, al presente diremo; per il che[1] più kiaramente faremo parere quello, che esso è. Primamente adunque dimostriamo quello, che intendiamo di fare quando vi aggiungiamo Illustre, et perché Illustre il dimandiamo[2]; per questo noi il dicemo Illustre, che illuminante, et illuminato risplende[3]. Et a questo modo nominiamo lj homini Illustri, o vero perché illuminati di potenzia[4] soljono con giustizia, e carità lj altri illuminare, o vero, che excellentemente amaestrati, excellentemente amaestrano; come fa Seneca[5], e Numa Pompilio[6], et il volgare di cui parliamo. Il quale inalzato di magisterio, e di potenzia[7], inalza i suoi di honore, e di gloria. E che 'l sia da magisterio inalzato si vede, essendo elji di tanti roçi vocaboli Italiani, di tante perplesse construzioni[8], di tante difettive[9] pronunzie, di tanti contadineschi accenti, così egregio, così districato, così perfetto, e così civile ridotto[10]; come Cino da Pistoja, e l'amico suo[11], ne le loro canzoni dimostrano. Che 'l sia poi exaltato di potenzia, appare; e qual cosa è di maggiore potenzia, che quella, che può i cuori de lj homini voltare', in modo, che[12] faccia colui, che non vuole volere, e colui, che vuole non volere, come ha fatto questo[13], e fa? Che elji poscîa inalzi d'honore', chi lo possiede, è in pronto; non soljono i domestici suoi[14] vincere di fama i Re, i Marchesi, i Conti, e

[1] *per il che* ecc.: tramite ciò, tramite questi attributi più chiaramente faremo vedere quello che esso è.

[2] *il dimandiamo*: lo diciamo.

[3] *illuminante, et illuminato risplende*: illumina gli altri, e nello stesso tempo rifulge (*risplende*) per la sua intrinseca luce.

[4] *illuminati di potenzia*: illuminati dal potere.

[5] *Seneca*: il filosofo stoico famoso per la sua saggezza.

[6] *Numa Pompilio*: leggendario re di Roma, che illuminò gli altri con la luce della giustizia e della carità.

[7] *inalzato di magisterio, e di potenzia*: sublimato per virtù espressiva e artistica (*magisterio*), avendo dato forma perfetta alla varia materia dei dialetti italiani, ed esaltato, per la sua concreta capacità di dominarli e comporli (*potenzia*) in una superiore sintesi.

[8] *perplesse construzioni*: costrutti involuti.

[9] *difettive*: difettose.

[10] *così egregio... ridotto*: divenuto così nobile, chiaro, perfetto, elegante. È interessante notare la perfetta corrispondenza antitetica degli aggettivi (*rozzi – egregio*; *perplesse – districato*; *difettive – perfetto*; *contadineschi – civile*).

[11] *Cino da Pistoja, e l'amico suo*: il poeta stilnovista e Dante stesso, che vengono esaltati come i più eccellenti artefici di componimenti in lingua volgare.

[12] *voltare', in modo, che* ecc.: cambiare i cuori degli uomini in modo tale che non voglia chi vuole, e chi non vuole voglia.

[13] *questo*: il volgare illustre.

[14] *i domestici suoi*: quelli che lo hanno familiare, che per virtù sua diventano più famosi dei Principi e dei Magnati (*i Re, i Marchesi, i Conti*, elencati in ordine decrescente, secondo la gerarchia feudale).

tutti lj altri grandi? certo questo non ha bisogno di pruova. Quanto elji faccia poi i suoi familiari gloriosi, noi stessi l'habbiamo conosciuto, i quali per la dolceza di questa gloria ponemo dopo le spalle[15] il nostro exilio. Adunque meritamente' devemo esso kiamare Illustre'.

ANALISI DEL TESTO

Anche il volgare, che Dante propone come lingua d'arte per la lirica, non è una lingua particolare, che sia possibile ritrovare in un luogo; tant'è che Dante esamina le testimonianze dei quattordici dialetti, quanti ne conta in Italia, e vi trova qua e là aleggiare il linguaggio che insegue, ma non può definirlo su base geografica.

Il volgare illustre, di cui i poeti dovranno servirsi, è quindi al fondo delle imperfette parlate locali, come il bianco è misura di ogni colore. Metterlo in luce è opera dell'arte che affina, e compie così un'opera di sublimazione.

Alla spiegazione del concetto di *volgare illustre*, l'autore fa seguire la spiegazione degli altri attributi del volgare:
- *cardinale*
- *aulico*
- *curiale*.

LAVORARE SUL TESTO

1. Spiega, con parole tue, la metafora della *pantera*.
2. Commenta la seguente espressione, riferita al volgare illustre: *il quale è di tutte le città Italiane, e non pare, che sia di niuna*.
3. Spiega, con parole tue, le aggettivazioni/qualità che Dante attribuisce al *volgare illustre*.
4. Riassumi il contenuto informativo dei due brani.

dal *Trattatello in laude di Dante*, di Giovanni Boccaccio

[Il miracoloso completamento della «Commedia»]

Quello che Boccaccio chiamò Trattatello in laude di Dante *è in sostanza una «Vita» di Dante, di cui l'autore curò più redazioni. La prima di queste redazioni è scritta fra il 1351 e il 1355 e rivela l'entusiasmo con cui egli perseguì il recupero di Dante facendone il modello della più alta poesia.*

[da G. Boccaccio, *Opere in versi. Corbaccio. Trattatello in laude di Dante. Prose latine. Epistole*, a cura di P.G. Ricci, Milano-Napoli 1965]

[15] *ponemo dopo le spalle*: teniamo in scarsa considerazione.

Eransi Iacopo e Piero, figliuoli di Dante, de' quali ciascuno era dicitore in rima[1], per persuasioni d'alcuni loro amici, messi a volere, in quanto per loro si potesse[2], supplire[3] la paterna opera, acciò che imperfetta non procedesse[4]; quando a Iacopo, il quale in ciò era molto più che l'altro fervente[5], apparve una mirabile visione, la quale non solamente dalla stolta presunzione il tolse[6], ma gli mostrò dove fossero li tredici canti, li quali alla divina *Comedia* mancavano, e da loro non saputi trovare.

Raccontava uno valente uomo ravignano[7], il cui nome fu Piero Giardino, lungamente discepolo[8] stato di Dante, che, dopo l'ottavo mese della morte del suo maestro, era una notte, vicino all'ora che noi chiamiamo «matutino», venuto a casa sua il predetto Iacopo, e dettogli sé quella notte, poco avanti a quella ora, avere nel sonno veduto[9] Dante suo padre, vestito di candidissimi vestimenti e d'una luce non usata[10] risplendente nel viso, venire a lui; il quale gli parea domandare se egli vivea, e udire da lui per risposta di sì, ma della vera vita, non della nostra; per che, oltre a questo, gli pareva ancora domandare se egli avea compiuta la sua opera anzi il suo passare alla vera vita, e, se compiuta l'avea, dove fosse quello che vi mancava, da loro giammai non potuto trovare. A questo gli parea la seconda volta udire per risposta: – Sì, io la compie' –; e quinci gli parea che 'l prendesse per mano e menasselo in quella camera dove era uso di dormire quando in questa vita vivea; e, toccando una parte di quella, dicea: – Egli è qui quello che voi tanto avete cercato –. E questa parola detta, ad una ora il sonno e Dante gli parve che si partissono. Per la qual cosa affermava sé non essere potuto stare senza venirgli a significare[11] ciò che veduto avea, acciò che insieme andassero a cercare nel luogo mostrato a lui, il quale egli ottimamente nella memoria aveva segnato, a vedere se vero spirito[12] o falsa delusione questo gli avesse disegnato. Per la quale cosa, restando ancora gran pezzo di notte, mossisi insieme, vennero al mostrato luogo, e quivi trovarono una stuoia al muro confitta, la quale leggiermente levatane[13], videro nel muro una finestretta da niuno di loro

[1] *dicitore in rima*: poeta in volgare; Pietro scrisse poesie liriche, Jacopo un poema didascalico, il *Dottrinale*.

[2] *messi... potesse*: messisi d'impegno, secondo la loro possibilità.

[3] *supplire*: integrare, completare con i tredici canti che mancavano.

[4] *imperfetta... procedesse*: non si divulgasse incompiuta.

[5] *fervente*: pieno di entusiasmo.

[6] *il tolse*: lo distolse.

[7] *ravignano*: ravennate; era un notaio.

[8] *discepolo*: in senso lato; ebbe Dante ammiratori e seguaci.

[9] *sé... avere... veduto*: di aver visto.

[10] *non usata*: insolita, straordinaria.

[11] *significare*: indicare.

[12] *se vero spirito* ecc.: se la indicazione gli fosse venuta da uno spirito o da una falsa illusione, immaginazione.

[13] *leggiermente levatane*: staccata con facilità.

VITA DI DANTE

È un trattatello in lode del poeta fiorentino, con le notizie della sua vita in gran parte ricavate dalle sue opere, di cui il Boccaccio espone le occasioni e i contenuti. Il Boccaccio predilige una **concezione della poesia come «favola»**, ossia come immaginazione, finzione, che diventa parola e si organizza mediante un'estrema elaborazione retorica, come il mito antico, che è narrazione densa di significati e naturalistici e morali. Per questo Dante rappresenta per Boccaccio il grande poeta dell'età moderna, costruttore di finzioni cariche di verità. La **spiegazione della *Commedia*** nasce da questa premessa ed è perciò orientata verso la **lettura allegorica**, che sarà privilegiata fino a tutto il sec. XV.

mai più[14] veduta, né saputo che ella vi fosse, e in quella trovarono alquante scritte, tutte per l'umidità del muro muffate[15] e vicine al corrompersi, se guari più[16] state vi fossero; e quelle pianamente[17] dalla muffa purgate, leggendole, videro contenere li tredici canti tanto da loro cercati. Per la qual cosa lietissimi, quegli riscritti, secondo l'usanza dell'autore prima gli mandarono a messer Cane, e poi alla imperfetta opera ricongiunsono[18] come si convenia. In cotale maniera l'opera, in molti anni compilata[19], si vide finita.

ANALISI DEL TESTO

Fra le notizie raccolte intorno al poeta della *Commedia* e l'importante profilo della sua personalità, il Boccaccio inserì anche quella che possiamo chiamare una favola e che riguarda il ritrovamento degli ultimi tredici canti del *Paradiso*, che il poeta avrebbe lasciato nascosti nella sua casa [cfr. L, p. 96].

L'interesse di questo aneddoto, secondo il quale Dante avrebbe rivelato a suo figlio Jacopo il luogo dove quei canti erano conservati, consiste nel fatto che esso dimostrerebbe il **carattere divino** dell'opera, ricomposta nella sua integrità in virtù di una visione. E ci sono infatti nel racconto alcuni elementi tipici dei fatti miracolosi:

– la cosa avvenne nel **nono** mese dopo la morte del poeta (il numero fatidico è già in Dante)

⇒

[14] *mai più*: mai prima d'allora.
[15] *muffate*: ammuffite.
[16] *guari più*: per molto tempo ancora.
[17] *pianamente*: pian piano.
[18] *ricongiunsono*: li ricongiunsero.
[19] *in molti... compilata*: la cui composizione costò tanti anni di lavoro.

– l'apparizione avvenne, come tutte le apparizioni veridiche, nelle ultime ore della notte, nell'ora chiamata mattutino

– il poeta apparve risplendente come la figura di un beato.

Tutti questi elementi giustificano la denominazione di «*Divina*» data alla *Commedia*, a partire proprio da questo passo del grande ammiratore di Dante.

LAVORARE SUL TESTO

1. Che tipo di 'lacuna' avrebbero dovuto colmare Jacopo e Pietro?
2. Chi, dei due figli di Dante, ricevette la *visione*?
3. Spiega, con parole tue, l'espressione vivere *della vera vita*.
4. Cosa contiene la *stuoia al muro confitta*?

2. Francesco Petrarca

dal *Secretum*

[L'accidia]
(II)

Posta al centro del secondo libro, la discussione sull'accidia, che peraltro risponde all'ordine con cui nel Secretum *vengono esaminati tutti i sette vizi capitali, è stata sempre riconosciuta la più significativa di tutto il* Secretum.

[la traduzione del brano del *Secretum* è curata da E. Carrara, in P. Petrarca, *Prose*, a cura di G. Martellotti, P.G. Ricci, E. Carrara, E. Bianchi, Milano-Napoli 1955]

Ag. Ti domina una funesta malattia dell'animo, che i moderni hanno chiamato accidia e gli antichi *aegritudo*.

Fr. Il nome solo di essa mi fa inorridire.

Ag. Non me ne meraviglio, poiché ne sei tormentato a lungo e gravemente.

Fr. È vero; e a ciò s'aggiunge che mentre in tutte quante le passioni da cui sono oppresso è commisto un che di dolcezza, sia pur falsa, in questa tristezza invece tutto è aspro, doloroso e orrendo; e c'è aperta sempre la via alla disperazione e a tutto ciò che sospinge le anime infelici alla rovina. Aggiungi che delle altre passioni soffro tanto frequenti quanto brevi e momentanei gli assalti; questo male invece mi prende talvolta così tenacemente, da tormentarmi nelle sue strette giorno e notte; e allora la mia giornata non ha più per me luce né vita, ma è come notte d'inferno e acerbissima morte. E tanto di lagrime e di dolori mi pasco[1] con non so quale

[1] Cfr., per l'espressione, *Rime* XCIII: «ch'io mi pasco di lagrime, e tu 'l sai».

IL «SECRETUM»

È concepito come un **dialogo** interiore alla presenza della **Verità**. Agostino ha la funzione del **maestro** o del direttore spirituale, ma rappresenta la coscienza stessa del Petrarca, che si appella alla sacra scrittura o ai libri morali degli antichi, per chiarire la vera natura del male, che è nella volontà, mentre Francesco difende la fragile natura umana cercando pretesti per scagionarsi dalle colpe e attribuire alla fatalità, al destino, il suo stato:

– il primo libro tratta degli ostacoli che l'uomo oppone inconsapevolmente alla propria salvezza, evitando la spregiudicata meditazione sui propri errori

– il secondo segue nell'ordine canonico i vizi capitali, soffermandosi essenzialmente sull'«acedia» (l'*aegritudo* dei latini), l'accidia, la condizione di sgomento, di angoscia, di disperazione in cui la sventura e il terrore della morte gettano l'uomo, impedendogli di liberarsi dal male

– il terzo libro è destinato a confutare l'illusione che Francesco nutriva che l'amore e la gloria fossero beni durevoli o addirittura tramiti verso più alte mete quali la perfezione morale e l'eternità.

Petrarca illumina il suo dramma di uomo, ma allo stesso tempo chiarisce in termini simbolici il senso stesso dell'esistenza terrena in una prospettiva profondamente cristiana, perché è propria del cristianesimo la concezione della vita umana come sospesa fra la **colpa** e la **redenzione**.

Il richiamo ad una vita di mera contemplazione e la scelta di vivere nel mondo rappresentavano nel *Secretum* un **contrasto** essenzialmente **morale**, che nelle pagine finali si risolveva in un dibattito di ordine culturale e letterario: era lecito a Francesco continuare ad occuparsi di scrittori pagani o bisognava che li abbandonasse per rivolgersi a Dio? [Cfr. L, pp. 63-79]

atra voluttà, che a malincuore (e questo si può ben dire il supremo colmo delle miserie!) me ne stacco.

Ag. Conosci benissimo il tuo male; tosto ne conoscerai la cagione. Di' dunque; che è che ti contrista tanto? il trascorrere dei beni temporali, o i dolori fisici o qualche offesa della troppo avversa fortuna?

Fr. Uno solo qualsiasi di questi motivi non sarebbe per sé abbastanza valido. Se fossi messo alla prova in un cimento singolo, resisterei certamente; ma ora sono travolto da tutto un loro esercito.

Ag. Spiega più particolarmente ciò che ti assale.

Fr. Ogni volta che mi è inferta qualche ferita dalla fortuna, resisto impavido, ricordando che spesso, benché da essa gravemente colpito, ne uscii vincitore. Se tosto essa raddoppia il colpo, comincio un poco a vacillare; che se alle due percosse ne succedono una terza e una quarta, allora sono costretto a ritirarmi – non già con fuga precipitosa ma passo passo – nella rocca della ragione. Ivi, se avviene che la fortuna mi si accanisca intorno con tutta la sua schiera, e mi lanci addosso per espugnarmi le miserie della umana condizione e la memoria dei passati affanni e il timore dei venturi, allora finalmente, battuto da ogni parte e atterrito dalla congerie di tanti mali, levo lamenti. Di lì sorge quel mio grave dolore: come ad uno che sia circondato da innumerevoli nemici e a cui non si apra alcuno scampo né alcuna speranza di clemenza né alcun conforto, ma ogni cosa lo minacci. Ecco, le macchine sono drizzate, sotto terra i cunicoli sono scavati, già oscillano le torri; le scale sono appoggiate ai bastioni; s'agganciano i ponti alle mura; il fuoco percorre le palizzate. Vedendo d'ogni parte balenare le spade e minacciosi i volti nemici, e prevedendo prossimo l'eccidio, non paventerà esso e non piangerà, posto che, se anche cessino questi pericoli, già solo la perdita della libertà è dolorosissima agli uomini fieri?

Ag. Benché tu abbia trascorso su tutto ciò un poco confusamente, pure capisco che la causa di tutti i tuoi mali è un'impressione sbagliata che già prostrò e prostrerà infiniti altri. Giudichi tu di star male?

Fr. Anzi, pessimamente.

Ag. Per qual ragione?

Fr. Non per una, certo, ma per infinite.

Ag. Tu fai come quelli che per qualsiasi anche lievissima offesa tornano al ricordo dei vecchi contrasti.

Fr. Non è in me piaga così antica che abbia ad essere cancellata dalla dimenticanza; le cose che mi tormentano sono tutte recenti. E ancor che col tempo qualche cosa si fosse potuta sanare, la fortuna torna così spesso a percuotere in quel punto, che nessuna cicatrice può mai saldare l'aperta piaga. Aggiungi l'aborrimento e il disprezzo dello stato umano; da tutte queste cagioni oppresso, non mi riesce di non essere tristissimo. Non dò importanza che questa si chiami o *aegritudo* o accidia o come altrimenti vuoi. Siamo d'accordo sulla sostanza.

Ag. Poiché, a quanto veggo, il male ti si è abbarbicato con profonde radici, non basterà averlo tolto via alla superficie, ché rispunterebbe rapidamente: bisogna strapparlo radicalmente; ma sto incerto donde incominciare, tante sono le cose che mi trattengono. Ma per agevolare l'effetto dell'opera col ben precisare, percorrerò ogni singolo particolare. Dimmi dunque: quale cosa ritieni per te precipuamente molesta?

Fr. Tutto quanto primamente vedo, odo ed intendo.

Ag. Perbacco, non ti piace nulla di nulla.

Fr. O nulla o proprio poche cose.

Ag. Speriamo almeno che ti piaccia ciò che è salutare! Ma che ti spiace di più? Rispondimi per favore.

Fr. Ti ho già risposto.

Ag. Tutto ciò è caratteristico di quella che ho chiamata accidia. Tutte le cose tue ti spiacciono.

Fr. E quelle degli altri non meno.

Ag. Anche questo deriva dalla stessa fonte. Ma insomma, per dare qualche ordine a ciò che si ha da dire: proprio tanto, adunque, ti spiacciono le cose tue quanto dici?

Fr. Cessa di martellare con codeste piccole questioni: anche più che dir si possa.

Ag. Dunque ti repugnano quei beni che ti fanno invidiabile presso molti altri?

Fr. Ben misero deve essere chi invidia un misero.

Ag. Ma quale cosa ti spiace più di tutte?

Fr. Non so.

Ag. E che? se io ne farò il novero me lo confesserai?

Fr. Te lo confesserò candidamente.

Ag. Tu sei sdegnato contro la tua fortuna.

Fr. Come non odierei questa superba, violenta, cieca, sconvolgitrice capricciosa delle sorti mortali?

Ag. Dei danni comuni si lamentano tutti; consideriamo ora i tuoi privati; che farai se ingiustamente ti lamentassi? Non vorresti riconciliarti seco?

Fr. Sarà assai difficile persuadermi, ma se tuttavia me lo dimostrassi, mi acqueterò.

Ag. Tu giudichi che la fortuna sia teco avara.

Fr. Anzi, avarissima; anzi iniquissima; anzi superbissima; anzi crudelissima[2].

Ag. Non c'è solo il Brontolone del poeta comico[3]; ce n'è infiniti! Ed anche tu finora sei uno dei molti. Preferirei fossi dei pochi. Ad ogni modo, poiché il tema è così trito che è difficile recarvi alcun che di nuovo, permetti che a una vecchia malattia io applichi un vecchio rimedio?

Fr. Come ti piace.

Ag. Or su dunque, forse che la povertà ti ha costretto a soffrire o fame o sete o freddo?

Fr. Non anche ha infierito in me a tal segno la fortuna.

Ag. Eppure per quanti sono cose d'ogni giorno!

Fr. Vedi, se puoi, di usare altro rimedio, perché codesto per me non giova punto. Non sono di quelli cui conforti nei propri mali la turba dei disgraziati che piangono loro intorno, io che talora gemo non meno per le altrui che per le mie disgrazie.

Ag. Né io pretendo che ciò diletti; bensì che conforti e che ammonisca chi scorge le sorti degli altri, ad essere contento della propria. Già non tutti possono occupare il primo posto: altrimenti come ci sarebbe un pri-

[2] Si noti la *gradatio*, il crescendo, cioè, delle espressioni, che ha una sfumatura ironica: Francesco si precipita a sottolineare la propria sfortuna, con la quale cerca di giustificarsi.

[3] *Brontolone... comico*: è il titolo – e il nome del protagonista – di una commedia del IV secolo, rifacimento dell'*Aulularia* di Plauto.

mo se non lo segue un secondo? È ancor bene per voi, o mortali, se, non relegati proprio all'estremo fondo, provate soltanto tra i molti oltraggi della fortuna i mezzani; benché anche a coloro che sperimentano gli estremi del male vuolsi soccorrere, naturalmente con più energici rimedi loro adatti, dei quali al presente tu non hai punto bisogno, leso come sei da una sol tenue asprezza di fortuna. Ma quest'è che vi travolge in siffatte angosce; ciascuno, dimentico della sorte propria, vagheggia con la mente i sommi posti; e poiché, come ho detto, non tutti li possono conquistare, ai vani sforzi succede il dispetto. Che se gli uomini conoscessero le miserie dei gradi supremi, avrebbero terrore di quello cui aspirano; come ci viene confermato dalla testimonianza di coloro che abbiamo veduto innalzarsi con molti stenti ai sommi fastigi mondani, e ben presto deplorare che i voti loro abbiano avuto esito troppo facile. Questo, se deve essere noto a tutti, più specialmente sarà a te, cui una lunga esperienza ha persuaso che ogni sorta di altissima dignità è faticosa, è piena di ansie e di miserie. Onde accade che nessuna condizione è esente da lamenti; però che così coloro che hanno conseguito ciò che desideravano come coloro che hanno fallito i propri voti, avanzano una giusta cagione di rammarico: e quelli si stimano ingannati, questi negletti. Segui dunque il consiglio di Seneca: «Quando avrai veduto quanti ti precedono, pensa a quanti ti seguono. Se vuoi essere grato a Dio e alla tua esistenza, pensa agli infiniti che precedi»[4] e come nello stesso passo dice lo stesso Seneca «fissa un termine che tu non possa passare, nemmeno se lo voglia»[5].

ANALISI DEL TESTO

La discussione sulla gloria e l'amore, che occuperà il terzo libro, toccherà più da vicino certi dati biografici del poeta, ma nel discutere dell'*accidia*, male dell'anima, sembra che il poeta colga il punto più profondo della sua coscienza. L'accidia, che la teologia morale considerava una forma di scarso vigore, di scarso impegno nella vita religiosa e nell'amore di Dio, viene descritta, sul fondamento della trattazione ciceroniana delle *Tusculanae disputationes*, come quella malattia dell'anima che potremmo chiamare **angoscia**. Essa, come riconosce il poeta, si annida nel fondo della sua coscienza e gli impedisce talora di agire, di reagire, e persino lo conduce a disperare della salvezza.

La **condizione angosciosa** diventa così non solo la propria condizione, ma la condizione propria dell'uomo in quanto soggetto ai colpi della fortuna e inca-

⇒

[4] Seneca, *Epistolae ad Lucilium* 15,10.

[5] Seneca, *Epistolae ad Lucilium* 15,11.

pace, in definitiva, di far altro se non sottostare e prendere atto di questo suo destino. Per Agostino, nel quale parla l'aspirazione e la consapevolezza morale di Petrarca, questa accettazione delle sconfitte è un male, non in quanto sia possibile liberarsi dai condizionamenti della fortuna (che sarebbe una inumana presunzione di non essere soggetti alle leggi della natura), ma in quanto è possibile e doveroso che l'anima si senta libera da quei condizionamenti e sottragga la volontà alla necessità del destino [cfr. L, pp. 67-69].

Il primato della volontà ricollega la meditazione petrarchesca al processo di crisi dell'intellettualismo scolastico.

LAVORARE SUL TESTO

1. Chi sono i protagonisti del dialogo?
2. A detta di Francesco, cosa manifesterebbe di terribile (di *aspro*) la *passione* dell'accidia, rispetto ad altre?
3. A tuo giudizio, quale ruolo svolge, nel dialogo, il personaggio di Agostino?
4. Riassumi, con parole tue, la metafora della guerra contenuta in uno degli interventi di Francesco.
5. Spiega con parole tue la seguente espressione: *Dunque ti repugnano quei beni che ti fanno invidiabile presso molti altri.*
6. Che considerazione ha Francesco della *fortuna*?
7. Cosa sostiene Agostino nel suo ultimo intervento?
8. Rintraccia nel testo tutte le metafore presenti e spiegale con parole tue.

dal *De vita solitaria*

[Il trascorrere del tempo]
(I)

La meditazione sulla vita solitaria conduce talora Petrarca a svolgere temi assai vicini alla sua meditazione poetica. Solitudine come libertà dello spirito, come condizione che si rivela propizia per l'attività intellettuale.

[trad. di A. Bufano, testo a cura di G. Martellotti, in F. Petrarca, *Prose*, a cura di G. Martellotti, P.G. Ricci, E. Carrara, E. Bianchi, Milano-Napoli 1955]

[...] Il piacere della vita solitaria ci preserva da questi mali e da una tal noia. Essa gode tranquilla il presente, attende serena il futuro, non s'affida al domani, non differisce al giorno seguente ciò che si può e si deve fare oggi. E non a torto, poiché non c'è cosa più sciocca che trascurare il presente, che solo ti appartiene ed è sicuro, per il desiderio o la speranza del futuro, che appartiene agli altri e dipende da mille accidenti. Non cesserà mai di essere in sospeso chi si affiderà sempre al domani: nessun gior-

IL «DE VITA SOLITARIA»

Il trattato, scritto a Valchiusa fra il 1346 e il 1347, illustra questo ideale di vita e di cultura, che si pone accanto, non propriamente in contrapposizione, con quello della vita contemplativa e della cultura monastica. Negli stessi anni il Petrarca componeva, dopo una visita al fratello Gherardo, il ***De ocio religiosorum***, un trattato dedicato espressamente alla vita ascetica, che rappresenta un omaggio alla felice pace del chiostro, considerata dalla tradizione religiosa una condizione privilegiata. Il poeta talora sembra perfino vagheggiarla come la soluzione degli affanni, delle paure, dei dolori che affliggono l'umanità [cfr. L, pp. 63-79].

no, tranne l'ultimo, mancherà di un domani, e tutti, tranne il primo, furono il domani di un giorno. Ne viene alla nostra vita un danno, di cui si potrebbe appena immaginare il maggiore: per la speranza di vivere non vivere mai, e a mo' del cane che insegue una lepre più veloce di lui, mordere sempre il vuoto senza mai afferrare ciò a cui si aspira. Un domani è appena arrivato, che già cessa di essere domani: ecco, già compare un altro domani, oppure quello stesso si è inavvertitamente spostato in avanti, e, per quanto sia un giorno diverso, sono tuttavia entrambi domani. Quello inseguiamo, quello ci è sempre vicino e tuttavia sempre davanti, e c'inganna con la sua vicinanza e appena lo avremo raggiunto, inaspettatamente ci sfuggirà; così più e più volte ci scappa dalle mani, e fuggendo avanti a noi ci aizza all'inseguimento, mentre noi non potremo mai raggiungerlo. Frattanto, nulla si fa di ciò che si potrebbe fare oggi. Per il solitario, che ha già stabilito ciò che vuol fare, che ha già preso una volta le sue decisioni non solo su di una parte, ma su tutto il suo tempo, non il giorno, non la notte è troppo lunga, anzi spesso è più breve di quanto vorrebbe, giacché lo abbandona quando è ancora preso dalle sue nobili occupazioni, e la luce si spegne prima che finisca l'opera intrapresa. Tuttavia ha imparato ad aggiungere notte al giorno e giorno alla notte e, all'occorrenza, a confonderle entrambe; d'altra parte, dividendo le incombenze dell'uno e dell'altra, fa di tutto perché non scorra inutilmente il tempo che gli è concesso, giacché spronarlo non vuole, trattenerlo non può. In questo mette tutto il suo ardore, tutta la sua attenzione, a questo si incita con tutte le forze del suo animo, questa, in una parola, è la più grande delle sue cure; eliminando così ogni fastidio, ogni sensazione di noia, vive oggi l'oggi, per vivere domani, se gli sarà concesso, il domani. Intanto, nella speranza del domani, non trascura di fare le sue cose, sapendo che molti quello suole ingannare e molte falsità affermare; ha fiducia nell'oggi piuttosto, perché quello promette, questo mantiene, mentre gli uomini sono talmente ciechi da cercare con maggiore entusiasmo la speranza d'un bene che il reale possesso.

ANALISI DEL TESTO

Al fondo di questa pagina vi sono:
- il timore della noia
- il timore dell'angoscia
- una ricerca psicologicamente molto sottile, diretta a superare quella condizione che necessariamente minaccia la vita dell'uomo, condannata ad una continua speranza.

Il poeta che aveva cantato il desiderio e la speranza, ma soprattutto come inutile affanno, cerca ora nell'utilizzazione del tempo il superamento dell'angoscia. Il segreto lo trova nel riempire il presente di nobili occupazioni, in modo da non aprire davanti a sé il vuoto che lo impaurisce.

Tale rimedio è sicuramente riconducibile a precetti pratici di vita morale consueti nella trattatistica cristiana, ma rivela un orientamento significativo verso la valorizzazione dell'opera attuale e terrena dell'uomo in una prospettiva che potremmo dire economica in senso lato, ossia rivolta all'impiego più fruttuoso del tempo.

LAVORARE SUL TESTO

1. Quali sono i vantaggi della vita solitaria?
2. Per quale ragione, a detta del poeta, il *presente* è da preferire al *futuro*?
3. Rintraccia nel testo le metafore e spiegale con parole tue.

dai *Trionfi*

Trionfo della Morte
(I)

La costante presenza di Laura nel Canzoniere *è sempre un riflesso della meditazione del poeta, che ricorda, che sogna, che immagina e che si tormenta. Non c'è posto nel* Canzoniere *per l'evento in sé della morte di Laura, perché è la storia intima del poeta che predomina, anche se quell'evento viene evocato nelle rime in morte. Nei* Trionfi *la morte di Laura viene invece rappresentata, quantunque attraverso una figurazione allegorica, che lascia in realtà poco spazio ai dati reali. Viene precisato direttamente il giorno della morte, il dì 6 di Aprile, ma per collegarlo al presunto giorno dell'inizio della storia amorosa, che aveva pesato sulla vita del poeta, e viene ricordata la scena nella quale, distesa sul letto fra il compianto delle compagne, Laura trapassa, mentre il suo viso si scolora e assume un atteggiamento di soave riposo.*

METRO: terzina dantesca.

[da *Rime, Trionfi e poesie latine*, a cura di F. Neri, G. Martellotti, E. Bianchi, N. Sapegno, Milano-Napoli 1951]

I «TRIONFI»

Il titolo si riferisce alla successione delle spettacolari **rappresentazioni**, cui il poeta immagina di assistere come in una visione che lo illumina sulle verità della vita, attraverso esempi storici e figurazioni allegoriche. Sei sono le parti del poema, composto di terzine come la *Commedia* e risalente al modello dantesco anche per il fatto di procedere attraverso una successione di scene e di personaggi esemplari, illustrati da una **guida** che accompagna il poeta in un **viaggio** immaginario. Ma la successione delle parti rivela un impianto tutto petrarchesco, in quanto le tappe che segnano l'ascesa richiamano i nodi fondamentali della meditazione del poeta delle *Rime* e del *Secretum*.

Il ***Trionfo d'Amore***, ambientato nel regno di Venere, mostra l'onnipotenza del dio nelle figure di coloro che soggiacquero alla sua forza, non ultimo lo stesso poeta; il ***Trionfo della Pudicizia*** è anche il trionfo di Laura che con la castità vinse la forza d'amore; il ***Trionfo della Morte*** offre l'occasione di evocare la fine di Laura, che la virtù non poté preservare dal comune destino; il ***Trionfo della Fama***, che annulla la morte, inserisce un elemento squisitamente classicheggiante evocando gli uomini illustri in due schiere, quella dei condottieri e quella dei letterati; il ***Trionfo del Tempo*** e quindi **della *Eternità*** sul Tempo concludono il poema, che risponde così alla prospettiva nella quale il Petrarca mirò ad inserire i molteplici ricordi della sua vita e della storia dell'umanità.

I *Trionfi* sono stati valutati soprattutto per alcuni **squarci lirici e narrativi**, che hanno anche largamente alimentato la poesia rinascimentale. Il modello complessivo dell'opera o alcune tipiche figurazioni, come quelle del regno di Venere, non mancheranno di avere la loro fortuna nel petrarchismo quattrocentesco, quantunque la più larga fortuna del Petrarca sia legata alla originalità del suo stile lirico [cfr. L, pp. 63-79].

Quella leggiadra e gloriosa donna
ch'è oggi ignudo spirto e poca terra[1]
e fu già di valor alta colonna[2],
tornava con onor[3] da la sua guerra,
allegra, avendo vinto il gran nemico,
che con suo' ingegni tutto 'l mondo atterra,
non con altr'arme che col cor pudico[4]
e d'un bel viso e de' pensieri schivi,
d'un parlar saggio e d'onestate amico.
Era miracol novo[5] a veder ivi

[1] *ch'è oggi... terra*: lo spirito di Laura è ormai, dopo la morte, distaccato dal suo corpo (*ignudo*), mentre il suo corpo è ridotto ad un mucchio di cenere.

[2] *di valor alta colonna*: alto sostegno della virtù, monumento di virtù.

[3] *con onor*: essendosi coperta d'onore nella guerra contro Amore, che domina tutto il mondo con le sue arti (*con suo' ingegni*).

[4] *col cor pudico*: le sue armi erano la pudicizia, rappresentata dalle qualità elencate successivamente, la bellezza del viso e la verecondia dei pensieri, la saggezza e l'onestà della parola.

[5] *miracol novo*: una cosa meravigliosa, da non credersi.

rotte l'arme[6] d'Amore, arco e saette,
e tal morti da lui, tal presi e vivi.
La bella donna e le compagne elette
tornando da la nobile vittoria[7]
in un bel drappelletto ivan ristrette;
poche eran, perché rara è vera gloria,
ma ciascuna per sé parea ben degna[8]
di poema chiarissimo e d'istoria;
era la lor vittoriosa insegna[9]
in campo verde un candido ermellino,
ch'oro fino e topazi al collo tegna;
non uman veramente, ma divino
lor andar era, e lor sante parole[10]:
beato s'è[11] qual nasce a tal destino!
Stelle chiare pareano, in mezzo un sole[12]
che tutte ornava e non togliea lor vista,
di rose incoronate e di viole[13].
E come gentil cor onore acquista,
così venìa quella brigata allegra[14],
quando vidi un'insegna oscura e trista[15];
ed una donna involta in veste negra,
con un furor qual io non so se mai

[6] *rotte l'arme* ecc.: le armi d'Amore, l'arco, le frecce, si vedevano rotte e si vedevano le sue vittime, alcune uccise, altre prese prigioniere.

[7] *nobile vittoria*: quella ottenuta dalla pudicizia sull'amore. Laura e le compagne che avevano partecipato al trionfo tornavano serrate in una schiera.

[8] *degna* ecc.: degna di essere celebrata in poemi epici e in opere di storia.

[9] *vittoriosa insegna*: l'insegna, il vessillo col quale avevano vinto. I colori del vessillo si riferiscono tutti alla virtù della pudicizia; così il *campo verde* (*campo* è chiamato lo sfondo degli stemmi nobiliari) rappresenta la giovinezza, il bianco *ermellino* il candore, l'*oro fino* la purezza, i *topazi* la castità (questa simbologia deriva dalla dottrina medica medievale, che attribuiva al topazio la proprietà di acquietare ogni bollore, quindi ogni passione). Oro e *topazi* ornavano il collo dell'ermellino.

[10] *e lor sante parole*: anche queste erano cosa sovrumana.

[11] *beato s'è*: deve ritenersi beato.

[12] *un sole* ecc.: Laura, più splendente di tutte, come il sole fra le stelle, non offuscava la loro bellezza.

[13] *rose... viole*: assunte come simboli della bellezza modesta e casta.

[14] *E come gentil cor... allegra*: la gioiosa schiera procedeva con l'atteggiamento di chi, dotato di nobiltà d'animo, riceve l'onore dovuto.

[15] *oscura e trista*: con i colori scuri e foschi; è l'insegna della Morte, la donna che ora avanza contro le schiere guidate da Laura.

al tempo de' giganti[16] fosse a Flegra,
si mosse e disse: «O tu, donna, che vai
di gioventute e di bellezze altera[17],
e di tua vita il termine non sai,
io son colei che si importuna e fera[18]
chiamata son da voi, e sorda e cieca
gente[19], a cui si fa notte innanzi sera;
io ò condotto al fin[20] la gente greca
e la troiana, a l'ultimo i Romani,
con la mia spada la qual punge e seca[21],
e popoli altri barbareschi e strani;
e giugnendo quand'altri non m'aspetta
ò interrotti infiniti penser vani[22].
Or a voi, quando il viver più diletta[23],
drizzo 'l mio corso innanzi che Fortuna
nel vostro dolce qualche amaro metta».

[...]

«Virtù more, bellezza e leggiadria!»
le belle donne intorno al casto letto
triste diceano «omai di noi che fia?
chi vedrà mai in donna atto perfetto?
chi udirà il parlar di saver pieno
e 'l canto pien d'angelico diletto?»
Lo spirto, per partir di quel bel seno
con tutte sue virtuti in sé romito,
fatto avea in quella parte il ciel sereno.
Nessun degli avversari fu sì ardito

[16] *al tempo de' giganti*: paragona la faccia della morte a quella dei giganti che a Flegra, secondo la mitologia classica, si ribellarono a Giove.

[17] *altera*: orgogliosa.

[18] *importuna e fera*: perché colpisce anzi tempo e senza pietà.

[19] *e sorda e cieca gente* ecc.: o mortali che non ascoltate e non vedete la verità delle cose, per i quali la notte, il buio, scende prima della sera, non vi giovate della luce del giorno.

[20] *ò condotto al fin*: ho portato alla rovina.

[21] *punge e seca*: colpisce di punta e di taglio, per indicare la violenza cieca e selvaggia dei colpi della morte.

[22] *penser vani*: divenuti vani proprio per il sopraggiungere della morte, che inaspettatamente distrugge ogni progetto, ogni speranza.

[23] *quando il viver più diletta*: proprio nel momento di maggiore felicità, prima che la Fortuna amareggi la dolcezza della vita.

ch'apparisse già mai con vista oscura
fin che Morte il suo assalto ebbe fornito.
Poi che deposto il pianto e la paura
pur al bel volto era ciascuna intenta,
per desperazion fatta sicura,
non come fiamma[24] che per forza è spenta,
ma che per se medesma si consume,
se n'andò in pace l'anima contenta,
a guisa d'un soave e chiaro lume
cui nutrimento a poco a poco manca[25],
tenendo al fine[26] il suo caro costume.
Pallida no ma più che neve bianca[27]
che senza venti in un bel colle fiocchi,
parea posar[28] come persona stanca:
quasi un dolce dormir ne' suo' belli occhi,
sendo[29] lo spirto già da lei diviso,
era quel che morir[30] chiaman gli sciocchi:
morte bella parea nel suo bel viso.

ANALISI DEL TESTO

Tutto l'episodio è in realtà costruito in funzione del suo significato simbolico. La morte, rappresentata come una donna vestita di nero e spinta dal furore, sbarra la strada a Laura nel momento più fulgido della sua vittoria.

Un vero e proprio trionfo è l'apparizione di lei che torna con le compagne dalla battaglia contro l'Amore in nome della pudicizia: è il trionfo dell'Amore inteso nella sua forma più alta, quale superamento del livello della passione, sublimazione dell'animo.

L'inesorabilità della morte rappresenta la furia della fortuna che si abbatte proprio nel momento culminante della gloria. Tuttavia, la morte sul volto di Lau-

[24] *non come fiamma* ecc.: l'anima di Laura, assalita dalla morte, se ne andò serena (*in pace*), come la fiamma che si consuma lentamente, da sé, e non per una violenta causa esterna.

[25] *cui nutrimento... manca*: cui venga a mancare la materia combustibile.

[26] *tenendo al fine* ecc.: conservando fino alla fine la sua abituale bellezza, pur affievolita.

[27] *Pallida no... neve bianca*: non solo pallida, ma addirittura più bianca della neve.

[28] *parea posar*: sembrava riposare.

[29] *sendo* ecc.: essendosi (*sendo*) lo spirito, l'anima, già allontanata (*diviso*) da lei.

[30] *quel che morir* ecc.: quel che gli sciocchi chiamano morte; sciocchi perché non si rendono conto di come la morte terrena in realtà sia l'inizio della vera vita nei cieli.

ra si trasforma in una forma nuova di bellezza, la bellezza dell'eternità, superamento delle angosce e del turbamento della vita terrena [cfr. L, pp. 74-75].

LAVORARE SUL TESTO

1. Rintraccia nel testo le metafore e spiegale con parole tue.
2. Spiega la seguente espressione: *non uman veramente, ma divino lor andar era.*
3. Quali effetti produce, su Laura, la morte?

dalle *Invective contra medicum*

[La medicina arte di ciarlatani]
(III)

Questo passo della terza invettiva contro il medico mostra chiaramente lo stile della prosa polemica petrarchesca, in cui argomentazioni logiche e citazioni dotte si mescolano allo scherzo, al sarcasmo, all'improperio più sbrigliato.

[trad. a cura di P.G. Ricci, in F. Petrarca, *Prose*, a cura di G. Martellotti, P.G. Ricci, E. Carrara, E. Bianchi, Milano-Napoli 1955]

Dirò a chiare note quel che penso, per quanto tu arroti i denti e ti guasti il sangue e mi minacci subdoli medicamenti: ti farebbe comodo, ma ancor più farebbe comodo ai tuoi malati, che tu fossi muto, invece che oratore. E quel che la natura non fece, dovrebbe farlo qualcuno sollecito del pubblico bene, tagliandoti la lingua con cesoie benedette; codesta lingua della quale vai superbo e che a stento si muove nella tua insulsa bocca. Allora, finalmente, penseresti a curare: ora pensi a predicare; e tutto quel che predichi finisce nel nulla. No, sbaglio; finisce anzi a tua vergogna e a rovina degli altri. Certo non a caso, e non per svergognare l'arte, Virgilio chiama «muta» la medicina[1], ma perché realmente deve essere silenziosa e non loquace. Per contro, con la vostra imprudenza voi avete condotto le cose a tal punto che meritate, invece di muti, esser chiamati ciarlatani[2]. Questo nome, impostovi dal diritto civile, non verrà mai meno. I medici antichi eran soliti curare senza far chiacchiere; voi ammazzate in mezzo a

[1] *Virgilio... medicina*: Virgilio, *Eneide* XII 397.
[2] *ciarlatani*: nel testo latino *parabolani*, vocabolo usato a proposito dei medici nel *Codice Giustinianeo*, cui Petrarca allude in questo luogo.

LE «INVECTIVE»

Agli anni fra il 1352 e il 1355 risalgono le *Invective in medicum quendam* (*Invettive contro un medico*), che raccolgono una serie di scritti polemici diretti ad un medico della corte avignonese, in cui si respingono tutte le accuse che i cultori della scienza pratica della medicina rivolgevano ai cultori delle arti e della poesia in particolare. In questa difesa, che contiene anche una spietata critica dell'arte medica come arte inferiore quando non ingannevole, il Petrarca trova modo di elaborare la dottrina della **superiorità della poesia** su tutte le arti meccaniche, ossia pratiche, e perfino su quelle liberali, con argomenti che rimangono un punto fermo nel dibattito culturale dei secoli successivi. Come primo argomento vi figura il paradosso della non utilità della poesia come segno della sua eccezionale natura [cfr. L, pp. 63-79].

perorazioni, ad alterchi, a clamori[3]. Questa è la vostra medicina, questa la vostra retorica; e mentre nessuna classe di persone è più spoglia di fiori retorici e n'ha meno bisogno, tuttavia pretendete d'essere chiamati retori e oratori e poeti[4] e filosofi e apostoli e risuscitatori di morti: in realtà non siete assolutamente nulla, se non parole inutili e vanità senza peso. Una volta i malati venivano curati senza bisogno di sillogismi, e quasi tratti dal sepolcro, nel modo di cui tu ora falsamente ti vanti. La favola di Ippolito[5] resuscitato da Esculapio prese le mosse da questo, credo: che quel medico abilissimo lo salvò al punto estremo e lo riportò alla vita quand'era già mezzo morto. Che differenza oggi! Con voi che sillogizzate, muoiono quelli che senza di voi avrebbero potuto vivere. L'ho già detto più volte inutilmente: curate, medicate, lasciate l'eloquenza a coloro ai quali appartiene[6]: non può essere vostra. E per restituire al tuo consiglio[7] un consiglio, ma molto più amichevole: tu mi ordini di entrare nei territori altrui, io ti suggerisco di rientrare nei tuoi. Tu mi consigli di farmi medico, dopo aver mutato genere di vita – ed è una cosa non bella e quasi impossibile –: io di non dedicarti mai alla retorica, in modo che finalmente tu cominci a essere davvero quel medico che da un pezzo ti vanti di essere. L'ornato parlare s'addice a un medico come i finimenti di lusso a un ciuco.

[3] *perorazioni... clamori*: Petrarca polemizza contro la falsa retorica, adoperata ai fini di uno sterile tecnicismo.

[4] *pretendete... poeti*: opponendosi all'arroganza dei medici, il Petrarca difende un alto e puro concetto di poesia.

[5] *Ippolito*: figlio di Teseo, fu calunniato da Fedra, che egli respinse, e straziato dai cavalli di Nettuno. Fu risuscitato da Esculapio, dio della medicina.

[6] *lasciate... appartiene*: di fronte all'invasione delle discipline scientifiche nel campo propriamente morale, il Petrarca afferma la necessità di una distinzione, perché, contro ogni astratta sottigliezza, lo studio dell'eloquenza, la retorica, deve tradursi essenzialmente in una vera e propria scienza dell'uomo.

[7] *al tuo consiglio*: quello di dedicarsi alla medicina.

ANALISI DEL TESTO

Petrarca parte dalla netta distinzione fra **arti meccaniche**, riguardanti il corpo, e **arti liberali**, riguardanti l'anima, e conduce la sua serrata polemica contro l'ipotesi che il medico possa valersi di un'arte liberale come la retorica, arte che per la sua nobiltà deve esser trattata soprattutto dai poeti.

Nella requisitoria contro il medico, che si atteggiava a scienziato, e quindi riteneva di poter usare lo strumento della parola come veicolo della scienza, poiché scienza è quell'arte che supera il livello pratico d'impiego, Petrarca giunge a sostenere la tesi estrema che la medicina debba esser muta, in modo da rimanere entro i confini meccanici che le sono propri.

Certamente il carattere paradossale di questa teoria era dettato dall'**occasione polemica** del discorso, ma nasceva anche da una convinzione maturata attraverso l'opera di valorizzazione dell'arte poetica e dalla diffidenza verso una cultura che aveva il suo fondamento nell'aristotelismo di scuola [cfr. L, p. 76].

LAVORARE SUL TESTO

1. A detta di Petrarca, il medico da cosa sarebbe distratto?
2. Quali effetti produrrebbero le *prediche* del medico?
3. Quale sarebbe stato, a detta di Petrarca, il costume dei medici antichi?
4. Rintraccia le metafore presenti nel testo e spiegale con parole tue.
5. Qual è il consiglio finale che Petrarca rivolge al medico?

3. Iacopo Sannazaro

dall'*Arcadia*

[La storia di Carino]
(VIII)

*La prosa VIII dell'*Arcadia *costituisce un piccolo romanzo incluso nel più ampio romanzo narrato da Sincero. Carino, un pastore che ha udito Sincero lamentarsi la notte per il suo amore inappagato, cerca di confortarlo raccontandogli la sua storia inizialmente drammatica, giunta fino al limite del suicidio, e poi risoltasi felicemente per volere degli dei. Questa storia, tratta da vari modelli antichi e soprattutto dal romanzo greco, funge da contrappunto alla dolorosa storia di Sincero, che tornerà nella sua patria, ma troverà morta la sua donna e dovrà confrontarsi con la poesia.*

[da *Opere di I. Sannazaro*, a cura di E. Carrara, Torino 1952]

Appena era io a le ultime note del mio cantare[1] pervenuto, quando con allegra voce Carino vèr me esclamando: – Rallègrati – mi disse – napolitano pastore, e la turbidezza[2] de l'animo, quanto puoi, da te discaccia, rasserenando omai la malinconica fronte; ché veramente et a la dolce patria[3], et a la donna che più che quella desìderi, in brevissimo tempo ritornerai, se 'l manifesto e lieto segnale[4], che gli Dii ti mostrano, non mi inganna. – E come può egli essere? – rispusi io – Ora bastarammi tanto il vivere[5] che

[1] *del mio cantare*: Sincero aveva raccontato la sua storia dolorosa nella prosa precedente ed aveva concluso con un'*egloga* che era un lamento d'amore.
[2] *turbidezza*: turbamento.
[3] *la dolce patria*: Napoli.
[4] *manifesto... segnale*: chiaro segno di buon augurio; Carino allude al ritorno di una giovenca smarrita.
[5] *bastarammi... vivere*: vivrò mai tanto?

L'«ARCADIA»

L'*Arcadia* fu in gran parte il frutto di uno studio giovanile del Sannazaro, pur distinguendosi dalla contemporanea poesia bucolica. I canti pastorali raccolti in essa, composti in metri diversi, *terzine*, *canzoni*, *sestine*, risultano collegati da altrettante *prose*, in modo da costituire un vero e proprio **romanzo**. L'opera si venne in realtà costituendo per successive amplificazioni. I canti bucolici sorsero dapprima sciolti, poi furono legati da altrettante prose che ne definivano la circostanza. Le stesse prose dapprima limitate alla descrizione del delizioso **paesaggio arcadico** e della **vita dei pastori**, che si svolge tra la fatica e le umili gioie campestri, si ampliano e si articolano nel racconto di una triste storia d'amore.

Il protagonista, che è uno dei pastori ed è anche colui che narra la storia, **Sincero** (Azio Sincero era il nome accademico dello stesso Sannazaro), si rivela per uno straniero, venuto da Napoli per fuggire l'infelicità.

Fra i numerosi spunti tratti dalla tradizione lirica, bucolica e narrativa, l'*Arcadia* riprende lo schema ideale della *Vita Nuova* e del *Canzoniere*, svolgendo il tema dell'amore, che dà **gioia** e **tormento** e il cui unico conforto è la poesia. La storia suonava anche come un elogio del nuovo secolo e della scelta culturale in senso umanistico fatta dal centro napoletano. La stessa vita collettiva dei pastori veniva a simboleggiare il piacevole **ritrovo accademico**, dove si ascoltano i canti e si discute di poesia. Ma la **fortuna italiana ed europea dell'opera**, durata fino al Settecento, fu determinata dalla **novità della sua** pur esile **struttura narrativa** e dalla **soluzione letteraria del suo linguaggio**. La raffinatissima cura dedicata alla prosa offriva un modello di comunicazione colta, il più possibile lontana dalla quotidianità del parlato e rispondeva quindi al desiderio di distinzione di un pubblico cortigiano ed accademico.

io la riveggia? – Certo sì – disse egli – e degli augurii e de le promesse degli Dii non si deve alcuno sconfortare[6] già mai; però che certissime et infallibili tutte sono: adunque confòrtati e prendi speranza di futura letizia; ché certo io spero che 'l tuo sperare non sia vano. Non vedi tu il nostro Ursacchio[7] tutto festivo da man destra venirne con la ritrovata giovenca, rallegrando le propinque[8] selve col suono de la soave sampogna? Per la qual cosa, se luogo alcun hanno in te i preghi miei, io ti prego, e quanto posso ti ricordo, che di te stesso pietà ti stringa, et a le amare lacrime ponghi fine: però che, come è il proverbio, né di lacrime Amore, né di rivi i prati, né capre di fronde, né api di novelli fiori si videro sazie già mai. E per porgerti ne le afflizioni migliore speranza, ti fo certo che io[9], il quale se ora non del tutto lieto almeno in parte scarico de le amaritudini[10] dir mi posso, fui in simile e forse, dal voluntario esilio in fuori il quale ora sì fieramente ti preme, in più doloroso caso, che tu non sei, né fosti già mai;

[6] *sconfortare*: perdersi d'animo al punto da non aver più fede nei segni e negli auguri divini.

[7] *Ursacchio*: un altro pastore del gruppo.

[8] *propinque*: vicine.

[9] *ti fo certo che io*: ti assicuro che io.

[10] *scarico de le amaritudini*: liberato dalle sofferenze.

conciosiacosa che tu mai non ti mettesti in periglio di perdere quello, che forse con fatica ti pareva avere racquistato, come feci io[11], che in un punto ogni mio bene, ogni mia speranza, ogni mia felicità commisi[12] in mano de la cieca Fortuna, e quelli subitamente perdei. Né dubito punto, che sì come allora gli perdèi, così gli avrei ancora in eterno perduti, se desperato mi fosse de l'abondevole[13] grazia degli Dii, come tu facesti. Era io adunque, benché sia ancora e sarò mentre[14] lo spirto regerà queste membra, insino da la mia fanciullezza acceso ardentissimamente de l'amor d'una, che al mio giudicio con le sue bellezze non che l'altre pastorelle d'Arcadia, ma di gran lunga avanza[15] le sante Dee; la quale, però che dai teneri anni a' servigi di Diana disposta[16], et io similmente nei boschi nato e nudrito era; volentieri con meco et io con lei per le selve inseme ne dimesticammo[17] e, secondo che volsero[18] gli Dii, tanto ne trovammo nei costumi conformi, che uno amore et una tenerezza sì grande ne nacque fra noi, che mai né l'uno né l'altro conosceva[19] piacere né diletto, se non tanto quanto inseme eravamo. Noi parimente nei boschi di opportuni instrumenti armati a la dilettosa caccia andavamo; né mai da li cercati luoghi[20] carichi di preda tornavamo che, prima che quella tra noi divisa fusse, gli altari de la santa Dea[21] non avessemo con debiti onori visitati et accumulati di larghi doni, offerendogli ora la fiera testa del setoso[22] cinghiale, et ora le arboree[23] corna del vivace cervo, sovra gli alti pini appiccandoli[24]. Ma come che[25] di ogni caccia prendessemo sommamente piacere, quella de li semplici et innocenti uccelli, oltra a tutte ne dilettava; però che con più sollazzo e con assai meno fatica che nessuna de le altre si potea continuare[26]. Noi alcuna volta in sul fare del giorno, quando appena sparite le stelle, per lo vicino sole vedevamo lo oriente tra vermigli nuvoletti rosseggiare, n'andavamo in qualche valle lontana dal conversare de le genti, e quivi fra duo altissimi e dritti alberi tendevamo la ampia rete, la quale, sottilissima tanto che appena tra le frondi scernere[27] si potea, *Aragne*[28] per no-

[11] *conciosiacosa che... feci io*: cosicché tu non hai mai corso il rischio di perdere ciò che con tanto sforzo ti sembrava di aver ormai raggiunto, come feci io.

[12] *commisi*: affidai.

[13] *abondevole*: grande.

[14] *mentre*: finché.

[15] *avanza*: supera.

[16] *la quale... disposta*: che essendo versata, sin dalla fanciullezza, nella caccia.

[17] *per le selve... ne dimesticammo*: andando insieme a caccia per le selve familiarizzammo.

[18] *volsero*: vollero.

[19] *conosceva*: provava.

[20] *cercati luoghi*: selve esplorate.

[21] *santa Dea*: Diana.

[22] *setoso*: irsuto.

[23] *arboree*: ha qui il valore di metafora esornativa.

[24] *appiccandoli*: appendendoli.

[25] *come che*: sebbene.

[26] *continuare*: prolungare.

[27] *scernere*: distinguere.

[28] *Aragne*: è il nome della tessitrice tramutata da Minerva in ragno per aver osato sfidarla.

me chiamavamo, e questa ben maestrevolmente, come si bisogna, ordinata, ne moveamo da le remote parti del bosco, facendo con le mani rumori spaventevoli[29], e con bastoni e con pietre di passo in passo[30] battendo le macchie, verso quella parte, ove la rete stava, i tordi, le merule e gli altri ucelli sgridavamo[31]: li quali dinanzi a noi paurosi[32] fuggendo, disavedutamente davano il petto ne li tesi inganni[33], et in quelli inviluppati, quasi in più sacculi diversamente pendevano. Ma al fine veggendo la preda essere bastevole, allentavamo appoco appoco i capi de le maestre funi, quelli calando; ove quali trovati piangere, quali semivivi giacere, in tanta copia ne abondavano che molte volte fastiditi di ucciderli e non avendo luogo ove tanti ne porre, confusamente con le mal piegate reti ne li portavamo insino agli usati alberghi. Altra fiata, quando nel fruttifero autunno le folte caterve[34] di storni volando in drappello raccolte si mostrano a' riguardanti quasi una rotonda palla ne l'aria, ne ingegnavamo[35] di avere duo o tre di quelli, la qual cosa di leggiero si potea trovare[36], ai piedi dei quali un capo di spaghetto sottilissimo unto di indissolubile visco legavamo, lungo tanto quanto ciascuno il suo potea portare[37]; e quindi, come la volante schiera verso noi si approssimava[38], così li lasciavamo in loro libertà andare: li quali subitamente a' compagni fuggendo, e fra quelli, sì come è lor natura, mescolandosi, conveniva[39] che a forza con lo inviscato canape[40] una gran parte de la ristretta moltitudine[41] ne tirasseno seco. Per la qual cosa i miseri, sentendosi a basso tirare et ignorando la cagione, che il volare le[42] impediva, gridavano fortissimamente, empiendo l'aria di dolorose voci; e di passo in passo per le late[43] campagne ne li vedeamo dinanzi ai piedi cadere; onde rara era quella volta, che con li sacchi colmi di caccia non ne tornassemo a le nostre case. Ricordami avere ancora non poche volte riso de' casi de la male augurata còrnice[44], et udite come. Ogni fiata, che tra le mani, sì come spesso addiviene, alcuna di quelle ne capitava, noi subitamente n'andavamo in qualche aperta pianura, e quivi per le estreme punte de le ali la legavamo resupina[45] in

[29] *spaventevoli*: tali da spaventare gli uccelli.

[30] *di passo in passo*: di tratto in tratto.

[31] *sgridavamo*: spaventavamo con grida.

[32] *paurosi*: impauriti.

[33] *tesi inganni*: la rete (metonimia).

[34] *caterve*: schiere.

[35] *ne ingegnavamo*: ci sforzavamo.

[36] *di leggiero... trovare*: si poteva facilmente ottenere.

[37] *ciascuno... portare*: ognuno poteva trascinarsi dietro.

[38] *si approssimava*: avanzava.

[39] *conveniva*: accadeva necessariamente.

[40] *con lo inviscato canape*: a causa della pania.

[41] *una gran parte... moltitudine*: antitesi.

[42] *le*: a loro.

[43] *late*: ampie.

[44] *de la male augurata còrnice*: della malaugurante cornacchia.

[45] *resupina*: supina.

terra, né più né meno come se i corsi de le stelle avesse avuto a contemplare; la quale non prima si sentiva così legata, che[46] con stridenti voci gridava e palpitava[47] sì forte, che tutte le convicine còrnici[48] faceva intorno a sé ragunare[49]: de le quali alcuna forse più de' mali de la compagna pietosa che de' suoi avveduta, si lasciava a le volte di botto in quella parte calare per agiutarla, e spesso per ben fare ricevea mal guidardone[50]. Con ciosiacosa che non sì tosto vi era giunta, che da quella, che 'l soccorso aspettava, sì come da desirosa di scampare[51], subito con le uncinute unghie[52] abbracciata e ristretta non fosse; per maniera che forse volentieri avrebbe voluto, se possuto avesse, svilupparsi[53] da' suoi artigli: ma ciò era niente[54]; però che quella la si stringeva e riteneva sì forte, che non la lasciava punto da sé partire; onde avresti in quel punto veduto nascere una nova pugna[55]; questa cercando di fuggire, quella di agiutarsi; l'una e l'altra egualmente più de la propria, che de l'altrui salute[56] sollicita, procacciarsi il suo scampo. Per la qual cosa noi, che in occolta parte dimoravamo[57], dopo lunga festa sovra di ciò presa[58], vi andavamo a spicciarle, e, racquetato alquanto il rumore, ne riponevamo a l'usato luogo[59]; da capo attendendo, che alcuna altra venisse con simile atto a radoppiarne lo avuto piacere. Or che vi dirò io de la cauta grue? Certo non gli valeva, tenendo in pugno la pietra, farsi le notturne escubie[60]; però che dai nostri assalti non vivea, ancora di mezzo giorno, secura. Et al bianco cigno che giovava abitare ne le umide acque per guardarsi dal foco, temendo del caso di Fetonte[61], se in mezzo di quelle non si potea egli da le nostre insidie guardare? E tu, misera e cattivella[62] perdice[63], a che schifavi[64] gli alti tetti, pensando al fiero

[46] *non prima... che*: non appena... subito.

[47] *palpitava*: si dimenava.

[48] *convicine còrnici*: vicine cornacchie (allitterazione).

[49] *ragunare*: radunare.

[50] *guidardone*: ricompensa.

[51] *sì... scampare*: come da chi desidera ardentemente mettersi in salvo.

[52] *uncinute unghie*: ricurvi artigli (allitterazione).

[53] *svilupparsi*: liberarsi.

[54] *niente*: inutile.

[55] *nova pugna*: strana zuffa.

[56] *salute*: salvezza.

[57] *occolta parte dimoravamo*: ce ne stavamo nascosti in luogo appartato.

[58] *dopo... presa*: dopo esserci a lungo divertiti.

[59] *ne riponevamo... luogo*: tornavamo all'abituale nascondiglio.

[60] *Certo... escubie*: certo non le era servito, stringendo una pietra con la zampa, fare il turno di guardia notturno; si ironizza su quella che pare fosse una abitudine di questa specie di uccelli: infatti, come si dirà in seguito, nonostante le precauzioni notturne, neppure di giorno le gru si potranno sottrarre alle insidie tese loro dai due giovani cacciatori.

[61] *temendo... Fetonte*: secondo il mito, Fetonte, figlio di Helios e di Climene, guidando il carro del sole si avvicinò troppo alla terra e quasi la incendiò; per punizione Giove lo fulminò e lo fece precipitare nel Po (cfr. Ov., *Metam.* II 47 sgg.).

[62] *cattivella*: disgraziata.

[63] *perdice*: pernice.

[64] *schifavi*: schivavi.

avvenimento de la antica caduta[65], se ne la piana terra, quanto più secura stare ti credevi, ne li nostri lacciuoli incappavi? Chi crederebbe possibile, che la sagace oca, sollicita palesatrice de le notturne frode[66], non sapeva a se medesma le nostre insidie palesare? Similmente de' fagiani, de le tùrture[67], de le colombe, de le fluviali[68] anitre, e degli altri ucelli vi dico: niuno ne fu mai di tanta astuzia da la natura dotato, il quale da' nostri ingegni[69] guardandosi, si potesse lunga libertà promettere[70]. Et acciò che io ogni particella[71] non vada racontando, dico adunque che venendo, come udito avete, di tempo in tempo più crescendo la età, la lunga e continua usanza[72] si convertì in tanto e sì fiero amore, che mai pace non sentiva, se non quanto di costei pensava. E non avendo, sì come tu[73] poco inanzi dicesti, ardire di discoprirmegli[74] in cosa alcuna, era divenuto in vista tale[75] che non che gli altri pastori ne parlavano, ma[76] lei, che di ciò nulla sapendo di buon zelo affettuosissimamente mi amava, con dolore e pietà inestimabile ne stava maravigliata[77]; e non una volta, ma mille con istanzia[78] grandissima pregandomi, che 'l chiuso core gli palesasse[79], e 'l nome di colei, che di ciò mi era cagione, gli facesse chiaro[80], io, che del non potermi scoprire intolerabile noia[81] portava ne l'animo, quasi con le lacrime in su gli occhi gli rispondea, a la mia lingua non essere licito di nominare colei, cui io per mia celeste deità adorava[82], ma che dipinta la sua bellissima e divina imagine, quando commodo stato mi fusse, gli avrei dimostrata. Et avendola con cotali parole molti e molti giorni tenuta, avvenne una volta che, dopo molto ucellare, essendo io e lei soletti[83] e dagli altri pastori rimoti, in una valle ombrosa, tra il canto di forse cento varietà di belli ucelli, i quali di loro accenti facevano tutto quel luogo risonare, quelle medesme note le selve iterando[84], che essi esprimevano; ne ponemmo ambi-

[65] *pensando... caduta*: memore del crudele ricordo dell'antica caduta; si allude alla leggenda di Pernice, nipote di Dedalo, precipitato dallo zio dall'alto di una torre, per cui, spaventato, vola sempre basso.

[66] *sollicita... frode*: fa riferimento alle oche del Campidoglio, che segnalarono l'arrivo dei Galli, e perciò le dice *sagaci*.

[67] *tùrture*: tortore.

[68] *fluviali*: epiteto esornativo.

[69] *ingegni*: inganni, trappole.

[70] *promettere*: assicurare.

[71] *particella*: minuzia, particolare.

[72] *usanza*: familiarità.

[73] *tu*: riferito a Sincero.

[74] *discoprirmegli*: manifestarle il mio amore.

[75] *era... tale*: mi ero talmente cambiato fisicamente.

[76] *non che... ma*: non solo... ma anche.

[77] *maravigliata*: sorpresa.

[78] *istanzia*: insistenza.

[79] *che... palesasse*: che le confidassi il motivo segreto della mia sofferenza.

[80] *gli facesse chiaro*: le rivelassi.

[81] *noia*: tristezza.

[82] *cui... adorava*: che io veneravo come una celeste dea.

[83] *soletti*: appartati.

[84] *iterando*: ripetendo.

duo a sedere a la[85] margine d'un fresco e limpidissimo fonte, che in quella sorgea. Il quale né da ucello, né da fiera turbato, sì bella la sua chiarezza nel selvatico luogo conservava, che non altrimente che se di purissimo cristallo stato fusse, i secreti del translucido fondo manifestava: e d'intorno a quello non si vedea di pastori né di capre pedata alcuna; perciò che armenti già mai non vi soleano per riverenza de le Ninfe accostare: né vi era quel giorno ramo, né fronda veruna caduta da' sovrastanti alberi; ma quietissimo senza mormorio o rivoluzione[86] di bruttezza alcuna discorrendo[87] per lo erboso paese, andava sì pianamente, che appena avresti creduto che si movesse. Ove, poi che alquanto avemmo refrigerato il caldo, lei con novi preghi mi ricominciò da capo a stringere e scongiurare per lo amore, che io gli portava, che la promessa effigie[88] gli mostrasse; aggiungendo a questo col testimonio degli Dii mille giuramenti, che mai ad alcuno, se non quanto a me piacesse, nol ridirebbe[89]: a la quale io da abondantissime lagrime sovragiunto[90], non già con la solita voce, ma tremante e sommessa, rispusi, che ne la bella fontana la vedrebbe: la quale, sì come quella che desiderava molto di vederla, semplicemente senza più avante pensare, bassando gli occhi ne le quiete acque, vide se stessa in quelle dipinta per la qual cosa, se io mal non mi ricordo, ella si smarrì[91] subito, e scolorisse[92] nel viso per maniera che[93] quasi a cader tramortita fu vicina; e senza cosa alcuna dire o fare, con turbato viso da me si partì. Ora quale mi dovesse io in quel punto rimanere vedendomi da quella con ira e con cruccio lasciare, la quale poco avanti[94] blanda, amicissima e di mie piaghe pietosa quasi per compassione piangere veduta avea, ciascuno, senza che io il raconti, sel può considerare[95]. Io per me, non so se morto in quel punto o vivo mi fusse, né chi a casa me ne portasse; ma tanto[96] vi dico, che quattro soli et altre tante lune[97], il mio corpo né da cibo né da sonno fu riconfortato; e le mie vacche digiune non uscirono da la chiusa mandra[98], né gustarono mai sapore di erba, né liquore[99] di fiume alcuno; onde i miseri vitelli sugando[100] le secche poppe de le affamate madri e non trovandovi lo usato[101] latte, dolorosi appo[102] quelle reimpivano le circostanti selve di lamentevoli muggiti; de la qual cosa io poco curandomi, gittato ne

[85] *a la*: lungo il.
[86] *rivoluzione*: rivolgimenti, gorghi d'acqua.
[87] *discorrendo*: scorrendo attraverso.
[88] *effigie*: immagine.
[89] *ridirebbe*: riferirebbe.
[90] *sovragiunto*: vinto.
[91] *si smarrì*: si turbò.
[92] *scolorisse*: impallidì.
[93] *per maniera che*: cosicché.
[94] *avanti*: prima.
[95] *considerare*: immaginare.
[96] *tanto*: soltanto.
[97] *quattro... lune*: per quattro giorni.
[98] *mandra*: ovile.
[99] *liquore*: acqua.
[100] *sugando*: succhiando.
[101] *usato*: solito.
[102] *appo*: accanto a.

la piana terra, ad altro non intendeva che a piangere talché nessuno, che veduto mi avesse nei tempi de la mia tranquillità, mi avrebbe per Carino riconosciuto. Venivano i bifolchi, venivano i pastori di pecore e di capre, inseme con li paesani de le vicine ville, credendo me essere uscito dal senno, come già era, e tutti con pietà grandissima dimandavano qual fusse la cagione del mio dolore; ai quali io niuna risposta facea; ma al mio lacrimare intendendo[103], così con lamentosa voce dicea: – Voi, Arcadi, canterete nei vostri monti la mia morte: Arcadi, soli di cantare esperti, voi la mia morte nei vostri monti cantarete. O quanto allora le mie ossa quietamente riposeranno, se la vostra sampogna a coloro, che dopo me nasceranno, dirà gli amori, e i casi miei! –. Finalmente a la quinta notte desideroso oltra modo di morire, uscendo fuora de lo sconsolato albergo[104], non andai a la odiosa fontana, cagione infelicissima de' miei mali; ma errando per boschi senza sentiero e per monti asprissimi et ardui, ove i piedi e la fortuna[105] mi menavano; a gran fatica mi ricondussi in una ripa altissima, pendente sovra al mare, onde i pescatori sogliono da lungi scoprire i notanti pesci. E quivi, prima che 'l sole uscisse, appiè[106] di una bella quercia, ove altra volta mi ricordai essermi nel seno di lei riposato, mi pusi a sedere, né più né meno come se questa stata fusse medicina del mio furore; e dopo molto sospirare, a guisa che suole il candido cigno presago de la sua morte cantare gli essequiali versi, così dirottamente piangendo incominciai: – O crudelissima e fiera più che le truculente orse, più dura che le annose querce, et a' miei preghi più sorda che gli insani mormorii de l'infiato[107] mare! Ecco che vinci già, ecco che io moio; contèntati[108], che più non avrai di vedermi fastidio. Ma certo io spero che 'l tuo core, il quale la mia lieta fortuna non ha potuto movere[109], la misera il piegherà; e tardi divenuta pietosa, sarai constretta a forza di biasmare la tua durezza, desiderando almeno morto di vedere colui, a cui vivo non hai voluto di una sola parola piacere. Oimè, e come può essere, che 'l lungo amore, il quale un tempo son certo mi portasti, sia ora in tutto[110] da te fuggito? Deh non ti tornano a mente i dolci giochi de la nostra puerizia? quando inseme andavamo per le selve cogliendo le rubiconde[111] fragole, e dagli alti faggi le saporose ghiande, e le tenere castagne da le pungenti scorze[112]? Sèiti dimenticata tu de' primi gigli e de le prime rose, le quali io sempre da le cercate campagne ti portava? tal che appena le api ave-

[103] *al mio lacrimare intendendo*: persistendo nel piangere.

[104] *sconsolato albergo*: triste abitazione.

[105] *la fortuna*: il caso.

[106] *appiè*: ai piedi.

[107] *infiato*: tempestoso.

[108] *contèntati*: rallegrati.

[109] *movere*: commuovere.

[110] *in tutto*: completamente.

[111] *rubiconde*: rosseggianti.

[112] *tenere castagne... pungenti scorze*: antitesi.

vano gustato ancora i fiori, quando tu per me andavi ornata di mille corone. Lasso, quante fiate allora mi giurasti per gli alti Dii, che quando senza me dimoravi, i fiori non ti olivano[113], e i fonti non ti rendevano il solito sapore! Ahi dolorosa la vita mia! E che parlo io? e chi mi ascolta, altro che la risonante Echo? la quale credente a' miei mali, sì come quella che altra volta provàti gli ha, mi risponde pietose, murmurando al suono degli accenti[114] miei: ma non so pure ove nascosa si stia: che non viene ella ora ad accompagnarsi meco? O Idii del cielo e della terra, e qualunque altri avete cura de' miseri amanti; porgete, vi prego, pietose orecchie al mio lamentare, e le dolenti voci, che la tormentata anima manda fuori, ascoltate. O Naiadi, abitatrici de' correnti fiumi; o Napee, graziosissima turba[115] de' riposti luoghi e de' liquidi fonti, alzate alquanto le bionde teste da le chiare onde, e prendete le ultime strida anzi ch'io moia[116]. E voi, o bellissime Oreadi, le quali ignude solete per le alte ripe cacciando andare lasciate ora il dominio degli alti monti, e venite al misero[117], che son certo vi porgerà pietà quello, che a la mia cruda donna porge diletto[118]. Uscite da' vostri alberi, o pietose Amadriadi[119], sollicite conservatrici di quelli, e parate un poco mente al fiero supplicio[120], che le mie mani testé mi aparecchiano. E voi, o Driadi, formosissime donzelle de le alte selve, le quali non una volta, ma mille, hanno i nostri pastori a prima sera vedute in cerchio danzare all'ombra de le fredde noci[121] con li capelli biondissimi e lunghi pendenti dietro le bianche spalle, fate, vi prego, se non sète inseme con la mia poco stabile fortuna mutate, che la mia morte fra queste ombre non si taccia, ma sempre si estenda più di giorno in giorno ne li futuri secoli, aciò che quel tempo, il quale da la vita si manca, a la fama si supplisca[122]. O lupi, o orsi, e qualunque animali per le orrende spelunche[123] vi nascondete, rimanetevi[124]: addio: ecco che più non vedrete quel vostro bifolco, che per li monti e per li boschi solea cantare. Addio, rive; addio, piagge verdissime e fiumi: vivete senza me lungo tempo; e mentre murmurando per le petrose valli correrete ne l'alto mare, abbia-

[113] *ti olivano*: avevano profumo per te.

[114] *accenti*: lamenti.

[115] *turba*: schiera.

[116] *prendete... moia*: raccogliete le mie ultime parole prima che io muoia.

[117] *venite al misero*: venite a prestar soccorso a me infelice.

[118] *vi porgerà... diletto*: susciterà pietà e commiserazione in voi ciò che invece nella mia donna suscita piacere.

[119] *Amadriadi*: ninfe boscherecce, diverse dalle immortali Driadi perché ciascuna di esse nasceva e periva con l'albero a lei sacro, dentro il cui tronco si celava; simboleggiavano la vita vegetale.

[120] *parate... supplicio*: prestate un po' d'attenzione al crudele tormento.

[121] *fredde noci*: alberi.

[122] *aciò che... supplisca*: affinché si supplisca con la durata della fama a quel tempo che viene meno per la brevità della vita.

[123] *spelunche*: grotte.

[124] *rimanetevi*: restate pure lì.

te sempre ne la memoria il vostro Carino, il quale qui le sue vacche pasceva; il quale qui i suoi tori coronava; il quale qui con la sampogna gli armenti, mentre beveano solea dilettare –. E queste parole dicendo, mi era alzato già per gittarmi da la alta ripa; quando subitamente dal destro lato mi vidi duo bianchi colombi venire e con lieto volo[125] appoggiarsi alla fronzuta quercia, che di sovra mi stava[126], porgendosi in breve spazio con affettuosi mormorii mille basci dolcissimi. Dai quali io, sì come da prospero augurio, prendendo speranza di futuro bene, cominciai con più saldo consiglio a colpare[127] me stesso del folle proponimento, che seguire voluto avea, cioè di cacciare con cruda morte reparabile amore. Né guari[128] in questo pensiero stato era; che io mi sentii, e non so come, sovragiunto da quella, che di tutto ciò mi era cagione: la quale, sì come tenera[129] della mia salute, appieno ogni cosa da occolto luogo veduto et udito avea. E non altrimente, che farebbe pietosa madre nei casi del suo unico figliuolo, amorosamente piangendo e con dolci parole et accoglienze onestissime riconfortandomi, seppe sì ben fare che da disperazione e da morte ne la vita e ne lo stato, che voi mi vedete, mi ricondusse. Dunque che diremo noi dela ammirabile potenzia degli Dii, se non che allora in più tranquillo porto ne guidano che con più turbata tempesta mostrano di minacciarne? Per la qual cosa, Sincero mio, se a' racontati casi porgi credenza alcuna, e sei uomo, come io credo, ti devresti omai riconfortare, come gli altri fanno, e sperare ne le avversità fermamente, di potere ancora con la aita[130] degli Dii venire in più lieto stato ché certo non può essere che fra tanti nuvoli alcuna volta non paia il sole; e, come tu dèi sapere, le cose desiate quanto con più affanno si acquistano, tanta con più diletto, quando si possedano, sogliono esser care tenute. – E così detto, perché tardi gli si faceva dopo il lungo parlare, postasi la sua vacca dinanzi, e dicendo Addio, da noi si partì. Né pria si fu costui accomiatato da noi, che vedemmo ad un punto tutti inseme da lungi tra quercia e quercia, sovra un picciolo asinello venire un uomo sì rabbuffato[131] e nei gesti doloroso, che di sé ne fe' forte maravigliare. Il quale, poi che da noi scostandosi, per un sentiero che a la città conducea si fu indrizzato, senza dubbio alcuno conoscemmo essere lo inamorato Clonico, pastore oltra gli altri dottissimo e ne la musica esperto.

[125] *con lieto volo*: volando miti e felici.
[126] *che... stava*: che mi sovrastava.
[127] *colpare*: accusare.
[128] *guari*: a lungo.
[129] *tenera*: sollecita.
[130] *aita*: aiuto.
[131] *rabbuffato*: turbato.

ANALISI DEL TESTO

Questa sezione dell'*Arcadia* ha una particolare importanza perché costituirà un **modello** preferito della poesia bucolica e del dramma pastorale del secolo successivo [cfr. L, p. 128].

In essa, l'elemento pastorale si sviluppa in una serie molteplice di curiosità riguardanti la vita bucolica, come ad esempio abbiamo visto nella descrizione particolareggiata della caccia agli uccelli con le reti.

Il gusto sannazariano della descrizione si combina con quello del lamento patetico, che crea un inconfondibile tono poetico destinato a molta fortuna nella **lirica** e nel **romanzo** di sfondo pastorale.

LAVORARE SUL TESTO

1. A cosa (o a chi) viene riferita l'espressione *dolorose voci*?
2. Individua nel testo le metafore e spiegale con parole tue.
3. Riassumi con parole tue il contenuto informativo del brano.
4. Di cosa sono esperti gli Arcadi?
5. Cosa (o chi) distoglie Carino dal lanciarsi dall'alto della rupe?

dalle *Rime*

O man leggiadra, o terso avorio bianco
(II XLIII)

Il tema della mano della donna quale segno della sua grazia era già presente in Petrarca, ed aveva trovato uno sviluppo anche successivamente. Il Sannazaro sulla scia di questa tradizione compone un sonetto fra i suoi più musicali.

METRO: sonetto endecasillabo (rima ad incastro, ABBA, nelle quartine; rima rovesciata, CDC DCD, nelle terzine).

[da I. Sannazaro, *Opere volgari*, a cura di A. Mauro, Bari 1961]

O man leggiadra, o terso[1] avorio bianco,
o latte, o perle, o pura e calda neve[2],

[1] *terso*: limpido, chiaro; al candore della mano si riferiscono quasi ossessivamente tutti gli appellativi di questo e del verso successivo, insistendo ora sul colore (*avorio bianco, latte, neve*) ora sulla lucentezza (*terso, perle, pura*).

[2] *calda neve*: è un ossimoro (l'aggettivo rappresenta l'antitesi del sostantivo), che fa pensare a certe esagerazioni del tardo petrarchismo.

dolce odorata man, man che sì lieve
mi rendi il peso[3] ond'io mai non mi stanco,

se d'ardenti sospir ti calse unquanco[4],
se soccorso a chi muor prestar si deve,
porgi a l'alma affannata qualche breve
conforto, a cui[5] Fortuna e 'l Ciel vien manco.

Sai ben che 'n quel mio fido alto soggiorno
tu fosti il guidardon[6] di tanti affanni;
per c'a te[7] spesso col pensier ritorno.

Da te venne il ristoro de' miei danni;
onde, s'io vivo, il loco, il mese e 'l giorno
farò nomar per te mille e mill'anni.

ANALISI DEL TESTO

Per la musicalità del sonetto, basterà rinviare alla dolcezza delle rime e al legame armonioso che unisce, rispettivamente, i vv. 3-4 e 7-8, mediante l'*enjambement*, ossia mediante la disposizione, in due versi distinti, di aggettivo e sostantivo sintatticamente collegati.

Un assai evidente richiamo petrarchesco nell'ultima terzina (Petrarca aveva benedetto il giorno, il mese e l'anno del suo innamoramento) si aggiunge ad alcune preferenze compositive proprie del Petrarca, che appaiono, qui, subito all'inizio, lì dove, al primo verso, diviso in due parti, segue, con una sapiente variazione, un verso distinto in tre elementi.

L'elemento galante e quasi sensuale dell'elogio della mano si trasforma e si dissolve nel corso del sonetto, poiché la mano viene assunta come simbolo di conforto spirituale.

LAVORARE SUL TESTO

1. Compila un elenco delle aggettivazioni riguardanti la *mano* della donna amata.
2. Rintraccia tutte le figure retoriche presenti nel testo e spiegale con parole tue.
3. Quali sono i benefici che la visione (o il ricordo) della donna reca al poeta?

[3] *il peso* ecc.: la sofferenza d'amore, che il poeta sente come un peso, ma di cui non intende liberarsi.

[4] *ti calse unquanco*: ti importò mai, mai ti accorgesti.

[5] *a cui* ecc.: all'anima del poeta vien meno l'aiuto della fortuna e della provvidenza.

[6] *guidardon*: il compenso, il sollievo.

[7] *per c'a te*: per cui a te.

Indice

Modulo autore

gli strumenti

serie verde
cultura umanistica

Mario Sechi-Bruno Brunetti, *Lessico novecentesco*
Bartolo Anglani (a cura di), *Teorie moderne dell'autobiografia*
Francesco Tateo, *Istituzioni di letteratura italiana*
Girolamo de Liguori (a cura di), *Positivismo e letteratura*
Massimo Del Pizzo, *I microscopi dell'Altrove. Utopia Fantastico Fantascienza*
Grazia Distaso (a cura di), *Il teatro di Rosso di San Secondo*
Vito Attolini, *Teorie classiche del cinema*
Raffaele Cavalluzzi, *Cinema e letteratura*
Anna Clara Bova, *Contro il romanticismo. Il «Discorso di un italiano» di Giacomo Leopardi*
Giovanni Attolini, *Il cinema italiano degli anni Sessanta. Tra commedia e impegno*
Giovanni Attolini, *L'antinaturalismo a teatro*
Sandro Maxia-Marina Guglielmi (a cura di), *L'eredità di Babele. Situazioni e percorsi di letteratura comparata*
Antonia Acciani, *Desiderio di forma vera. Tre meditazioni su Petrarca*
Paolo Quazzolo, *Il teatro. Guida alla lettura dell'arte teatrale*
Vittorio Alfieri, *Polinice e Saul*, a cura di Vitilio Masiello
Raffaele Cavalluzzi, *Tra etica e storia. La «Storia della colonna infame» di Alessandro Manzoni*

serie gialla
scienze dei segni e del linguaggio

Patrizia Calefato, *Sociosemiotica*
Michele Lomuto-Augusto Ponzio, *Semiotica della musica. Introduzione al linguaggio musicale*
Susan Petrilli, *Teoria dei segni e del linguaggio*
Augusto Ponzio, *La coda dell'occhio. Letture del linguaggio letterario*
Augusto Ponzio, *La comunicazione*
Emmanuel Lévinas, *Filosofia del linguaggio*, a cura di Julia Ponzio
Charles Morris, *Significazione e significatività. Studio sui rapporti tra segni e valori*, a cura di Susan Petrilli
Cosimo Caputo, *Semiologia e semiotica, o la forma e la materia del segno*
Giovanni Vailati, *Il metodo della filosofia. Saggi di critica del linguaggio*, a cura di Augusto Ponzio

Patrizia Calefato (a cura di), *Metafora e immagine. Corpo, cinema, letteratura, comunicazione*
Patrizia Calefato, *Lingua e discorso sociale*
Augusto Ponzio, *Il linguaggio e le lingue. Introduzione alla linguistica generale*
Charles Morris, *L'io aperto. Semiotica del soggetto e delle sue metamorfosi*, a cura di Susan Petrilli
Luciano Ponzio, *Visioni del testo*
Adam Schaff (a cura di), *Sociolinguistica*, a cura di Arianna De Luca
Cosimo Caputo, *Semiotica del linguaggio e delle lingue*
Marcel Danesi-Susan Petrilli-Augusto Ponzio, *Semiotica globale. Il corpo nel segno: introduzione a Thomas A. Sebeok*
Susan Petrilli, *Percorsi della semiotica*
Massimo A. Bonfantini, *Semiotica ai media*

serie blu
opere e autori di lingua inglese

Franca Dellarosa, *Drama on the Air. Introduzione al radiodramma inglese*
Shaul Bassi, *Le metamorfosi di Otello. Storia di un'etnicità immaginaria*
Luciana Pirè, *Dall'eroe al cortigiano. La scena sociale di «All for Love» di John Dryden*
Henry James, *Is There a Life After Death? C'è una vita dopo la morte?*, a cura di Vittoria Intonti
Stefano Bronzini, *Modi di narrare. Note su «Robinson Crusoe» e «David Copperfield»*

serie blu
testi

Edward Bond, *Estate. Un dramma europeo*, a cura di Vito Amoruso
John Ruskin, *Sulla memoria*, a cura di Rosalba de Giosa

serie turchese
germanistica

Marina Foschi Albert, *Generi letterari. 1. Narrativa*
Loretta Lari, *Generi letterari. 2. Dramma*
Marina Foschi Albert-Loretta Lari, *Generi letterari. 3. Lirica*
Pasquale Gallo (a cura di), *Fabula docet. Poesia e pedagogia nella favola tedesca dell'Illuminismo*

serie rossa
linguistica tedesca

Alessandra Tomaselli, *Introduzione alla sintassi del tedesco*
Maria Teresa Bianco, *Introduzione al lessico del tedesco*
Sabine Elisabeth Koesters Gensini, *Fonetica e fonologia del tedesco*

serie magenta
medicina e scienze della vita

Vittorio A. Sironi, *Oltre la disabilità. Storia della riabilitazione in medicina*

moduli

Francesco Tateo, *Le svolte nella letteratura italiana. 1. Dallo «Stilnovo» al petrarchismo*
Francesco Tateo, *Le svolte nella letteratura italiana. 2. Da Tasso a Leopardi*
Ferdinando Pappalardo, *Le svolte nella letteratura italiana. 3. «Fine secolo» e Novecento*
Francesco Tateo (a cura di), *Letteratura italiana: esempi di metodologia e didattica. 1. Percorsi del testo letterario*
Francesco Tateo (a cura di), *Letteratura italiana: esempi di metodologia e didattica. 2. Contesti e confini*
Francesco Tateo-Nicola Valerio, *Antologia di testi della letteratura italiana dell'Ottocento*
Francesco Tateo-Nicola Valerio, *Letteratura italiana dell'Ottocento*
Maristella Trulli, *Nascita di una metropoli. Testimonianze e rappresentazioni di Londra dal 1666 al primo '800*
Luisa Pontrandolfo, *Luci e ombre della metropoli. Testimonianze e rappresentazioni di Londra nel XIX secolo*
Trifone Gargano (a cura di), *Antologia modulare di letteratura italiana. Sette-Ottocento*
Francesco Tateo-Nicola Valerio, *Letteratura italiana. Sette-Ottocento*